AF617213

MICROPOLÍTICA DEL AMOR

PUNTO DE VISTA EDITORES

MYRIAM RODRÍGUEZ DEL REAL
JAVIER CORREA ROMÁN

MICROPOLÍTICA DEL AMOR

DESEO, CAPITALISMO Y PATRIARCADO

PUNTO DE VISTA EDITORES

Colección Historia y pensamiento, 44

Primera edición: mayo, 2024
Segunda edición: mayo, 2025

Publicado por Punto de Vista Editores
C/ Mesón de Paredes, 73
28012 (Madrid, España)

info@puntodevistaeditores.com
puntodevistaeditores.com
@puntodevistaed

Coordinación editorial: Miguel S. Salas
Corrección: Luis Porras Vila
Diseño de cubierta: Ezequiel Cafaro

ISBN: 978-84-128250-0-8
Thema: JHBK, JBFW
Depósito legal: M-10575-2024

Impreso en España – *Printed in Spain*

Artes Gráficas Cofás, Móstoles (Madrid)

Este libro ha sido impreso en papel ecológico, cuya materia prima proviene de una gestión forestal sostenible.

Sumario

Para Amanda,
por regalarnos la libertad.

A ti, Sil.

Para todas aquellas mujeres
que buscan relacionarse de una manera distinta,
que, desechando la competencia,
buscan construir comunidad, hermandad.

Para todas
las que buscáis refugio en la vorágine
y un futuro mejor donde querer y amar.
Ojalá lo encontréis.

Quid rides? Mutato nomine de te fabula narratur.

[¿De qué te ríes? Cambiando el nombre esta historia habla de ti]

HORACIO

I
ARQUEOLOGÍA DEL AMOR

1
¿Por qué el amor?

> ¿Qué valdría el encarnizamiento del saber si no hubiera de asegurar más que la adquisición de conocimientos y no, de un cierto modo y tanto cuanto se pueda, el extravío de quien conoce?
>
> MICHEL FOUCAULT[1]

Las primeras preguntas que pueden asomarse a nuestras cabezas cuando nos situamos delante de un ensayo que trata sobre el amor y la política del amor en gran parte de las ocasiones son ¿por qué estudiar el amor?, ¿por qué hacer del amor un objeto de análisis?, ¿es importante seguir pensando sobre el amor (ya que no son pocos los estudios que existen sobre esta cuestión)? Aunque pueda parecer contraproducente que el primer apartado de este libro ponga en duda su propósito, es necesario, antes que nada, justificar la importancia del estudio presente en las próximas páginas.

En primer lugar, es importante abordar un estudio reflexivo sobre el amor porque este, de una u otra manera, es central en nuestra experiencia cotidiana. Así, en la sociedad que vivimos el amor es una fuerza semidivina a la que se apela constantemente para dar sentido a la existencia, para superar los mayores obstáculos o para equipararlo, incluso, con la felicidad. En palabras de Bell Hooks al principio de *Todo sobre el amor*: «De niña tenía muy claro que la vida no valía la pena si el amor brillaba por su ausencia [...]. Sin embargo, fue precisamente la falta de amor lo que me llevó a comprender lo importante que era».[2]

No solo el amor, sino que la pareja como estructura afectiva hegemónica ocupa hoy el escalón más alto dentro de la jerarquía social (y, por ende, personal). Por un lado, estar soltera se considera signo de fracaso, y la vida adulta —con sus proyectos y ambiciones— está socialmente dibujada como un camino hacia la pareja y su ulterior desarrollo: la familia nuclear. Respecto a esta jerarquía relacional, es muy elocuente la anécdota que cuenta Mari Luz Esteban en su libro *Crítica del pensamiento amoroso*:

> Escuché al otro lado del teléfono. Se celebraba el cumpleaños de una de la cuadrilla de la [persona] que me llamaba y esta había decidido, sin consultar previamente con la anfitriona, llevar a una amiga suya que se había presentado de improviso en su casa para pasar el fin de semana. Otra de las invitadas la había reprendido por no haberlo consultado antes. Mi amiga estaba indignada porque, argumentaba, si se hubiera tratado de una novia o un simple ligue, a nadie le hubiera parecido mal que apareciera acompañada.[3]

De hecho, incluso dentro de movimientos disidentes con las formas clásicas de amar —y con la heterosexualidad vigente—, la pareja ocupa todavía un lugar central. Como dice Javier Sáez:

> Por el contrario, los bollos, las maricas e incluso los trans son mucho mejor digeridos y aceptados cuando tienen pareja [...] y sobre todo cuando proclaman «su amor» [...] Como decía Foucault, lo que molesta al poder no son las relaciones homosexuales, sino la amistad [...] Es decir, la posibilidad de crear redes de amigos, apoyos, afectos, solidaridades, difíciles de localizar, que escapan al control social y que van más allá del modelo binario individualista o liberal: «pareja-amor-matrimonio».[4]

El amor es tan determinante en nuestra existencia que, incluso en discursos que buscan rechazar la centralidad de la pareja y que buscan «normalizar» la soltería, la respuesta sigue dentro del marco del amor. En esta línea, no es infrecuente escuchar en el debate público y cotidiano que, frente a la necesidad del amor del otro, por lo que tenemos que apostar es por amarnos nosotros mismos, es decir, cada uno a sí mismo. Así lo narra Esteban en el mismo libro:

> Cuando me planteé qué tipo de personas incluir en el estudio, tenía claro que quería hablar también con algunas que no tuvieran pareja o no la hubieran tenido en mucho tiempo. No me fue difícil localizar a una mujer que me parecía que podía cumplir esas condiciones y le propuse hacer la entrevista sin darle ninguna razón concreta. Rápidamente me contestó que sí y quedamos para un día y una hora. Al día siguiente recibí un mensaje electrónico suyo en el que me explicaba que ella no era la indicada para un estudio como el mío porque sabía muy poco del amor. No tuve más remedio que ser franca con ella, y aceptó. Después resultó que, efectivamente, no había tenido apenas experiencias, aunque sabía perfectamente lo que es estar enamorada y disfrutar sexualmente con alguien. Y era perfecta y fríamente consciente también de lo que piensan los demás de ti cuando es pública esa faceta carencial de tu vida. Admitía sin ningún problema que no le había dedicado mucho tiempo al amor sexual, e incluso hablaba serenamente de algunos rasgos físicos que podían haber influido negativamente en su vida afectivo-sexual. Ahora estaba aprendiendo, repetía, a amarse a sí misma.[5]

Amor, amor y más amor. Si no es amor a otro, amor a uno y, si no, de vuelta con el amor al otro. Siempre amor, porque el amor es una dimensión central de nuestra existencia y nuestra sociedad se ha configurado alrededor de ella. Así es y así ha sido desde hace siglos en nuestra cultura occidental. Esta centralidad Esteban la llama «pensamiento amoroso» y se define, según ella, como «un conjunto articulado de símbolos, nociones y teorías en torno al amor, que permea todos los espacios sociales, también los institucionales, e influye directamente en las prácticas de la gente».[6] Sin embargo, y a pesar de esta importancia, la teoría política en general, y la teoría feminista en particular, ha primado —sobre todo a partir de los años ochenta— el estudio político del sexo (y su violencia y desconsentimiento) en vez del estudio político de las relaciones afectivas en general (y sus trampas).

Uno de los posibles motivos de este abandono son, sin duda, las enormes dificultades teóricas que entraña definir un fenómeno tan complejo como es el amor. Estas dificultades derivan de una ubicuidad en las diversas culturas y de una enorme diversidad de manifestaciones históricas y sociales. ¿Cómo hacer una teoría unitaria de un fenómeno que es tan diverso? Además, y esta podría ser otra razón que explicase el escaso número de estudios, existe una creencia popular —relativamente generalizada también en el ámbito académico— de que el amor es un sentimiento. El amor, dice esta creencia, se siente o no se siente, pero poco más se puede sacar de este fenómeno.

Realmente, apenas se ha explorado ni teorizado el amor como una experiencia emocional irresistible. Los diferentes autores tienden a caer en el romanticismo y asumen que el amor es esencialmente misterioso e inexplicable, o lo retratan, por el contrario, como algo mensurable, negociable y fácilmente susceptible a los principios de la justicia social.[7]

Es cierto que durante los últimos años, y gracias al empuje de algunas feministas notorias, el «amor romántico» ha pasado al primer plano de la discusión política, pero también es verdad que no se ha abordado con la misma profundidad que otros temas tradicionalmente políticos como el trabajo, la violencia o el colonialismo. Empezamos a saber que algo está mal, pero estamos lejos de saber qué falla en concreto o hacia dónde deberíamos caminar.

Este abandono reflexivo por parte de la teoría crítica se conjuga en nuestra época con el auge de estudios que buscan reducir el amor a fenómenos biológicos. Así, un estudio[8] citado por medio millar de científicos sostiene que el gen AVPR1A, receptor de la vasopresina, podría ser el «gen del amor». Según este estudio, habría una asociación significativa (en varones) entre las distintas variantes de ese gen y el grado de satisfacción marital (que ellos llaman *partner bonding scale*). Así todo, y biología mediante, no solo es que haya una falta de estudios críticos, sino que incluso muchos académicos sugieren que el amor no es objeto de estudio por parte de la filosofía política y de las humanidades. Es, tal vez, cosa de probetas y matraces.

Mientras que los estudios científicos tratan al amor como un fenómeno natural, mensurable, biológico, nuestra socialización afectiva se lleva a cabo mediante infinidad de imágenes que pueblan nuestro imaginario colectivo provenientes de la industria cultural. Este sentido común sobre el tema se nos ha ido inoculando desde el cine, las series, la literatura del *best seller*, el mundo de la música, etc. Desde la tragedia *Romeo y Julieta* hasta *Trigonometry*, una serie de HBO que trata sobre una relación de tres personas. Este imaginario social, alimentado por la industria cultural, dictamina —además de la naturaleza verdadera del amor— las bases de la idealización de la pareja como el único espacio donde es posible la construcción de la felicidad. Así, la pareja se erige como el nuevo sentido de nuestras vidas: la búsqueda de la felicidad solo se encuentra en la pareja (heterosexual), que desbanca toda religión o espiritualidad como donantes de sentido. La pareja como la nueva religión. Pero... ¿Qué pareja? la pareja monógama, por supuesto.

Pero volvamos a la centralidad del amor. En nuestra experiencia vital, el amor y los afectos son una parte fundamental. Heidegger, en su obra *Ser y tiempo*, definía al *Dasein* («ser-ahí») como un ser que co-existe y co-está con otros *Dasein*, y que, en palabras de Heidegger, «debe mostrarse como *Sorge*, cuidado».[9] Dicho de otra manera: el ser humano es siempre ser con otros y ser en el cuidado. El significado de cuidado, en Heidegger, nos remite a un «ocuparse de» como un ocuparse tanto del mundo como de los seres con los que coexistimos y co-somos en este mundo. El cuidado del mundo supone un ocuparse del mundo y el cuidado de los otros seres un «preocuparse por» ellos (*Fürsorge*). En fin, más que un ser individual y autosuficiente, el ser humano es un ser interdependiente y que vive cuidándose mutuamente, en redes de afecto. No hay humanidad sin afectos.

Pero ¿es el amor un afecto más? Como dijimos más arriba, el paradigma sentimentalista ha invadido la mayoría de las concepciones sobre el amor. Un hecho que reduce al mínimo sus posibilidades de estudio, pues poco se puede teorizar si creemos que amar y las relaciones amorosas se basan meramente en el sentir de la pura emoción. Cierto es que el amor en primera instancia es una *fuerza* que nos sobrepasa (pensemos en el enamoramiento), que nos excede e incluso que no comprendemos de forma racional. Pero este impulso o fuerza sobrepasa el mero sentimiento y se materializa en prácticas, acciones y en determinadas formas de actuar. Se inserta, además, en todo un imaginario social, en una serie de expectativas y en un ámbito muy particular. Dice Erich Fromm en *El arte de amar*:

> El amor es una acción, la práctica de un poder humano, que solo puede realizarse en la libertad y jamás como resultado de una compulsión. El amor es una actividad, no un afecto pasivo; es un estar continuado, no un súbito arranque. En el sentido más general, puede describirse el carácter activo del amor afirmando que amar es fundamentalmente dar, no recibir.[10]

Así todo, y una vez que hemos examinado la importancia del amor en nuestra existencia y la necesidad de análisis profundos en torno al fenómeno del amor y de las relaciones de amor, vamos a adentrarnos en la otra palabra fundamental del título: la micropolítica.

2
¿Qué es esto de la micropolítica del amor?

El término *micropolítica* se ha entendido tradicionalmente dentro de la teoría política de una forma etimológica (es decir, como micro-política). Entendida de esta manera, la micropolítica sería la política que se da a pequeña escala (en la escuela, en tal o cual grupo de personas, etc.). Por ejemplo, el diccionario de Oxford define el término *micropolítica* como:

> Política a pequeña escala o local; especialmente (el estudio de) los principios políticos que gobiernan o las cuestiones que surgen de las interacciones de un grupo social relativamente pequeño, un aspecto limitado de la conducta, etc., en lugar de la sociedad en su conjunto.[1]

Según el mismo diccionario, la aparición de la palabra data de los años cincuenta del siglo pasado y se sitúa en la academia occidental. Sin embargo, en los años setenta y principios de los ochenta —y después de la sedimentación del convulso y revulsivo Mayo francés—, empieza a manejarse otra acepción a este término. En esta nueva acepción, la micropolítica no se entiende como una mera reducción de la escala, sino como el estudio de todo un conjunto de dimensiones en las que lo político se juega de una forma distinta a los símbolos clásicos de la macropolítica (parlamento, gobierno, sindicato, etc.). El *Abecedario anagramático* del Reina Sofía define el nuevo uso de la palabra de la siguiente forma:

> Si la macropolítica hace referencia a la política que se produce en y desde los parlamentos, los gobiernos, los tribunales y la prensa; esta noción [micropolítica] hace

> referencia a cómo lo político también se produce en toda una serie de contextos, que teóricamente hasta finales de los años sesenta habían sido excluidos de la política, por su exclusiva y supuesta pertenencia a la esfera privada: las relaciones sexuales, familiares, laborales, institucionales, clínicas o escolares. Muchos movimientos sociales y políticos, convencidos de que desde los contextos macropolíticos se carecía de poder real para la transformación social, empezaron a definir y a poner en práctica estrategias en intervenciones de carácter micropolítico en las prisiones, en los manicomios, en los hospitales, en las escuelas y en las familias.[2]

Así, y desde esta nueva perspectiva, los lugares privilegiados clásicamente para hacer política (parlamento, instituciones, medios de comunicación, etc.) en realidad son un espejismo de relaciones de poder que fluyen por el resto de nuestra vida cotidiana. No es que no haya política en los parlamentos o en los periódicos, sino que su efecto político, su poder real, viene dado por toda una trama de subtexto, de dimensiones consideradas típicamente como privadas o a-políticas (como los deseos, la escuela, la familia, etc.) que, en realidad, sostienen lo visible de la política (el parlamento, el gobierno, la ley). Íñigo Errejón lo explicaba de esta forma en su entrevista con el filósofo Ernesto Castro:

> Los Trump, los Bolsonaro, los Abascal, los Espinosa de los Monteros, las Le Pen, no son *outsiders*, son personajes previamente legitimados —por ejemplo, en el mundo de la economía privada— que traen las mismas reglas de «Sálvese quien pueda», «El mundo es una jungla», «O pisas o te pisan»... La traen al campo de la política [...]. Sus razones son razonables en la política (su forma de hablar, de comportarse) porque previamente el neoliberalismo las ha hecho razonables en todos los aspectos de la vida [...]. La hegemonía neoliberal es hegemonía porque produce su propia subjetividad, produce sus propios seres humanos. Por eso, antes de

> que se abran las urnas ellos ya van ganando. Porque solo tienen que pedirte que votes de acuerdo con los mismos valores con los que te comportas cuando vas por la autopista, cuando estás en el trabajo o cuando abres cualquier aplicación en el móvil.[3]

Fue Felix Guattari[4] quien teorizó principalmente sobre esta nueva concepción de la micropolítica. Reconoce el pensador francés que empezar un curso de Farmacia durante su juventud le dio a conocer la distinción molar/molecular tan usada en las ciencias biológicas. En Química o en Biología, una molécula corresponde a una determinada unión de átomos; un mol, en cambio, es una magnitud que mide la cantidad de una sustancia. Si una docena señala que hay doce de algo, un mol cuantifica 6,023 × 1023 unidades de algo: una cantidad mayor que mil millones por mil millones (para hacernos una idea, hay más o menos un mol de estrellas en todo el universo).

Guattari pensó que esa distinción podía ser tremendamente útil para analizar los fenómenos políticos. Así, típicamente hemos pensado que la política se jugaba en términos molares, en términos de grandes conjuntos de cosas, tales como la clase social (entendida como el conjunto de una multitud de obreros), el Estado (entendido como el conjunto de una multitud de ciudadanos) o la ley (entendida como el conjunto de toda la legislación). Sin embargo, y esto es lo interesante para Guattari, también hay toda una dimensión política que recorre elementos moleculares; es decir, elementos tales como los flujos o las singularidades, elementos como los individuos mismos. Como reconocía Errejón, hay multitud de elementos individuales (valores, deseos y flujos) que están impregnados de política: la forma en la que conducimos o nuestros patrones de compra. Así todo, para Guattari, pensar la política en términos únicamente molares (a partir de conceptos como el Estado o la Ley) no solo es incompleto, sino que puede ser tremendamente confuso y equívoco porque desprecia todo un campo molecular atravesado igualmente por lo político y que tiene que ver con elementos individuales, como las relaciones en la escuela, en la fábrica, en el hospital o la formación del individuo mismo (subjetividad).[5]

Es importante notar que esta distinción molar/molecular no es una mera distinción macro/micro, es decir, no es una distinción únicamente de tamaños. Esta es una distinción que atiende, más bien, a la naturaleza de los elementos desde los que se estudia un fenómeno político. Así, hay fenómenos molares que son de tamaño micro como, por ejemplo, una huelga laboral de dos empleadas en una tienda. Este es un fenómeno molar porque es un fenómeno analizable desde categorías molares (la clase/la lucha de clases/la huelga) a pesar de tener un tamaño micro (solo dos empleadas). Y a la inversa: hay fenómenos moleculares que son macro como, por ejemplo, los flujos del deseo que se dan en las redes sociales. Este fenómeno —la configuración de los deseos y la subjetividad en el espacio de las redes sociales— es un fenómeno molecular porque atiende a categorías moleculares (como el deseo, el individuo, la subjetividad) a pesar de ser un fenómeno macro en cuanto a tamaño (por la enorme cantidad de personas que están atravesadas por estos flujos). Para entenderlo mejor: la distinción molar/molecular se acerca —ligeramente— a la distinción social/personal, donde lo primero está organizado por grandes conjuntos que sobrepasan al individuo, y lo segundo atañe a la constitución del individuo mismo, a su singularidad.

Desde otro ángulo, y con otra terminología, el movimiento feminista llegó a conclusiones parecidas (que la política no es solo cosa de grandes conjuntos) por fechas similares a las de Guattari. En vez de molecular, el feminismo habla de «personal» y señala, a partir del célebre artículo de Carol Hanisch (1970), que lo personal es político, que no es una esfera privada aislada de la política. Dice en su artículo:

> La razón por la que participo en esos encuentros [de terapia] no es para resolver ningún problema personal.

> Una de las cosas que descubrimos en estos grupos es que los problemas personales son problemas políticos. No hay soluciones personales a estas alturas.

Es decir, los problemas «individuales» o «personales» no son un asunto privado, sino que pueden explicarse a partir de elementos políticos. El patriarcado, en este caso, no es cosa de grandes leyes o grandes acciones, sino que fluye en la vida privada de cada una generando deseos, subjetividades y marcando las directrices de nuestras acciones más cotidianas.

Esta distinción no es una separación rígida, es decir, no se habla de dos esferas separadas. La intuición de Guattari de que lo molar y lo molecular se entrelazan o, en terminología feminista, de que lo personal es político es fundamental para entender cómo los sistemas se mantienen en el tiempo, esto es, cuáles son (algunas de sus)[6] bases de su reproducción. Cuando nos preguntamos por qué medios se reproduce en el tiempo el capitalismo (y el patriarcado), para Guattari nos tenemos que fijar en toda una dimensión molar/personal que hace que reproduzcamos los valores imperantes de ese mismo sistema. En otras palabras, los sistemas políticos de dominación se reproducen y persisten porque colonizan toda una dimensión personal, hasta el punto de que crean individuos (subjetividades) conformes al sistema mismo y así, justamente por esta dimensión *molecular*, el sistema sobrevive y se perpetúa. Es al estudio de este entrelazamiento entre lo molar y lo molecular, es decir, es al estudio de cómo los grandes sistemas se reproducen en nuestra forma de ser, a lo que Guattari llamó micropolítica.

Según esta forma de entender la política, no es en las formaciones molares (Estado/leyes) donde se juega el verdadero poder político. Ahora entendemos de forma más profunda la cita anterior del *Diccionario anagramático*: «muchos movimientos sociales y políticos, convencidos de que desde los contextos macropolíticos se carecía de poder real para la transformación social [...]». O, en palabras de Deleuze y Guattari expresadas en *El Anti-Edipo*: «la biología molecular nos enseña que tan solo el ADN se reproduce, no las proteínas».[7]

Dicho todo lo anterior, el problema que señala Guattari (entre otros muchos) puede parecer intuitivo o, al menos, parece fácil aceptar su tesis (que lo privado también es político, que lo molar y lo molecular se entrelazan). Lo que deban hacer los movimientos sociales frente a este problema es lo que quizá sea más polémico. Notar que las grandes estructuras (capitalismo, patriarcado) fluyen por nuestras subjetividades levanta la pregunta de si esas mismas estructuras pueden ser destruidas atendiendo solo a acciones moleculares, de flujos, de deseos, de configuración de nuestro yo personal. En vez de las grandes revoluciones molares que buscan, por ejemplo, acabar con el capitalismo tomando los medios de producción, Guattari propone una revolución molecular como dice el título de su célebre libro.

Sin embargo, que los movimientos sociales deben atender principalmente a la formación de los individuos no fue la única propuesta de sus contemporáneos. Pongamos el caso de Bourdieu. El sociólogo francés también detectó que la separación entre lo privado y lo público era una falsa dicotomía. Para ello, acuñó el concepto de *habitus* para referirse a cómo nuestros comportamientos son, en realidad, la interiorización de las condiciones objetivas externas.[8] De esta manera, las grandes estructuras (capitalismo, patriarcado) gobiernan nuestras prácticas cotidianas aunque «no según los derroteros de un determinismo mecánico, sino a través de las coerciones y los límites originariamente asignados a sus invenciones».[9]

En cambio, frente a la pregunta del millón (si los cambios personales pueden generar cambios sociales al estilo de la revolución molecular de Guattari), Bourdieu no iba tan lejos. Para este autor, podemos, a lo sumo, obtener una conciencia de este condicionamiento en lo que llamó *autosocioanálisis*,[10] que vendría a ser una forma de «autotrabajo que permite al individuo manipular sus disposiciones». No hay algo así como una revolución desde lo personal porque, quizá a diferencia de Guattari, lo político no se sostiene en lo personal (primacía molecular), sino que lo personal se deriva de lo político (primacía molar). De hecho, las condiciones objetivas externas tienen tanto peso que para Bourdieu este mismo autosocioanálisis «está determinada en parte por las condiciones objetivas bajo las cuales el despertar de la autoconciencia tiene lugar».

En resumen, hay un acuerdo generalmente aceptado de que los regímenes políticos nos influyen y moldean nuestra vida cotidiana. Hay divergencia, en cambio, en dónde debe centrarse la práctica política. Para autores como Guattari, el cambio social debe venir de crear nuevas subjetividades, nuevas singularidades, de cambiar la propia vida para dinamitar el sistema desde nosotros mismos.[11] Para otros autores como Bourdieu, el sistema tiene una base objetiva real y no por cambiar nuestra forma de socializar y de ser podemos afectar a cómo el sistema se reproduce. Entre ambos extremos, quizá valga la pena rescatar un punto intermedio, como la siguiente afirmación de Foucault:

> Esto quiere decir que en las relaciones de poder existen necesariamente posibilidades de resistencia [personal], ya que si no existiesen posibilidades de resistencia —de resistencia violenta, de huida, de engaño, de estrategias de inversión de la situación— no existirían relaciones de poder. [...] No obstante, hay que señalar que existen efectivamente estados de dominación. En muchos casos, las relaciones de poder son fijas de tal forma que son perpetuamente disimétricas y que el margen de libertad es extremadamente limitado. Para poner un ejemplo, sin duda muy esquemático, en la estructura conyugal tradicional de la sociedad de los siglos XVIII y XIX, no puede decirse que solo existía el poder del hombre: la mujer podía hacer toda una serie de cosas: engañarlo, sustraerle con maña dinero, negarse a tener relaciones sexuales. Subsistía sin embargo un estado de dominación, en

la medida en que todas estas resistencias constituían un cierto número de astucias que no llegaban nunca a invertir la situación.[12]

En conclusión, la micropolítica es el estudio del entrelazamiento entre lo molar y lo molecular. Es el estudio sobre cómo los sistemas políticos de dominación u otras categorías molares se insertan en la formación de la subjetividad de los distintos individuos, de los flujos que nos atraviesan, de los deseos que producen.

Dicho todo esto, la micropolítica del amor será, entonces, el estudio de la relación existente entre lógicas molares (capitalismo y patriarcado) y una lógica molecular determinada, en este caso del amor (las subjetividades amorosas, las relaciones de amor, cómo nos comportamos en el amor, qué expectativas hay, cómo nos configuramos como sujetos amantes o amados, deseantes o deseados, cómo se construyen nuestros flujos de deseo, etc.).

¿Tiene interés esto en el debate estratégico acerca del fin del capitalismo y/o del patriarcado? ¿Creemos que lo molecular/personal es la forma privilegiada de reproducción de estos sistemas (Guattari) o creemos que es un reflejo cuyos cambios no generan —tanto— efecto en la realidad objetiva (Bourdieu)? En román paladino, ¿podemos acabar con el capitalismo y/o el patriarcado cambiando nuestras relaciones amorosas? Nuestra postura es una postura intermedia. Rechazamos la posición afirmativa —la de la revolución molecular— por desdeñar los propios mecanismos molares que el capitalismo y patriarcado tienen para reproducirse (y que cristaliza en leyes, instituciones, periódicos, etc.). Además de que una perversión de la postura de Guattari y su revolución molecular/personal puede peligrosamente caer en un neoliberalismo progresista donde el centro es el individuo (y sus cambios) y la sociedad no es más que el conjunto de sus individuos. Sin embargo, y por otro lado, desterrar toda influencia de los flujos, los deseos y singularidades nos parece un exceso de olvido de la persona y su inserción en estas estructuras. Cambiar nuestras relaciones amorosas quizá no acabe con el patriarcado o el capitalismo, pero eliminará muchas formas de su reproducción social haciendo, sin duda, más difícil su persistencia.

Así todo, este es el objetivo de este libro: examinar la imbricación entre el capitalismo (segunda sección) y el patriarcado (tercera sección) y el amor, y nuestras prácticas amorosas. En la última sección, propondremos, además, una serie de términos, un camino, un sendero, para habitar nuevas formas de relacionarnos por fuera de los marcos del amor y el capital. Sin embargo, antes de pasar a la micropolítica del amor propiamente dicha, nos parece fundamental recorrer los distintos cambios históricos que el amor ha sufrido a lo largo de nuestra historia. Para poder mostrar cómo el capitalismo o el patriarcado moldean nuestras relaciones, debemos tener claro que estas relaciones no son algo natural y eterno, sino que han sufrido cambios históricos dependientes del contexto sociopolítico en el que estaban inmersas. En otras palabras, para que creamos que otro amor es posible debemos constatar que, en otros tiempos, el amor fue efectivamente otro.

3
Hacia una arqueología del amor

«Nosotros, los que conocemos, somos desconocidos para nosotros mismos». Así comienza *La genealogía de la moral,* el célebre libro de Nietzsche. Nosotros, los que tenemos pretensiones de verdad, los científicos, los filósofos, somos nuestro mayor objeto de desconocimiento. En el libro citado, Nietzsche pretendió estudiar los valores morales que nos constituyen (el Bien y el Mal) y, para eso, decidió rastrear históricamente el nacimiento de estos valores. El motivo es bien sencillo: si rechazamos la trascendencia, si rechazamos que las cosas existan por obra y gracia de Dios, entonces la realidad tiene su propia *genealogía,* es decir, sus propios procesos formativos que, si los entendemos, nos pueden alumbrar aspectos cruciales de nuestro momento histórico actual. Dice Nietzsche:

> Necesitamos una crítica de los valores morales, hay que poner alguna vez en entredicho el valor mismo de esos valores, y para esto se necesita tener conocimiento de las condiciones y circunstancias en las que aquellos surgieron, en las que se desarrollaron y modificaron [...] un conocimiento que hasta ahora no ha existido, ni tampoco se lo ha ni tan siquiera deseado. Se tomaba el valor de esos valores como algo dado, real y efectivo, situado más allá de toda duda.[1]

Emprender un estudio histórico de la moral le permitió a Nietzsche desterrar el prejuicio esencialista de que el Bien y el Mal han sido los mismos desde siempre —y así lo serán para siempre—. Con esta arqueología del amor, nuestro objetivo es similar respecto a las relaciones amorosas.

De esta manera, llamamos «arqueología del amor» al estudio de los distintos sustratos y sedimentos históricos de relaciones sexoafectivas a lo largo de nuestra historia occidental. Con este acercamiento histórico, repasaremos las distintas formas de relaciones sexuales y afectivas y en que se ha dado el deseo y el amor a lo largo de la historia de una forma somera, muy somera. Nuestro objetivo principal no es detallar los distintos sustratos, emprender un descubrimiento o hallazgo histórico, no. Nuestro objetivo con esta arqueología es, al igual que el de Nietzsche, librarnos de un pensamiento esencialista en sus dos versiones: la versión fuerte y la débil en los estudios sobre el amor.

La versión fuerte del pensamiento esencialista en el amor defiende que solo ha habido una única forma de amar y que, por tanto, la forma actual de relacionarnos (monógama, exclusiva, jerárquica respecto a la amistad, etc.) es la forma natural de relacionarnos. No hay ni ha habido otra forma de amar, dice el esencialismo fuerte. No habrá, concluyen además, otra forma porque esta es la *única* forma de amar del ser humano. Como es evidente, este pensamiento no se corrobora con hechos históricos y sirve, más bien, para justificar prescriptivamente las actuales formas de relacionarnos.

La versión débil del pensamiento esencialista incorpora los cambios históricos a su teoría. Según esta versión del esencialismo, hay una única forma de amar natural al ser humano, una forma de relacionarse sexoafectivamente que nos es propia, que pertenece a nuestra naturaleza de seres humanos, aunque no siempre nos hayamos relacionado así. ¿Cómo explica este esencialismo débil que haya habido cambios históricos en la forma de relacionarnos? A diferencia de la versión fuerte del esencialismo en el pensamiento amoroso, el esencialismo débil no niega que haya habido formas históricamente distintas de relacionarnos afectivamente. Lo que afirman sus defensores es que las distintas sociedades o culturas moldean, reprimen o acallan la verdadera forma natural de amarnos —en este planteamiento seguimos a

Foucault—.[2] Si ha habido diversas manifestaciones históricas de los fenómenos sexoafectivos, argumenta el esencialismo débil, es porque las distintas culturas o sociedades han funcionado como elementos represores que impedían mostrarse a la «verdadera naturaleza» de las relaciones sexoafectivas. En palabras de Foucault: «[esto] equivale a situar al deseo y al sujeto de deseo fuera del campo histórico, y a pedir que sea la forma general de la prohibición la que dé cuenta de lo que pueda haber de histórico en la sexualidad». En otras palabras: ha habido otras formas de relacionarse, sí, pero ninguna de esas es la *verdadera*, la natural, la que *debe* ser.

El esencialismo débil no solo lo sostienen los defensores de las formas actuales de relación, sino también muchas otras teóricas y en otros muchos ámbitos de la sexualidad. Argumentar, por ejemplo, que el ser humano es naturalmente bisexual y que las distintas sociedades heteropatriarcales han reprimido este deseo es el mismo esquema conservador que postula un deseo natural del ser humano (i) y lo coloca fuera de la historia (ii) para explicar, como decía Foucault, la historia únicamente a través de la prohibición. Es el caso, por ejemplo, de autoras como Mari Luz Esteban, cuya antropología amorosa, aunque crítica y llena de buenas intenciones, mantiene una ontología dual al postular la «ficción del amor» que vivimos por un lado y el «verdadero amor» que está en la base de todos estos fenómenos represores por otro lado. En sus palabras:

> El estudio del amor, como un complejo modelo de pensamiento, emoción y acción, nos conduce a diferenciar dos niveles de la realidad que se suelen entremezclar y cuyo solapamiento tiene consecuencias adversas, por el riesgo de etnocentrismo y generalización: el amor como un potencial humano universal, por una parte, y la construcción cultural que en un contexto geográfico, histórico y social determinado se hace del amor o, más en general, de las emociones, por otra. El amor como capacidad universal sería una

forma de interacción y vinculación que comporta la idealización y erotización del otro, y el deseo de intimidad y de durabilidad de la relación.[3]

En este libro, queremos librarnos de todos los problemas metafísicos que supone aceptar un amor universal, un noúmeno que esté debajo de los fenómenos históricos, un sustrato fuera del devenir histórico. Queremos abandonar toda metafísica clásica que postula una determinada forma histórica de relacionarse como una ficción represiva frente a un amor verdadero, ontológicamente primero. Despojarnos de este esquema de pensamiento supone entender no solo el amor y sus relaciones fuera del esquema de la represión, sino también abandonar cualquier planteamiento esencialista que postule un amor o deseo sexual verdadero más allá del despliegue histórico y social de sus fenómenos. Además, creemos que es mucho más interesante analizar las relaciones de amor en tanto relaciones: estudiar cómo se da el amor en la praxis, que quedarnos en vacíos conceptos abstractos, al modo de la idea platónica. Ahora bien, rechazar el esencialismo y conceptualizar un amor universal o verdadero no ha de hacernos caer en un relativismo en cuanto a las prácticas: no todas las prácticas amorosas son iguales desde un punto de vista moral. Hablaremos de esto en la última sección de este libro.

Para alcanzar este objetivo —abandonar todo pensamiento esencialista del amor que postula que hay algo así como una Idea de Amor— es muy útil recorrer una arqueología —breve— de las distintas formas históricas en las que se han desplegado las maneras de relacionarse sexoafectivamente y cómo se ha dado o regulado el deseo y el amor a lo largo de la historia. Una arqueología que repase las diversas formas históricas en que se ha dado el amor y que nos permita mostrar no solo que nuestra forma actual no es la única posible (la natural, la buena, la que *debe ser*), sino que nuestra forma de amar se entiende mejor a partir de su despliegue históricosocial. En otras palabras, antes de analizar las relaciones micropolíticas entre el amor y el capitalismo y el patriarcado, debemos recorrer —somera, muy someramente— la historia para desterrar el prejuicio inmovilista de que no se puede amar de otra forma.

Como señalamos con la cita de Foucault más arriba, pensar las distintas formas históricas del amor como represión de una verdadera forma de amar o desear implica no solo el presupuesto teórico de una naturaleza humana, sino también perder la riqueza histórica, calificando los elementos divergentes como represores o antinaturales. Cuando en la última sección tratemos de vislumbrar en común otros paradigmas de relaciones sexoafectivas, no apelaremos a ninguna naturaleza que hasta ahora ha quedado sepultada ni a un deseo verdadero. No. Mostraremos que en nuestra realidad histórica concreta hay formas de relacionarse que aumentan nuestras posibilidades y que promueven nuestra autonomía y la de aquellas personas con las que nos relacionamos.

Pero antes siquiera de pensar en propuestas, antes siquiera de pensar en las relaciones entre deseo, capitalismo y patriarcado, antes de todo, empecemos este breve recorrido histórico por las distintas formas de amar y desear.

4
El amor en la Grecia Antigua

La cultura griega nos legó una prolífica obra cultural que puede permitirnos examinar con bastante profundidad —aunque con obvias limitaciones— las características de su cultura. Antes de comenzar a recorrerla, debemos señalar algo que ya nos advertía Michel Foucault:[1] los peligros de una lectura simplificada y anacrónica de la realidad antigua. Esta lectura anacrónica se hace normalmente desde el pensamiento contemporáneo, heredero en su mayor parte de los procesos de «liberación» sexual que comenzaron en los setenta. El error común cuando este pensamiento vuelve la vista al pasado es ver a la moral cristiana como una moral puramente represiva que asocia el acto sexual «con el mal, el pecado, la caída, la muerte, mientras que la Antigüedad lo habría dotado de significaciones positivas» y que, además, solo permitiría el acto sexual dentro del matrimonio monógamo frente a la supuesta «indiferencia de la moral pagana». Es decir, Foucault denuncia el lugar común contemporáneo de observar la historia bajo la simplicidad de dos fuerzas: la creativa, pagana y sexualmente liberada fuerza de los griegos versus la fuerza represiva y antinatural de los cristianos.[2]

Sin embargo, esta lectura es tremendamente inexacta y simplifica demasiado la realidad, como ya explicamos en la introducción a esta arqueología. Para empezar, la imposición de etiquetas contemporáneas —desconocidas en la antigüedad— al análisis histórico (tales como «heterosexual» u «homosexual») dificulta más que ayuda a la comprensión de los fenómenos que queremos analizar.

Además, no hay un proceso de ruptura total entre la Grecia clásica y el cristianismo posterior (de igual forma que no lo hay entre el cristianismo y las nuevas sociedades secularizadas), sino que hay ciertos e importantes elementos de continuidad entre ambas, tales como el temor a los males del acto sexual, un esquema de comportamiento sexual, una imagen de qué es y cómo debe comportarse el hombre en el sexo y un modelo de abstención.[3] Continuidad sí, pero no igualdad.

La diferencia fundamental entre la Antigua Grecia y el cristianismo posterior es, seguramente, que en la Antigua Grecia «las exigencias de austeridad no estaban organizadas en una moral unificada, coherente, autoritaria e impuesta por igual a todos; eran más bien un complemento, algo así como un lujo en relación con la moral admitida comúnmente».[4] Así todo, no es que la cultura grecorromana fuera indiferente y totalmente permisiva frente al exceso de normas y el control cristiano, nada más lejos de esta simplificación. De hecho, la moral de la Antigua Grecia reflexionaba con tanta o más intensidad que la moral cristiana sobre los placeres sexuales y las relaciones entre personas; si bien es cierto que los griegos nunca operaron bajo la forma de la prohibición o el mandato (algo más cercano a la época cristiana), sino que lo hicieron bajo la forma de un *estilo de vida*, o una estilización de la libertad, en palabras de Foucault.

Ahora bien, esta forma más o menos libre de relacionarse en el amor y en el deseo era una forma de vida que solo estaba permitida a los hombres. Es importante señalar esto si no queremos caer en las lecturas nostálgicas y patriarcales de la historia, lecturas que olvidan la disimetría existente entre géneros en el acceso y disfrute del amor y del sexo. En la ética griega, las mujeres no son sujetos libres, sino que son conceptualizadas como objetos y se les impone coacciones extremadamente estrictas. Ellas solo aparecen «a título de objetos o como mucho de compañeras a las que hay que formar, educar y vigilar, mientras están bajo el poder propio, y de las que hay que abstenerse, al contrario, cuando están bajo el poder de otro (padre, marido, tutor)».[5]

Por último, en esta introducción al amor en la Grecia clásica, los griegos no usaban una palabra exclusiva para el sexo, no tenían una palabra tal como *sexualidad*, como hoy en día (y a partir de la cual derivamos conceptos como homosexual o heterosexual). Los griegos recogían las experiencias sexoafectivas dentro de un paraguas más amplio, el de *aphrodisia*, que Foucault[6] traduce por «cosas o placeres del amor», «actos de la carne» o «voluptuosidades».

El amor en la Grecia clásica (siglo v-iv a. C.)

En primer lugar, desde los comienzos de la cultura griega había una distinción importante entre dos polos dentro de la *aphrodisia*: uno activo relacionado con la penetración —y con el papel masculino[7]— y otro pasivo relacionado con el acto de ser penetrado o penetrada —y relacionado con la feminidad y bajo el que se engloban las mujeres, los esclavos y los muchachos.[8]

Además, otro punto importante que encontramos a lo largo de toda la cultura griega es que el placer que acarrea el acto sexual es reconocido y aceptado como una obviedad y en ningún caso se cataloga al placer (sexual, o no) como un mal o problema en sí mismo —como ocurrió más tarde en el cristianismo—. De hecho, en los siglos v y iv a. C., en la Grecia clásica, se entendía el placer como algo natural y que aseguraba la procreación y la reproducción de la especie (como dice Platón en *Las Leyes* [I, 636c]). Para el pensamiento griego antiguo, no se trataba de que el placer fuese malo, sino de que era tan intenso que requería de una mesura, de un control, para ser llevado a cabo de su mejor manera.

Es por este motivo que la Erótica aparecía muy ligada en los tratados a la Economía o a la Dietética: igual que en esta última, la pregunta no es si comer o no; más bien la pregunta es cómo hacerlo de la mejor forma posible, aquella en la que el disfrute no suponga un impedimento para uno mismo.[9] Para ello, para disfrutar de este placer natural al sexo o a la comida, es necesario un esfuerzo, un ejercicio de la libertad de uno,[10] un ejercicio en el que los deseos se piensan bajo la metáfora de la lucha, el combate, y bajo los cuales es necesario mandar. Eso sí, mandar, pero no aniquilar. Para ilustrar eso, Foucault cita este aforismo de Aristipo: «Lo mejor es dominar los placeres sin dejarse vencer por ellos; lo que no quiere decir que no acudamos a ellos».[11] Esta virtud de templanza, de dominio de uno mismo, es una virtud masculina y solo es conseguida plenamente por el hombre en un doble sentido: bien porque solo el hombre tiene la oportunidad (de ser libre, de ejercerse), bien porque la mujer —para los griegos— era naturalmente inferior al hombre y por tanto incapaz. De hecho, incluso cuando se alababa el dominio que tenía una mujer sobre sí misma se hacía bajo estos términos: «Por Hera, hete aquí que revelas en tu mujer un alma muy viril».[12] Y, bajo este mismo marco, un hombre era llamado femenino cuando tenía falta de dominio en sus placeres sexuales, cuando era intemperante.[13]

Dentro de la práctica sexual, los griegos no codificaron nunca posturas prohibidas o actos impuros. En su lugar, se esforzaron en sistematizar los momentos, los lugares y las maneras en las que el acto sexual podría acarrear menos perjuicios para los que lo realizan. Hubo toda una preocupación médica en torno al acto sexual (que se intensificó en los siglos venideros), una preocupación consciente de los posibles peligros y enfermedades que se cernían sobre la vida sexual. Sin embargo, los griegos no vieron estos males como parte del acto sexual, sino como consecuencia de la desmesura y de una forma de hacer estas prácticas.

Por otro lado, este discurso médico (Foucault cita el *Sobre la generación* de Hipócrates) avalaba y legitimaba el coitocentrismo, que ha perdurado en la historia del patriarcado occidental. Foucault lo llama «esquema eyaculador»[14] y en Hipócrates toma la forma casi de un mandato para las mujeres que, según el médico griego, «si las mujeres tienen relaciones con los hombres, son más saludables; si no, no tanto. Es que, por una parte, la matriz en el coito se humedece y pierde su sequedad».[15]

El acto sexual, en este momento histórico, está muy ligado a la reproducción de la especie (aunque no ligado únicamente a este objetivo, como ocurrió más adelante con el cristianismo). Aquí, en la Grecia Antigua, la reproducción no es un mandato divino, sino que es casi un deber político, pues la especie humana depende para su continuidad de la procreación de los individuos. Platón lo expresa de una forma más bella en su *Banquete* (IV, 721c) o en *Las Leyes* (206e) cuando sitúa la procreación en el horizonte de un ser que se sabe mortal, pero que quiere perpetuarse y que lo hará a través de su descendencia. Aclarada ya la visión de los griegos del acto sexual, vayamos ahora con sus modelos de relación sexoafectiva.

Al final del *Juicio a una prostituta* (122), Demóstenes formula un aforismo que se hizo famoso en su época: «Las cortesanas existen para el placer; las concubinas, para los cuidados cotidianos; las esposas, para tener una descendencia legítima y una fiel guardiana del hogar». Esta es la estructura tripartita patriarcal de la organización afectiva griega y muestra la heterogeneidad de las relaciones. Como bien señala Foucault: «este sistema pone en juego el principio de una sola esposa legítima, pero, por el otro, sitúa con toda claridad el dominio de los placeres fuera de la relación conyugal».[16] Y es que habrá que esperar unos siglos hasta que se considere que solo el placer es legítimo cuando ocurre dentro del matrimonio, con la esposa. Una esposa que, por el contrario, no disfrutaba de la misma libertad de placeres que su marido: ella sí que se debe únicamente al placer de su marido, además de darle hijos legítimos. En caso de falta, se expone a sanciones públicas y privadas. A este efecto, dice Demóstenes: «si faltan a semejante deber, quedarán excluidas al mismo tiempo de la casa del marido y del culto de la ciudad».[17] La virtud para las mujeres estará, pues, en saber acatar y respetar la fidelidad sexual por razón y voluntad propia.

Al marido, en cambio, ninguna relación sexual se le prohíbe, aunque sí que tiene prohibido contraer otro matrimonio. Sus obligaciones en tanto marido yacían en el respeto, el buen trato y el mantenimiento de una única esposa, pero nunca en la exclusividad sexual. La mujer en la Grecia Clásica no era traicionada si no veía peligrar su «lugar eminente que le ha dado el matrimonio: no ver que se prefiere a otra, no encontrarse devaluada ni en su posición ni en su dignidad, no verse reemplazada respecto de su marido por otra, esto es lo que importa ante todo».[18] La falta a la mujer no se produce, entonces, por mantener relaciones sexuales con otras mujeres, sino por *preferir* a otras mujeres, por ponerlas a ella en la cúspide, por hacer a la mujer perder sus privilegios legítimos.[19]

A pesar de esta libertad sexual, no faltaron los consejos y las recomendaciones (aunque no era lo habitual) para una abstención sexual con el resto de mujeres, esto es, para que los placeres solo se dieran con la esposa. ¿Por amor a una única mujer? No era visto así en la época griega. Si había recomendaciones para mantener una fidelidad sexual era más bien porque se veía esto como una prueba del dominio de sí, del control de los placeres y las pasiones. Esta era, para los antiguos griegos, una de las mayores virtudes del buen gobernante, ya que el buen gobernante, a diferencia del tirano, no gobierna por las pasiones, sino por la razón, es decir, es capaz de contenerse en sus impulsos. En el contexto de la polis griega, la aristocracia masculina debía mostrar sus virtudes, debía mostrar el control que tenía sobre sí misma y así ser digna de controlar y gobernar a sus conciudadanos. A este respecto leemos en los *Discursos* de Isócrates: «Gobiérnate a ti mismo no menos que a los demás, y piensa que lo más propio de un rey es esto: no ser esclavo de ningún placer, sino dominar las pasiones más que a los ciudadanos».[20]

¿Ocurría igual para las mujeres, es decir, gozaban ellas de esa libertad sexual? Ya hemos dicho que no. En la Antigua Grecia, la mujer era propiedad del marido, pero nunca al revés. De hecho, y así lo cuenta Foucault,[21] un hombre no podía mantener relaciones con una mujer casada no tanto por él mismo (pues es un hombre libre), sino porque el agravio y el ataque se dirige contra el marido del que esa mujer es propiedad. Así, y bajo esta visión de la mujer como un objeto del marido, en la Atenas del siglo IV a. C., estaba peor vista la seducción de una mujer que su violación, pues esta última es un ataque contra el cuerpo, pero la seducción ataca directamente a la voluntad y autoridad del marido. Sobre los seductores, dice Lisias en su *Discurso sobre el asesinato de Eratóstenes*: «corrompen las almas, hasta el punto de que las mujeres de los otros les pertenecen más íntimamente que a los maridos; se vuelven los dueños de la casa y ya no se sabe a quién pertenecen los hijos».[22]

Ahora bien, la realidad griega no debe interpretarse como que los maridos eran unos libertinos. Nada más lejos de la visión griega y sus problematizaciones. Ser marido implicaba para el hombre el gobierno de la casa (*oikos*) y ello no podía conseguirse de forma satisfactoria eludiendo las responsabilidades del hogar, ausentándose de casa o dándose a las pasiones y placeres. El ideal de buen marido le imponía, al menos, una restricción en sus placeres o en el número de sus compañeras para no descuidar su hogar y su tarea como jefe del mismo. Al igual que el tirano era visto en Grecia como el gobernante de una ciudad que se daba a sus pasiones y gobernaba por impulsos, el buen marido-gobernante era quien sabía controlar sus deseos y sus pasiones respecto a otras mujeres (aunque esto no signifique prohibición o castidad). Como venimos diciendo, la relación del hombre con los placeres durante esta etapa era más de dominio de uno mismo que de prohibición.

Dicho todo esto, podemos ver cómo el matrimonio griego era un matrimonio lleno de asimetrías.[23] Otra de estas asimetrías radicaba en el origen del matrimonio mismo. En lo que concierne al hombre, la elección en el matrimonio se basa en la libertad, pero era una elección impuesta en lo que a la mujer se refiere. ¿Impuesta por quién? Por su padre, en tanto propietario de ella, y por el futuro marido, en tanto futuro propietario de la mujer. Así habla Iscómaco en el *Económico* de Jenofonte: «¿Por qué te esposé y por qué tus padres te entregaron a mí? [...] Porque hemos reflexionado, yo por mi lado y tus padres por el tuyo, acerca del mejor compañero con el que podríamos asociarnos para nuestra casa y nuestros hijos».[24]

Habiendo visto ya el matrimonio, sus obligaciones y la visión griega sobre los placeres sexuales, pasemos ahora a un tema que preocupó bastante a los griegos y en torno al cual discutieron y escribieron en exceso: los «muchachos».

Para este tipo de relaciones griegas, consistentes entre la relación entre un hombre y un adolescente, Foucault nos previene de usar la palabra *homosexual*. Dice el filósofo francés: «Los griegos no oponían, como dos elecciones exclusivas, como dos tipos de comportamiento radicalmente distintos, el amor del propio sexo y aquel del otro. Las líneas divisorias no seguían semejante frontera».[25] No hay en los griegos dos deseos distintos (uno hacia las mujeres y otro hacia los hombres), sino que hay un mismo deseo hacia un único objeto: la belleza. Y los muchachos caían bajo este objeto de belleza.

La práctica de los muchachos era una práctica abiertamente tolerada e institucionalizada en la Grecia Antigua y uno de los temas principales de la literatura del momento, que la ensalzaba y valoraba como algo excelente. Por «práctica de los muchachos» nos referimos al cortejo y a las relaciones sexuales que se establecían entre un hombre adulto y un adolescente varón. Esta no era la única forma de «amor masculino», pues son de sobra conocidas muchísimas relaciones entre dos adolescentes o entre dos adultos de la misma edad.[26] Sin embargo, la extensa problematización de las «prácticas de los muchachos» fue debido a que presentaba —para los griegos— algunos puntos conflictivos.

Uno de esos puntos era, sin duda, la edad. El cuerpo de los muchachos era visto como un cuerpo con una belleza muy particular y muy adorada por la cultura griega. Sin embargo, surgía la pregunta obvia de a partir de qué edad se consideraba que un adolescente había abandonado la infancia, pero sin ser todavía adulto (para tener esa belleza intermedia tan particular).

Además de la edad, el problema principal que los griegos discutían en estas relaciones de *aphrodisia* era, fundamentalmente, el derivado del coitocentrismo griego: quién debía ser el elemento pasivo (en el sexo y en el cortejo) y que se llamaba «el amado» o *erómenos*, y quién debía ser el elemento activo y que se llamaba «el que ama» o *erasta*. Mientras que no había ningún problema con las mujeres o los esclavos (pues eran considerados sin ninguna duda inferiores y, por tanto, pasivos), los muchachos tenían una posición ambivalente. Debían ser el elemento pasivo porque estaban por debajo de los adultos libres, pero, y en tanto ellos se iban a convertir dentro de unos años en adultos libres, no podían disfrutar con esta posición, no podían entregarse a ella sin cierta violencia o rechazo.[27] Dice Foucault:

> Se trata del principio de isomorfismo entre relación sexual y relación social. [...] Todo lo que en el comportamiento sexual podría hacer cargar sobre un hombre libre —y más aún sobre un hombre que por su nacimiento, su fortuna, su prestigio, ocupa, o debería ocupar, los primeros de todos los rangos— las marcas de la inferioridad, de la dominación sufrida, de la servidumbre aceptada, no puede ser considerado más que como vergonzoso: vergüenza mayor aún si se presta como objeto complaciente del placer del otro.[28]

A pesar de esto, la erótica platónica (que encontramos, por ejemplo, en el *Banquete*) introduce un cambio interesante y que después sedimentó en nuestra tradición occidental, a saber, la teoría de que hay dos amores: el amor del cuerpo y el amor del alma. Esto, que luego sirvió para situar en una posición inferior los placeres sexuales respecto a los lazos afectivos y que tendrá un gran calado en la escuela teológica alejandrina, dio un giro interesante a la cuestión de los muchachos: el *erómenos* (el amado) ya no eran los muchachos y sus cuerpos, sino el viejo y feo Sócrates, pues su alma era bella y por tanto objeto de belleza.

En fin, y a modo de resumen, la *aphrodisia* griega excedía con mucho nuestro término *sexualidad*, pues no incluía una separación tajante entre los afectos y la sexualidad. Los griegos (al menos en el período de la Grecia Clásica) problematizaron la *aphrodisia* no bajo la forma de mandatos y prohibiciones, sino como una relación de dominio de uno mismo, como actos de mesura en el tiempo, la cantidad y la oportunidad. Este dominio de sí estaba lejos de suponer algo obligatorio. Más bien operaba bajo la forma de una estilización de la libertad. Era, en fin, la manera de dar a nuestra conducta una forma más bella. Así, vemos en este complejo de prácticas una dietética que se centraba en el estudio del mejor momento (*kairos*) para los cuerpos, una económica que propugnaba una templanza en el marido para mantener y gobernar a la casa-mujer, y una erótica que problematizó en exceso la práctica de los muchachos bajo el esquema sexual del coitocentrismo[29] y los polos activo/pasivo. Todo esto viró ligeramente en los siguientes siglos, acentuándose unos puntos y abandonándose otros.

El amor en los albores de nuestra era (siglos I-II d. C.)

La decadencia de la cultura helenística y su incorporación a la cultura romana provocó ciertas mutaciones en la forma de entender el sexo, el amor y las relaciones sexoafectivas (todos estos, recordemos, son términos anacrónicos) con respecto al período de la Grecia Clásica. No son rupturas totales, sino más bien inflexiones, desvíos, profundizaciones y ligeros abandonos de algunas formas de entender(se) como sujetos deseantes.

Hay que ser cuidadosos a la hora de medir el alcance de estos cambios, pues la documentación que tenemos es escasa y siempre referida a un área geográfica determinada. Dicho esto, y antes de pasar a estas variaciones, debemos señalar primero la gran similitud que existe entre ambas épocas, lo que se mantuvo invariable durante estos siglos: el coitocentrismo (patriarcal).

La penetración sexual como cumbre y paradigma de las relaciones sexuales (con sus dos polos: activo-masculino y pasivo-femenino) fue una invariable en el paso de un período histórico a otro, si seguimos a Foucault. Ejemplo de ello es el libro *La interpretación de los sueños* de Artemidoro, un famoso intérprete profesional de sueños del siglo II de nuestra era. En su manual, los pronósticos se derivaban estudiando únicamente la práctica esencial: la penetración; y preguntándose sobre los dos polos que derivan de esta postura (el activo y el pasivo):

> La pregunta que Artemidoro plantea sin cesar a los ensueños que estudia es sin duda saber quién penetra a quién. El sujeto que sueña (casi siempre un hombre), ¿es activo o pasivo? ¿Es quien penetra, domina, saca placer? ¿Es quien se somete o quien es poseído? Ya se trate de relaciones con un hijo o con un padre, con una madre o con un esclavo, la pregunta regresa casi infaliblemente (a menos que no esté ya implícitamente contestada): ¿cómo se ha hecho la penetración? O más precisamente: ¿cuál era la posición del sujeto en esa penetración? Ni siquiera el sueño «lesbiano» deja de ser interrogado desde ese punto de vista y únicamente desde ese punto de vista.[30]

Ahora bien, y dejando el coitocentrismo a un lado, hay en el resto de ámbitos ciertas modificaciones que marcan un cambio de rumbo. Estas se pueden resumir en problematización más fuerte o mayor inquietud ante los problemas del acto sexual, una importancia cada vez mayor del matrimonio (y de la fidelidad sexual) y una desvalorización del amor de los muchachos. ¿Cuáles son los motivos de estos cambios? Esta pregunta es bastante compleja y su respuesta excede con mucho el espacio que podemos dedicar en este libro, pero podemos resumir con Foucault[31] que los motivos más generales podrían tener que ver con la caída de la polis griega como marco político de referencia a favor del imperio y de otras estructuras de mucho mayor tamaño, además de una revalorización de la relación de uno consigo mismo.

Respecto al matrimonio, se aprecian en los primeros siglos de nuestra era una serie de cambios interesantes que se agrupan bajo el paraguas de una «publicización» de la unión marital: el matrimonio pasa del ámbito privado al ámbito público. Muestra de ello es, por ejemplo, la *ley de adulteriis* que penaliza todas las relaciones sexuales en las que esté implicada una mujer casada (una prohibición institucional impensable en la época griega). El contenido se mantiene, pero ahora la costumbre se hace ley. Además, el matrimonio se hace más común y popular. Pasa de ser una ceremonia aristócrata —para fijar herederos legítimos con respecto al patrimonio— a una unión común entre dos personas —habiendo incluso testimonios de matrimonios entre esclavos.[32]

Sin embargo, el cambio quizá más notorio es el de una mayor restricción en las obligaciones del marido en el matrimonio. Se recoge ahora la «prohibición de tener una amante, o un querido, y de poseer otra casa (en la cual podría mantener a una concubina)».[33] Esto hace que el marido entre en el sistema de obligaciones y restricciones del contrato marital. De esta forma, las obligaciones no son ya exclusivas de la mujer, sino que ahora son compartidas (aunque no sean igual de fuertes para ambos). Estas restricciones no se hacen bajo las premisas de una ley natural o la ley divina, como se hará después en el cristianismo, sino que se hace con vistas a la mayor estabilidad de la pareja.

Asimismo, la intervención del padre en los arreglos matrimoniales empieza a ser menos frecuente y el matrimonio empieza a verse como un «contrato querido entre dos cónyuges» y la existencia matrimonial se revaloriza. La forma adecuada de llevar un matrimonio ya no concierne tanto al gobierno del *oikos* (casa) y de la mujer, como en la Antigua Grecia, sino al cuidado del lazo que une a los cónyuges: el buen marido ya no es el gobernante racional de la casa-mujer; es más bien el buen amigo y amante de su pareja. La nueva fidelidad sexual del marido hay que entenderla desde este nuevo marco, en el que el dominio de los deseos de uno va a tener como principal objetivo dominar el deseo de tener relaciones con otras personas que no sean la esposa.

Entre esta oleada de cambios, la justificación del matrimonio también se modifica. El matrimonio ya no es justificado por la necesidad de reconocer a los hijos legítimos o por la necesidad de la especie humana para procrear, sino que amplía su justificación más allá de estos ámbitos. Prueba de ello son los textos de Musonio y Hierocles que desplazan el acento de la parte «procreadora» del matrimonio a la parte «comunitaria». La procreación puede ser algo importante en el matrimonio, pero ya no es su justificación última. Durante los primeros siglos de nuestra era, el matrimonio se justifica por el indudable carácter comunitario del ser humano, que necesita compartir su vida con alguien.

En este sentido, Hierocles habla de una «naturaleza binaria» y de que los seres humanos somos «animales conyugales»; de ahí, dice Foucault, «la idea de que la vida de matrimonio debe ser también el arte de constituir entre dos una unidad nueva».[34] Es desde esta nueva visión del hombre como un ser relativamente incompleto o, al menos, como un ser que se realiza en la vida marital, desde la que podemos entender mejor las nuevas exigencias de reciprocidad que se cernían sobre el marido: la mujer-esposa es la otra parte de la unidad y, como tal, debe ser reconocida. En este nuevo marco, la búsqueda de placer fuera de la esposa hace tambalear la unidad requerida para este lazo.[35]

Epicteto en sus *Conversaciones*[36] sitúa también el matrimonio en el ámbito político, mostrando que no hubo ruptura con el período anterior, sino sobre todo ampliación: seguía viéndose el matrimonio como algo necesario para el mantenimiento de la especie, de la ciudad, de la humanidad. A pesar de esta continuidad y, como puede verse, el cambio con el período anterior es considerable.

Respecto a los cambios que conciernen a la visión del sexo y las relaciones sexuales, el más importante es tener una mayor preocupación e inquietud por los efectos del acto sexual. Esta preocupación toma la forma de un mayor estudio del acto sexual por parte de los médicos, de una mayor presencia del discurso médico en torno a los males (médicos) de la *aphrodisia*. En este sentido, paradigmáticas son las obras de Galeno.[37] En los textos galénicos, se presta una atención mayor (comparado con los siglos v y iv a. C.) a los efectos nocivos de la *aphrodisia*. Por ejemplo, las convulsiones del orgasmo se asocian con las propias de la epilepsia y de ahí se deduce que el acto sexual forma parte de la familia de las convulsiones (con lo que ello conlleva de peyorativo). El esperma, por poner más ejemplos, es considerado como una sustancia preciosa y pura de la que nace la vida,[38] pero cuya expulsión en la eyaculación puede ser peligrosa para el hombre, pues pierde en cada eyaculación una parte de la fuerza de vida que tiene.[39]

Vemos aquí la enorme ambivalencia bajo la que se movieron los saberes médicos en su estudio sobre la *aphrodisia* en esta era. Por un lado, el acto y el deseo sexual siguen considerándose como algo natural y sobre lo que no hay vergüenza ni pudor, pero aumenta el estudio de los riesgos y las patologías asociadas, de los gastos que supone y de la violencia que lleva implícita para el cuerpo. Esto hizo que aumentara considerablemente la preocupación por la forma adecuada de realizar el acto sexual con cierta mesura, sin perjuicio para uno.

¿Es este el germen de la desvalorización sexual que veremos más tarde en el cristianismo? Ciertamente hay un cambio de rumbo respecto a los siglos anteriores, pero no podemos aceptar tan fácilmente esta analogía solo porque la cultura grecorromana del imperio aumentase su inquietud respecto al tema. A diferencia de lo que ocurría en la cultura romana, en el cristianismo la preocupación no es médica, sino moral: el acto sexual fuera del matrimonio y el deseo sexual «descontrolado» son pecados en sí mismos y se deben evitar no por una elección de libertad, sino por una codificación de prácticas y conductas que dictamina al creyente que eso no *debe* hacerse. Ejemplo de esta diferencia de concepción es la masturbación. En los regímenes médicos[40] de la cultura romana, este es un tema poco tratado, pero, cuando se trata, entonces se hace de forma positiva. Dion de Prusa comenta de forma irónica y mordaz que ese gesto —la masturbación— podría haber evitado la guerra de Troya al aliviar el deseo sexual del héroe. De esta manera, la masturbación aparece en este período histórico como la forma menos peligrosa del acto sexual y la más rápida y sencilla de dominar nuestros deseos. Lejos de la demonización que el cristianismo llevó a cabo de la misma.

Por último, respecto al acto sexual y relacionado con el principio «monopolístico» y de fidelidad sexual, aparece también en las relaciones sexuales eso que Foucault[41] llamó una «des-hedonización»: que el sexo entre los esposos no se subordine a la mera economía del placer, sino que se inscriba dentro del marco de la unidad marital, de la finalidad procreadora, englobándolo como una necesidad corporal.[42]

Por otro lado, el amor de los muchachos, que antaño representaba la forma más elevada de amor para los griegos, empezó a ponerse en duda en favor del amor hacia la esposa. A pesar de esta desvalorización, el amor por los muchachos no fue completamente condenado y siguió siendo una práctica relativamente habitual, aunque vista desde unos ojos más dubitativos. El movimiento filosófico no consistirá, pues, en la eliminación del amor de los muchachos sin más, sino en su inclusión (junto con el amor a la esposa) en un único amor. En esta época solo se concibe un amor (y no dos: mujeres y muchachos) y, de este amor único, el amor de los muchachos representa una forma incompleta. Estamos ante el nacimiento de una concepción unitaria del amor que es capaz de recoger sus múltiples expresiones (esposa y muchachos). Los respectivos diálogos de Plutarco (*Diálogo sobre el amor*) y del Pseudo-Luciano (*Los amores*) dan cuenta de todo este movimiento reflexivo.

Clásicamente, desde la Grecia Antigua la Erótica se dibujaba de forma dual:[43] un amor vulgar (donde preponderan los actos sexuales) y un amor noble, elevado y puro (donde estos actos están, pero no como elemento principal, sino velados por una expresión afectiva más profunda).[44] A diferencia de la concepción actual, el amor por la esposa entraba dentro del primer grupo —el sexual—, pues se veía que el centro principal del matrimonio (en la Grecia Antigua) era fundamentalmente la procreación. El amor por los muchachos, en cambio, era visto en la Grecia Clásica como el amor noble por excelencia: el amor que se basaba en la amistad y en la enseñanza del joven. Esta es la argumentación que sostienen —en los diálogos mencionados— algunos personajes como Protógenes y Pisias: la atracción hacia las mujeres no puede deslindarse del placer, mientras que el amor por los muchachos va más allá.

En la época romana, se dudaba de esta dualidad del amor y de la inferioridad del amor de la esposa con respecto al amor de los muchachos. Dafneo, de hecho, responde así a esta concepción: todos los pederastas, todos los que tienen relaciones con los muchachos, son unos hipócritas. ¿O acaso no hacen poemas alabando su belleza? ¿O acaso no disfrutan por la noche con ellos en la cama y alaban su cuerpo y figura en banquetes y encuentros? En esta época, y a diferencia de la Grecia Antigua, se empieza a poner en duda, como se ve, que el amor de los muchachos sea un amor tan noble y tan alejado de lo carnal.

Así todo, Plutarco tiene los elementos para dibujar su Erótica unitaria y poner al amor por los muchachos en lo más bajo de esta erótica. Ya no se hará una separación entre amor físico y amor puro, sino que se juntará todo en un único amor: el amor necesita tanto de *aphrodisia* como de *eros*, necesita tanto amistad como de actos sexuales y placer físico. Y esto solo ocurre sin problemas dentro del matrimonio. Decimos «sin problemas» porque el amor por los muchachos, en cambio, no junta estos elementos de forma tan armoniosa, ya que —en la nueva opinión de los autores de esta época— hay un inevitable componente de violencia, de rapto, de asalto al muchacho que, como señalamos más arriba, no puede mostrarse totalmente pasivo como objeto de placer y debe resistirse de alguna forma. Es con la esposa donde el amor erótico y el amor noble mejor se conjugan gracias a la *charis* (consentimiento, gracia), elemento que no se da con los muchachos.

Hay, además, otro argumento en Plutarco para mostrar la superioridad del amor por la esposa: en el matrimonio uno ama y es a la vez amado y esta doble actividad de amar, este «principio de reciprocidad»,[45] es lo que empieza a considerarse esencial en el arte de amar. Lejos queda la valorización de la Grecia Antigua de los dos polos de la erótica clásica: el *erasta* y el *erómenos*. A la práctica de los muchachos le falta, bajo esta nueva visión, la doble simetría del amor.

Este cambio de paradigma (de la erótica dualista que privilegia el amor de los muchachos a la erótica unitaria que sitúa en su cúspide al matrimonio heterosexual) puede parecernos trivial y sencillo desde nuestra óptica contemporánea, pero supuso un giro fundamental en la cultura del momento y fue, por supuesto, un cambio gradual que duró decenas de años. Tuvo que superar la enorme aversión que se tenía por el cuerpo femenino, que era considerado naturalmente inferior al del hombre y al del muchacho —cuerpo que expresaba la belleza masculina en su momento álgido—. Prueba de esta aversión es el argumento común de la época que repite Calicrátides[46] acerca del maquillaje: la mujer es tan fea que necesita disimular su belleza con maquillaje, joyas u otros adornos. A este respecto dice en esa misma página Foucault:

> El argumento del maquillaje bien puede parecernos de poco peso en este debate de los dos amores; descansa, para los antiguos, en dos elementos serios: la aprensión que proviene del cuerpo femenino, y el principio filosófico y moral de que un placer no es legítimo sino a condición de que el objeto de que lo suscita sea real. En la argumentación pederasta, el placer con la mujer no puede encontrar una reciprocidad, pues se acompaña de demasiada falsedad.

A pesar de estos argumentos a favor de los muchachos, se fue imponiendo poco a poco la re-valorización del matrimonio como forma más elevada de amor. La literatura clásica de los banquetes en la que los filósofos discutían sobre algún tema mientras bebían y amaban a los muchachos deja paso a relatos cuyo núcleo protagonista es una pareja de un hombre y una mujer (como *Quereas y Calirroe* de Caritón de Afrodisia, *Leucipe y Clitofonte* de Aquiles de Tacio o las *Etiópicas* de Heliodoro). De hecho, Foucault habla de un protagonismo cada vez mayor de lo «heterosexual».[47] Una relación heterosexual que, a pesar de basarse en una supuesta reciprocidad sentimental (amar y ser amado), mantuvo los dos polos de actividad del coitocentrismo: el polo activo-masculino y el polo pasivo-femenino. Esto muestra que la asimetría en deberes y obligaciones perduró dentro del matrimonio heterosexual. Más exigencias sentimentales para el marido, pero nunca igualdad real dentro del patriarcado.

Cobra, además, cada vez más importancia la virginidad, vista como un ejercicio que purifica y dota de cierto sentido espiritual la práctica del matrimonio. Estamos aún lejos de la importancia capital que tendrá en el cristianismo, en la modernidad y en nuestra época,[48] pero empieza la virginidad a ser un punto clave dentro de las concepciones de las relaciones sexoafectivas.

5
El amor durante el cristianismo

Continuando con nuestro objetivo arqueológico, en este segundo apartado nos proponemos hacer una recapitulación de la historia de la sexualidad —a través de Foucault también, pero no solo— en los inicios del cristianismo, usando estos inicios como base para una cultura y un pensamiento que quedó asentado en nuestra sociedad durante siglos. En otras palabras, unos inicios que conformarán la base del pensamiento cristiano (pensamiento que nace de la escuela de Alejandría) en la cuestión del sexo y del matrimonio. Comentaremos también algunos errores interpretativos que han sido frecuentes a la hora de estudiar el cristianismo, así como algunos prejuicios patriarcales o dados por el puro desconocimiento. Queremos en este apartado no solo rastrear las grandes líneas de sedimentación que están en la raíz de nuestra cultura, sino también mostrar sus contradicciones y sus grises, sus márgenes y brechas[1].

Antes de empezar el análisis, debemos resaltar que las fuentes principales de conocimiento en el cristianismo no quedan restringidas a la Biblia, ya que también es muy importante la tradición —no toda la revelación divina está plasmada en la Biblia—, y es que Jesucristo anunciaba y predicaba por medio de la palabra oral.[2] Además, y de cara a un correcto estudio de la cultura cristiana en estos siglos, hay que señalar que las voces que tenían mayor peso en los inicios de la Iglesia eran exclusivamente masculinas, lo que marcará también una diferencia en la narración y el contenido de ella. Por último, no está de más añadir y explicitar la variedad de cristianismos que se desarrollaron en los inicios y que poco a poco, pero sobre todo con el inicio de la Edad Media, se fueron viendo absorbidas por el grupo o corriente dominante que culminó con los padres de la Iglesia (la patrística).

Durante los primeros siglos del cristianismo, fueron desarrollándose dos escuelas teológicas principales cuyos planteamientos filosóficos —sobre todo antropológicos— eran diferentes: la escuela de Antioquía (que se conoció como la escuela asiática) y la escuela alejandrina. La escuela alejandrina nace entre los siglos II y III d. C., y sus principales figuras son Clemente, Panteno y Orígenes. Por su parte, la escuela de Antioquía surge entre los siglos III y IV d. C. como resistencia a ciertos planteamientos que se hacían desde Alejandría, uno de los principales tuvo que ver el componente humano (y lo que esto suponía) de la figura de Jesucristo.[3] Uno de sus grandes pensadores será san Juan Crisóstomo (de quien Foucault habla en su obra *Las confesiones de la carne*).

La principal diferencia entre ambas escuelas teológicas es la primacía que se le da al cuerpo o al alma, respectivamente. En el caso de la escuela de Antioquía se le concede un gran valor al hecho mismo de que Dios se hiciese hombre en la figura de Jesucristo, que Dios se hiciese carne (el componente humano de Dios adquiere mucha importancia en esta escuela). En cambio, en el caso de la escuela alejandrina —y dada la influencia platónica en los pensadores de esta escuela—, el cuerpo era visto como un obstáculo entre Dios y el alma humana se veía como la cárcel del alma y, por tanto, esta escuela prescribía una cierta separación de lo carnal, de lo corpóreo, para poder llegar a Dios. Es interesante notar que la distancia entre ambas corrientes teológicas reside en su filosofía de base, la escuela de Alejandría bebía por su parte de un idealismo platónico y neoplatónico; la escuela de antioquía de Aristóteles.

Un acercamiento al cristianismo durante sus primeros pasos

Antes de estudiar las bases del pensamiento cristiano en Occidente, en concreto en relación con la sexualidad, el matrimonio[4] y la castidad, nos queremos adentrar en los inicios del cristianismo: las primeras comunidades de cristianos. Resulta clave entender que el cristianismo no es la religión de Jesucristo (donde él se erige como su fundador), sino que, por una parte, (i) el cristianismo[5] tiene diversos fundadores y, por otra parte, (ii) el cristianismo es la reflexión e interpretación de la biografía y hechos de Jesucristo, que los seguidores del cristianismo establecen como modelo de vida que seguir e imitar para alcanzar la vida eterna.

Así, las primeras comunidades de cristianos[6] quisieron seguir el mensaje y modo de vida de Jesucristo.[7] La mayor parte de historiadores coinciden en señalar que las primeras comunidades de cristianos eran comunidades de pobres, excluidos, comunidades de gente sencilla. A pesar de este componente, es importante señalar, como lo hace Blázquez en su libro *Cristianismo primitivo y religiones mistéricas*, que «el cristianismo primitivo no debe verse como un movimiento proletario de masas, sino como un reagrupamiento de células más o menos sobrantes, formadas en gran parte de gentes que procedían de la clase media».[8] Así se veía también en su época. De hecho, y valga como testimonio histórico, Celso, filósofo griego del siglo II, decía que «el cristianismo solo ha conquistado a gentes pobres».[9] En contra del devenir institucionalizado y patriarcal que había de seguir el cristianismo, en las primeras comunidades también había presencia de mujeres profetisas a quienes se les atribuyó la misión de recorrer ciudades y aldeas para anunciar la vida, mensaje y muerte de Cristo: «Las mujeres cristianas desempeñaron un papel importante en la propagación de las sectas heréticas en el siglo II».[10]

Algunos autores, como Aguirre, definen esta comunidad como movimiento milenarista,[11] puesto que invierte el orden social: «Los últimos serán primeros y los primeros, los últimos» (Mt 20, 16); anula las jerarquías: «Si uno quiere ser el primero, sea el último de todos y el servidor de todos» (Mc 9, 35); y critica el orden económico: «Dichosos los pobres porque vuestro es el Reino de Dios» (Lc 6, 20).[12]

Fue a través de la búsqueda de la universalización de la fe cristiana y la moral de las primeras comunidades de cristianos, del intento de llegar a todas las personas, que se produjo la institucionalización de estas comunidades o movimiento(s) de Jesús. Esta institucionalización supone asumir y asentarse en las estructuras sociales colectivas para evitar caer en la construcción de un movimiento únicamente sobre la base de la experiencia personal.

> La fe siempre asume estructuras y mediaciones sociales para expresarse como doctrina y como fenómeno colectivo, e intentar prescindir de ellas es olvidarnos de nuestra condición histórica y de la misma encarnación [...]. A lo largo de la historia, la Iglesia ha optado por determinadas estructuras sociales como plataformas de evangelización y de socialización de la fe. Pensemos en el enorme énfasis que en la actualidad se pone en la escuela y en la familia con frecuencia adjetivadas de cristianas, así como en las parroquias, muchas veces identificadas con barrios o pueblos concretos. Y si el peligro de una secta es el de ser un grupo sostenido de forma voluntarista por la cerrazón de sus miembros sobre sí mismos, el que acecha a una Iglesia es el de sacralizar las estructuras sociales en que se apoya y no ser consciente de su relatividad.[13]

De cara a continuar con nuestro estudio sobre el matrimonio y el sexo en estos primeros siglos del cristianismo, es interesante notar que en algunas de estas primeras comunidades ya se establecía el ascetismo como uno de los puntos importantes dentro de la práctica religiosa, es decir, ya había una apuesta por la renuncia a lo material, al cuerpo y una puesta en valor extrema del alma, de lo espiritual (que pasa a ser la vía de comunicación —y acceso— directa con Dios). Aunque, también, resulta clave entender que estas normas morales no solo provienen de un intento de legislar la moral de la comunidad, sino que sirven también para establecer un orden social y político en la sociedad. Desde la visión cristiana, en ocasiones se han dado argumentos demográficos para entender esta postura de rechazo al cuerpo y así no culpabilizar al movimiento cristiano en su totalidad. En este sentido, desde estas posiciones se señala que la mortalidad era muy alta, por lo que era necesario que la práctica sexual estuviese ligada (o reducida) a la reproducción para poder asegurar un equilibrio entre la enorme mortandad y un mayor nacimiento de individuos. Desde estas posturas, que como decimos buscan entender el rechazo al cuerpo en su contexto histórico, se afirma que

> [...] la sexualidad, lo corporal y las uniones conyugales en el Nuevo Testamento nunca son algo negativo, pecaminoso o despreciable, sino que se revisten, al igual que todas las dimensiones humanas, de una dignidad venida de Cristo y del Espíritu Santo que habita en nosotros, aunque sin duda la diversidad de vocaciones, llamados y necesidades de la iglesia naciente, hacían que determinados personajes, con un llamado particular a la castidad y la abstinencia, fueran los que redactaran el itinerario moral. Problemas posteriores como la inferioridad de la mujer o la percepción negativa del cuerpo y la sexualidad vienen de interpretaciones dadas por determinados contextos sociales, que ignoraron parte de la enseñanza de Jesús, o no supieron discernir que las enseñanzas de Pablo respondían a un momento histórico específico, donde la cercanía del Reino y el patriarcado vigente ocultaban la relevancia del papel de la mujer. Recordemos que un análisis detallado de las relaciones del Jesús histórico con sus seguidoras, revela la dignidad y el papel de las mujeres en la comunidad original, al punto de que ellas fueron testigos primordiales de la pasión y testigos primeros de la resurrección.[14]

Una vez dados estos primeros pasos para entender el contexto en el que surgió el cristianismo, pasemos a examinar, de la mano de la genealogía de Michel Foucault, los análisis y creencias sobre el cuerpo, el matrimonio y el sexo en el pensamiento cristiano durante sus primeros siglos. Antes de empezar, es importante señalar con Sara Coakley (en su libro *God, Sexuality, and the Self. An Essay 'On the Trinity'*) que los autores que Michel Foucault analiza en su obra son los propios de la «systematic theology». Ante ella se han alzado grandes críticas, que encuentran otros caminos que transitar para comprender la variedad y heterogeneidad dentro del cristianismo: entre ellas la teología feminista[15] y la teología *queer* que tratan de atender los problemas que surgen de la teología sistemática.[16]

Así, resulta importante señalar cómo el relato bíblico y la interpretación de este ha estado en manos de hombres (varones). Ha sido bajo su mirada a través de la que se ha interpretado la palabra de Dios y sus enseñanzas. Una clara muestra de ello es la obra de Foucault, en la que ninguno de los pensadores que constituyeron las bases del pensamiento cristiano que se analizan y de los que se comenta son mujeres.[17]

¿Y LA SEXUALIDAD?

De la misma manera que los antiguos griegos, que no tenían un único término para referirse a la sexualidad, hablaban de *aphrodisia* —como comentamos en el anterior apartado—, en los albores del cristianismo, dice Foucault, se habla de *carne*. Así, su cuarto volumen de la *Historia de la sexualidad*, que lleva el subtítulo de *Las confesiones de la carne*, trata de adentrarse en la problematización histórica que hicieron los padres de la iglesia, siglo II d. C., sobre la carne y las experiencias de la carne. Como ya hemos ido desgranando, esto proviene de una visión platónica sedimentada en el cristianismo donde la carne (el cuerpo) es denostada como la cárcel del alma.

Precisamente, lo genuino de Foucault es señalar que no hay una ruptura entre el pensamiento antiguo (grecorromano) y el pensamiento cristiano, sino que los padres de la Iglesia —quienes comenzaron a teorizar y a esgrimir la línea que seguirá la doctrina predominante en la Iglesia a lo largo de la historia y hasta nuestros días— continuaron lo que desde Grecia se inició: la búsqueda de una serie de reglas, de pautas dirigidas a los placeres del cuerpo. Lo explica Foucault en las primeras páginas:

> Con el cristianismo no se pasó de un código tolerante con los actos sexuales a un código severo, restrictivo y represivo. Hay que concebir de otra manera los procesos y sus articulaciones: la constitución de un código sexual, organizado en torno del matrimonio y la procreación, se inició en gran medida antes del cristianismo, al margen de él, a su lado. El cristianismo, en lo esencial, lo hizo suyo.[18]

Es decir, para comprender arqueológicamente los movimientos de los cuerpos, el sexo y el deseo, es importante tener en cuenta que el cristianismo no supone ninguna ruptura radical del orden temporal, sino que es una potenciación de derivas que ya se encontraban germinando en los márgenes de la cultura grecorromana.

Entrando en materia, en relación con el buen gobierno y dominio de nuestras pasiones y deseos, de nuestra *carne*, los padres de la iglesia propusieron dos modos o estilos de vida. Esto creó un extenso debate con dos propuestas para el gobierno de nuestros deseos: una vida ascética constituida en torno a la virginidad y la vida matrimonial basada en la continencia. Ambas propuestas no dejan de ser una serie de normas que regulan la experiencia de la carne: nuestras prácticas sexuales.

Existe una cierta tendencia que se hace mayoritaria en el desarrollo del pensamiento cristiano, proveniente de una lectura e interpretación concreta del platonismo, que revela la creencia en la inferioridad de la carne como elemento corruptible frente al alma.[19] Desde aquí se argumenta la defensa de la virginidad como estado deseable. Recoge Foucault las palabras de san Metodio de Olimpia en su tercer discurso de *El banquete de las diez vírgenes*: «Quien es capaz de "conservar su" carne "virgen" y pone en ello su honor, "hace mejor"» porque es, precisamente, este estado de virginidad lo que nos permite acercarnos a Dios y asemejarnos a Él, como seres creados a su imagen y semejanza.[20] Entendiéndolo de esta forma, no resultaría únicamente regla prohibitiva[21] o un rechazo al cuerpo, sino también una manera de restaurar ese *vínculo primigenio* y eliminar esa distancia entre Dios y las personas, «un modo de relación entre Dios y el hombre».[22] Esto se traduce, expresa Foucault, en un trabajo del alma sobre sí misma —que veíamos ya en los griegos—. Es decir, el cristianismo potencia el ejercicio de sí de la cultura antigua y potencia en este ejercicio de sí la vida contemplativa, interior, la vida ascética como ideal, como paradigma del gobierno de uno mismo, como paradigma de control del cuerpo. En este sentido, algunos padres de la iglesia, como Tertuliano, hablaron de la virginidad como un estado de gracia y santificación. Otros, como Metodio, puntualizaron el carácter positivo de la virginidad, afirmando que «hay que practicarla en el ser entero, tanto en el cuerpo como en el alma, [...] no como una mera abstención del mal, sino como un vínculo positivo con Dios: una manera de consagrarse a Él».[23] No solo se dicta una ética del cuerpo, sino también una ética, una suerte de pautas sobre el buen gobierno del alma: pensamiento, palabra y obra. Un gobierno que consolida la tendencia que vimos en los primeros de nuestra era: un gobierno sobre, de y contra el cuerpo.

En lo que refiere a la virginidad, la figura de la Virgen María tiene un papel crucial para los cristianos por la condición casta que la constituye y su importancia en la fe cristiana. Para los cristianos, María es una figura modelo que se presenta como referente al que tratar de imitar; no solo ella, también su modo de vida y, por esta razón, se llama a trasladar la castidad en la que vivió María a nuestras vidas. Sin embargo, y a pesar de su importancia (o precisamente debido a su importancia), no son pocas las críticas que han surgido alrededor de esta cuestión desde el protestantismo y de boca de teólogos que han cuestionado la interpretación literal de la virginidad de María contraponiéndola a la humanidad de Cristo:

> Algunos teólogos sostienen que la concepción virginal va en contra de la perfecta humanidad de Jesús, pues esta exige la participación de un padre en la génesis de cualquier hombre, para que verdaderamente lo sea. Una encarnación virginal separa a Cristo de los hombres, marca una distancia, una diferencia en donde debía existir una total identidad [...]. Otros teólogos sostienen que las narraciones evangélicas de la infancia de Jesús pertenecen al género midráshico; esas narraciones no pretenden, por tanto, relatar un hecho histórico, sino que solo transmiten una enseñanza religiosa bajo un relato de apariencia histórica. Lo que se pretende afirmar con la concepción virginal es la filiación divina natural de Jesús, pero no un suceso biológico.[24]

A su vez, para Tertuliano será la continencia la forma de enfrentar el deseo de la carne para su buen gobierno. Se hará principalmente a través de una serie de normas que establecen los momentos oportunos (*kairós*) y las condiciones o finalidad del acto sexual (la procreación).[25] Como vemos, se ha dado un paso más en la regulación de la sexualidad: ya no estamos únicamente en que el único sexo permitido sea el del matrimonio, sino en una suerte de vida en pureza dentro del matrimonio. A través de la práctica de la continencia sexual, se llega a la virtud, pensaron estos filósofos cristianos, y, con ello, a la vida virtuosa. En este contexto, en los albores del desarrollo del cristianismo institucional, los padres de la iglesia comenzaron a definir los términos y circunstancias en los que debe darse el sexo para su correcta práctica. Es así como la práctica sexual empieza a verse ligada a la procreación, como explica Clemente en su obra *El Pedagogo*.[26] La demonización del placer no ocurría bajo su propia explicitación, sino bajo la búsqueda de la unión mística con Dios. Y es que no será tanto la prohibición o la restricción lo que guíe esta primera ética sexual cristiana, sino el deseo de imitación al Dios creador. Es por esta razón por lo que el acto sexual desvinculado de su condición procreadora (de su condición *creadora*) se empezó a ver como un acto contra natura.

Heredando esta visión de los griegos, el pensamiento cristiano ve la carne como una materia finita, corruptible y mortal, pero el carácter procreador de la práctica sexual salva al ser humano de la muerte absoluta. Para estos pensadores cristianos, la continencia y la valoración del sexo desde su dimensión procreativa desafía el carácter finito de nuestra existencia corpórea. En un mundo que se consume, para estos primeros cristianos la virginidad lleva a la extinción completa del mundo y, por eso, hay que procrear.[27] Esta es la tensión que viven los primeros cristianos entre la vida ascética y la finitud de la vida humana.

En esta línea, san Juan Crisóstomo avisa del poder de la virginidad de dirigirnos a una condición angélica (de ángel)[28] o, en palabras de san Ambrosio: «quien ha conservado su castidad es un ángel».[29] Así, la naturaleza del ángel está exenta de diferenciación sexual porque carece de materialidad, de cuerpo. Pero, por su parte, Basilio señala la complementariedad del hombre y la mujer que se materializa en la capacidad de reproducción a través del sexo y en la atracción mutua, donde la mujer actúa como imán (polo pasivo) para el hombre (polo activo), atracción de la que nos tenemos que deshacer para poder alcanzar la comunión con Dios.[30] En fin, es sobre la base de todo este pensamiento desde donde se fue asentando un pensamiento que normaliza (es decir, que hace norma) la heterosexualidad como la forma válida y única de sexualidad y las relaciones orientadas a la procreación como las únicas válidas.

En relación con el matrimonio, los padres de la Iglesia también emprendieron la misión de regular y establecer una serie de restricciones y deberes entre los siglos IV y V d. C. Entre ellos estaban (i) el principio de desigualdad natural[31] y, por tanto, de complementariedad (ya explicado en el anterior párrafo), (ii) el principio de obediencia, según el cual el marido tiene que guiar a la mujer y ser su educador,[32] (iii) principio de permanencia del vínculo (porque esa unión es para siempre, salvo adulterio) y de reciprocidad de obligaciones. Es interesante señalar a este respecto, con Forcades y su teología feminista, que este proceso de instalación de un determinado régimen corporal (y patriarcal) no ocurrió sin resistencia o voces disidentes. En ese sentido, el obispo Gregorio de Nacianzo en el siglo IV ya denunciaba las leyes contra el adulterio, puesto que discriminaban a las mujeres de manera injusta:

> Respecto a la castidad, veo que los varones no están bien dispuestos a ella y que sus leyes son irregulares e injustas. ¿Qué razón hay para que estas leyes condenen en la mujer lo que toleran en el varón? La esposa que peca contra su marido es tachada de adúltera, y las penas que la ley le aplica son muy severas; mas, si es el marido quien peca contra su mujer, no pasa nada. Yo no acepto esta ley. No apruebo esta costumbre. Esta ley está hecha por los varones y la han endurecido en lo que se refiere a las mujeres, ya que han dado la custodia de los hijos a los padres y han dejado a las madres sin nada. Dios no lo ha hecho así; Dios dijo: honrad al padre y a la madre.[33]

Sea como fuera, comienza a asentarse una ética del *buen marido* y la *buena esposa* porque el respeto de estos principios, entre otros, es lo que comporta el «saber estar casado», según san Juan Crisóstomo. Además, comienza a sedimentar la imagen del matrimonio como una pequeña iglesia en sí misma, como afirma, por ejemplo, Crisóstomo en *Homélies sur l'Épître aux Éphésiens*.[34] Para este, las relaciones sexuales dentro del matrimonio constituyen una de las obligaciones conyugales, puesto que sucede una apropiación mutua de los cuerpos del otro. Esto conduce, a su vez, a una deuda adquirida: «la idea de una apropiación lleva a la de una deuda: aquel cuyo cuerpo se ha convertido en propiedad del otro debe algo a este, a saber, el uso de ese cuerpo».[35]

Resulta curioso ver cómo Crisóstomo piensa la unión conyugal ya en términos mercantiles como transferencia de propiedad de los cuerpos y no unión de almas. La razón de entender el matrimonio en términos de apropiación o transferencia de propiedad para este pensador reside en que es el cuerpo donde se dan los excesos de concupiscencia.[36] De esta forma, con nuestro cuerpo, hemos de ser los encargados de limitar el deseo sexual desordenado de la otra persona (la concupiscencia). Así es como el matrimonio deviene limitación.[37]

Por otro lado, la finalidad de la regulación de las relaciones sexuales dentro del matrimonio es doble: se debe establecer su finalidad procreativa y se las debe entender en relación con la continencia —siendo esta última más importante que la primera—. Estamos ante el debate que dio durante aquellos siglos en el cristianismo sobre las actividades de la carne: o bien ascetismo y virginidad, o bien matrimonio y continencia. San Agustín, a quien Foucault dedica la última parte del texto que venimos comentando, *Las confesiones de la carne*, imagina ambas alternativas como dos caminos dentro de un mismo horizonte, donde uno de los caminos es más elevado que el otro: el de la virginidad. El filósofo de Hipona sitúa el problema en la libido, consecuencia del pecado original, como una inclinación de exceso y desorden *descontrolado* hacia el placer carnal. Este deseo sexual incontrolable —que expresa la condición de «caída» del ser humano—, que es la libido, convierte la vivencia del deseo sexual en algo que se escapa de la voluntad y el control propio y que hemos de vigilar bajo una serie de normas, incluso dentro del matrimonio, donde cada uno de los amantes es el responsable de controlar y limitar los deseos e impulsos del otro: «Se deben, también para evitar las relaciones prohibidas, una suerte de servidumbre recíproca que sea el apoyo mutuo de su debilidad».[38] Parece, entonces, que la meta era ayudar a tu pareja al buen gobierno de los impulsos sexuales, impulsados por la *libido* o concupiscencia, y abogar por un placer «mesurado y reducido por la templanza a su satisfacción natural».[39] De aquí se deriva una distinción entre relaciones sexuales pecaminosas o libres de pecado, buenos usos o malos usos, y una tipificación de la gravedad del pecado en función de su finalidad.

> [Así,] la relación conyugal practicada con vistas a la procreación está completamente exenta de pecado; la que se tiene «para satisfacer la concupiscencia» constituye una falta venial, y los actos que se cometen al margen o en contra de los vínculos del matrimonio (fornicación o adulterio), así como aquellos que, en este, se oponen a la naturaleza, son pecados mortales.[40]

Por último, otro de los puntos del matrimonio cristiano a señalar es la fidelidad y exclusividad que para san Agustín, explica Foucault, no es solo una suerte de ordenación y contrato jurídico, sino que se trata de una reciprocidad de voluntades que se rompe si una acaba con ella. Por su parte, el matrimonio establece una serie de obligaciones que no se disipan aún si una de las dos partes deja de cumplir con la exclusividad que requiere ese vínculo. El matrimonio es una unión sagrada y debe preservarse.

Foucault además señala tanto puntos de confluencia como de disonancia en el pensamiento de estos filósofos y teólogos. Aun así, en este epígrafe, hemos querido señalar algunos de los puntos más importantes que son los que han creado la cosmovisión cristiana más ortodoxa en relación con la práctica sexual, el matrimonio y el deseo, línea que es el sedimento sobre el que se asienta la doctrina de la Iglesia católica y que constituye una demonización sobre el deseo y el sexo. A pesar de que esta es la línea históricamente triunfadora, queremos en las siguientes páginas mencionar otras posibilidades teóricas cristianas que no germinaron, pero que apuntaban a otras formas de concebir el cuerpo y el deseo. En el siguiente punto, queremos explorar otros caminos y hermenéuticas posibles que se han ido recorriendo para, así, proponer otras exégesis cristianas, pero alejadas de un pensamiento heteronormativo y prohibitivo.

Sobre la potencialidad del cristianismo: dos apuntes

Por último, y dado que el cristianismo es una cultura viva, todavía viva, presente, es importante recalcar un par de apuntes sobre algunas relecturas del mismo. Distinguimos, por un lado, el devenir histórico del cristianismo y su cristalización en una institución con unos preceptos morales y unas formas de entender el cuerpo y la sexualidad, y, por otro lado, la potencia teórica de su tradición para alumbrar otros devenires posibles (dentro incluso del propio cristianismo).

En este sentido, retomamos en este punto dos ideas para considerar dos lecturas que difieren otras más ortodoxas, establecidas por los padres de la Iglesia. La primera: la diferenciación sexual a través de los cuerpos; y la segunda: la complementariedad hombre-mujer, que crea una relación de poder entre el hombre que domina y la mujer que obedece y es dominada. Por un lado, en *Las confesiones de la carne* se plantea la siguiente pregunta: «¿Cómo ha podido el Dios único crear al hombre a su imagen y semejanza, y, al mismo tiempo, la dualidad de los sexos?».[41] Sobre la interpretación del Génesis de la diferenciación sexual, Anna Pagés escribe en *Cenar con Diotima*: «Dios creó a Adán (Adam), que significa "ser humano", "lo humano"».[42] Dios no creó al hombre y la mujer, sino que creó un ser compuesto por dos mitades que, al mirarse y reflejarse en los ojos del compañero, se supieron «otro». Desde aquí, se sostiene la idea de que Dios no creó primero al hombre y después a la mujer, sino que creó dos seres —como representación de lo mismo y lo otro— a los que más tarde les dio ciertas distinciones. La idea de complementariedad del hombre y la mujer, que nos lleva a un pensamiento donde la heterosexualidad conforma la norma, se ve confrontada por Teresa Forcades, consagrada teóloga de la que hablamos anteriormente. Pone en duda esa idea de complementariedad del hombre y la mujer como una forma de defensa de la heterosexualidad como única unión de amor válida. ¿Por qué? El matrimonio es sacramento, es decir, signo del amor de Dios a través de las dos personas que se unen; dicho amor se hace visible en esa unión y se testimonia en medio de una comunidad cristiana. Este amor de Dios, lo describe Teresa Forcades, es como aquel que no encierra, que no absorbe a la otra persona dentro de sí, sino que da espacio y es libertad:

> Si la complementariedad masculino-femenino la entendemos como aquello que da carácter sacramental al sacramento del matrimonio, entonces ¿cómo puede ser ese sacramento, sacramento de lo único que puede ser sacramento, que es del amor de Dios? El amor de Dios es el amor trinitario de comunión, de reciprocidad, que la palabra técnica para hablar de él es la *pericoresis*; tiene algo muy bonito en su etimología porque esta palabra *peri* es como periferia, «alrededor de», pero *coreo* que es la otra parte de esa palabra técnica trinitaria: *pericoresis*. «Coreo» viene de la raíz griega, igual por ejemplo que la palabra «coreografía» [...] porque «coreo» quiere decir «espacio». Entonces *pericoresis* quiere decir que el amor trinitario se concibe a sí mismo como si yo amo a Silvia, yo hago espacio alrededor de Silvia, le doy lugar, le doy espacio. Entonces, eso es una noción del amor que parece que es contraria a decir «yo me la como» [porque es lo que me complementa]. El amor tiene en su raíz un espacio de libertad, de gratuidad y de rotura de la cadena causal.[43]

Si acaso pudiéramos aceptar esta complementariedad de la que se habla, habríamos de entender que lo masculino y femenino no tendría por qué guardar relación con el sexo y género de las personas que encarnan ese amor al tratarse de categorías construidas alrededor de una serie de valores. Esto es, una mujer podría encarnar la feminidad de la misma manera que un hombre podría hacerlo. Aun así, el amor genuino que es el amor de Dios, y que como cristianos es modelo para nuestra vida, no podemos describirlo desde la complementariedad, ya que se alejaría de esta idea de «hacer espacio alrededor de» la otra persona.

Por su lado, ni el amor trinitario, que es relacional y nos dirige hacia la comunión,[44] ni el amor de Dios hacia sus criaturas es un amor que se done a través de una serie de jerarquías, no es piramidal. Lejos de esta idea, el amor divino rompe con todo tipo de preferencias y jerarquizaciones. Esto se muestra claramente en la vida de Jesucristo, Dios encarnado en una vida humana, quien acaba con los privilegios que parecía dotar el judaísmo a determinadas personas en función de ciertas condiciones propias. Recordemos aquí cómo Jesús pone el foco en las personas pobres, migrantes, en las mujeres, etc., para formar una comunidad donde no había posiciones preferentes.

Los discípulos de Jesús rompen sus vinculaciones anteriores y encuentran en la comunidad cristiana una nueva familia.[45]

> En las comunidades cristianas las relaciones individuales y familiares tradicionales serán sustituidas por relaciones recíprocas entre compañeros, considerados hermanos y hermanas en Cristo, de forma que se generan unas relaciones familiares nuevas, más amplias, cuya célula básica es la misma comunidad, y donde las relaciones humanas se hacen más igualitarias entre los sexos y entre los distintos sectores sociales, sean libres o esclavos; quedando subsumidas las relaciones de dependencia de género y de clases en una condición colectiva en la que todos se sienten y son siervos o siervas de Dios y esclavos o esclavas de Cristo.[46]

Dios se dona a todas por igual y en libertad. Si a esto le sumamos la idea de *hechos a imagen y semejanza de Dios*, como parte de nuestra naturaleza como criaturas de Dios, entonces habríamos de ser seres llamados a amar de esta misma forma. Esta forma se aleja de la visión mercantil, que anteriormente comentamos y que san Juan Crisóstomo sostenía, del matrimonio como transferencia de propiedad de los cuerpos. Así, el amor de Dios se sitúa fuera del mundo de las deudas[47] y los deberes; el amor de Dios es completamente libre, no exige, ni manda, ni obliga, sino que propone y deja plena libertad a la elección de amarle o no hacerlo; porque «el amor que es debido no es amor».[48] Aceptar el amor de Dios, que es don, y amarle solo puede hacerse desde nuestra libertad.

Así bien, Ernesto Castro en un diálogo que mantiene con Brigitte Vasallo y Fernando Barragán para el programa *Habla laguna* bajo el título de «Sobre monogamia y poliamor» comenta cómo su camino hacia el poliamor vino de la mano de las fuentes clásicas y de los evangelios. Dice: «cuando en el evangelio Jesucristo dice amar al prójimo como te gustaría que el prójimo te amara a ti, está planteando una vía hacia la desjerarquización de las relaciones».[49] Porque el punto principal que se señala como vertebrador de toda crítica hacia la monogamia como sistema es hacia la jerarquía dentro de las relaciones. El dios cristiano es trinitario, esto significa que es un dios y tres personas donde no hay jerarquías posibles y desde donde el amor se derrama al mundo y sus criaturas de forma gratuita, incondicional y libre a todos por igual.

De esta manera, y desde ciertas corrientes teológicas, se entiende el deseo desde su potencia y multiplicidad, ya que Dios mismo desde su deseo de donar su amor al mundo nos creó:

> El principio de la creación expresa el deseo y la libertad de Dios de crear y compartir su amor con todo el cosmos. El punto Alfa de la humanidad y del cosmos es este principio dador y amoroso, la auto-donación de Dios que se deleita en un acto creador [...]. En Dios, el deseo y el amor, aunque distintos el uno del otro, se complementan entre sí, ya que el deseo de Dios llega simultáneamente con el amor de Dios; el deseo de Dios es, por tanto, erótico-agapéico.[50]

El Espíritu Santo, el espíritu de Dios, representa esa fuerza del amor de Dios que se dona y se derrama hacia todos los lugares y atraviesa no solo nuestra alma, sino nuestros cuerpos; cuerpos diversos colmados de deseos diversos que se hacen uno en el cuerpo de Cristo: «Vosotros, pues, sois el cuerpo de Cristo, y miembros cada uno en particular» (1 Cor 12, 27). Además, se nos abre una cuestión en torno al deseo: ¿por qué se han interpretado pasajes bíblicos que legislan la manera de relacionarnos sexoafectivamente, pero el Cantar de los Cantares se interpreta como una metáfora entre el amor de Cristo y su Iglesia? Este libro de la Biblia es un «apasionado homenaje a los sentimientos de atracción erótica que brotan entre dos jóvenes personas solteras [...] celebra con entusiasmo la intensidad del vínculo sensual y afectivo».[51] Somos cuerpos vivos y deseantes.[52]

Estas son unas someras pinceladas de lecturas que exploran otros caminos y otras interpretaciones diferentes, y cuya finalidad es abrir paso a otras voces, sobre el amor, el deseo, el matrimonio, etc., bajo una mirada cristiana y marcando cierta distancia con las exégesis canónicas. Sin embargo, y a pesar del espacio que aquí les hemos dado, estas interpretaciones heterodoxas son recientes y no fueron las que, lamentablemente, sentaron las bases de nuestra tradición y nuestro pensamiento. Será la lectura clásica, la primera que hemos expuesto, la que supuso los sedimentos de nuestra tradición. Sobre ella se erige la Edad Moderna, nuestro siguiente apartado.

6
El amor en los albores de la Modernidad

En este apartado, y continuando con nuestro recorrido histórico, vamos a recorrer someramente las etapas posteriores a la Edad Media y que corresponde al lapso de tiempo que abarca desde el siglo XV hasta el XIX. Como es evidente —y de forma similar al resto de apartados— la explicación tiene un carácter meramente introductorio, porque el objetivo principal de esta arqueología es mostrar los cambios acaecidos en la historia del amor. Con esta arqueología, creemos, resultará más fácil *desnaturalizar* la forma actual de amar, pues después de este recorrido histórico queda probado que nuestra forma de relacionarnos no ha sido (ni será) la única forma de relacionarse sexoafectivamente.

Es harto conocido el cambio de paradigma que acaece en el Renacimiento respecto a la Edad Media. En el olimpo de los valores —hasta entonces copado casi exclusivamente por los valores religiosos—, el hombre empieza a hacerse hueco. Sin suponer ninguna renuncia a la fe religiosa, el paradigma renacentista tiene al hombre como centro del universo —es lo que se llama «humanismo»—. El sistema feudal, además, da muestras de agotamiento y, aunque sus últimos coletazos durarán siglos, una nueva clase social enriquecida por el comercio (la burguesía) comienza a despuntar. La invención —en su versión occidental— de la imprenta fue el caldo de cultivo para un período histórico que se veía a sí mismo como un renacer cultural frente a la oscura, desde su punto de vista, Edad Media.

Esta desvalorización de los siglos precedentes (de la Edad Media) va acompañada por un redescubrimiento de la época clásica (Grecia y Roma) y una relectura de todos los clásicos.

Es fácil de imaginar, pues, que esto supusiera cambios notorios en la forma de concebir el amor. Estos cambios, sin embargo, lejos de ser intempestivos, se manifestaron dentro de un proceso muy gradual y tuvieron en el *amor cortés* el punto intermedio entre la omnipotente religiosidad de la Edad Media y la (muy) relativa secularización del Renacimiento.

A finales de la Edad Media (concretamente en la Baja Edad Media), ciertas mutaciones acaecen en la forma de concebir el amor. Este amor mutado, esta nueva concepción que aventura toda una época de cambios que llega hasta nuestra época, los historiadores lo han llamado *amor cortés, religión de amor* (Otis H. Green) o *religio amoris* (María Rosa Lidia). El amor cortés resquebraja algunos de los ejes del amor cristiano-religioso y avecina un cambio de paradigma en cómo se concibieron las relaciones afectivas en los siglos venideros.

Para historiadores de la talla de Michael Gerli, durante este período de transición entre la Edad Media y la Modernidad se empieza a observar un «progresivo sincretismo, o un intento de sintetizar la retórica de eros, el amor humano, con la de ágape, el amor a Dios».[1] El amor empieza a *humanizarse* y el objeto amado empieza a deslizarse desde la esfera divina a la esfera terrenal. Hablamos de un fenómeno consistente en una progresiva «paganización» en la que, al igual que el cristiano adora a Dios, el hombre adora a la mujer. Este proceso de paganización del sentimiento amoroso no debe entenderse como una parodia del cristianismo (como defienden autores como C. S. Lewis), sino más bien la apropiación de un lenguaje popular y extendido —el cristiano— para expresar un mundo en auge: el del amor. Así, se empiezan a escribir los primeros poemas sacro-profanos, con una lírica que mezcla el Dios cristiano y Eros. Se habla entonces de procedencia celestial de la señora, de misas del amor para aludir a ritos y prácticas. Jorge Manrique incluso habla de milagros amorosos y la lista de santos es sustituida en estos poemas por mártires del amor (Tristán, Lanzarote, Matías,

París y Elena), donde «la pasión está vinculada con la muerte y que supone la destrucción para quienes abandonan a ella todas sus fuerzas».[2]

Se vislumbra difusamente una nueva concepción del hombre que terminará de asentarse en el Renacimiento, pero que en estos momentos es apenas un momento lejano. Estamos en un momento histórico de cambio donde lo nuevo emerge —humanismo, universo secularizado—, pero lo antiguo —cosmovisión cristiana— no acaba (¡ni lo hará!) de morir. En palabras de Gerli:

> Así pues, en el centro de esta nueva filosofía del amor queda la mujer. Ella integra todos los ideales del amante y reparte el don de la salvación. Como la deidad cristiana en la especulación teológica, la dama es una abstracción moral: el foco de veneración, contemplación y meditación de todo cortesano que aspire a bien-amar.[3]

La cosmovisión humanista del Renacimiento comienza a dar sus primeros pasos y el amor aparece como uno de los sentimientos más poderosos de este universo terrenal. En palabras del profesor Raffaele Pinto:

> La ideología renacentista representó un importante factor de cambio de las ideas socialmente dominantes [...]. La mujer alcanzó, gracias a las idealizaciones de los escritores, un papel de gran prestigio en el imaginario colectivo, convirtiéndose en una pieza clave de la civilización cortesana.[4]

Como apunta el importante historiador George Duby,[5] el amor cortés no supone ningún avance en el reconocimiento de los derechos de las mujeres o, en otras palabras, que el mismo sistema patriarcal sostiene este amor protorromántico. En su célebre libro *Mâle Moyen Âge* —y que lleva como subtítulo *de l'amour et autres essais*—, Duby señala algo fundamental: que el amor cortés es un juego de hombres en el que las mujeres no participaron. De hecho, las mujeres siguieron contemplándose solo y exclusivamente como objeto de deseo y nunca como sujetos del mismo. Su sacralización como objetos divinos de deseo puede ser, ciertamente, un cambio respecto a épocas anteriores, pero nunca un cambio de estatus (subalternas).

El nacimiento de esta nueva cosmovisión renacentista vino impulsada, como ya hemos dicho, por el redescubrimiento de los clásicos. Fue gracias a estas lecturas de la Antigua Grecia que el amor entre personas del mismo género (o más concretamente: entre hombres) pudo encontrar un espacio (estrecho y poco habitable) en el que poder justificarse. Al menos esta es la opinión del activista e historiador italiano Giovanni Dall'Orto.[6] En sus trabajos, Dall'Orto estudia el *amor socraticus* que tuvo lugar en la Italia renacentista y que prueba, según él, un cierto *homoerotismo*.[7]

De esta forma, la Italia renacentista recuperaría parte de la cultura «homosexual» que se cultivó —como ya vimos— en la Grecia Antigua. Este redescubrimiento se debe principalmente a Marsilio de Ficino y su traducción, comentario e introducción a las teorías y libros platónicos en la Italia renacentista. En su comentario al *Banquete* platónico, no eliminó los evidentes componentes homosexuales que tenía este u otros libros de la época.[8] Eso sí, este amor entre hombres se presentaba como un amor intelectual, un amor entre individuos cultos, un amor alejado de todo vicio carnal o lujuria. Otra diferencia importante fue que no se popularizó tanto como en la Antigua Grecia. Consistió, más bien, en lo que Dall'Orto ha llamado *cultural climate of the period*. La recuperación de este amor homosexual fue algo puntual, algo dado simplemente en algunos círculos humanistas y de una forma muy particular. Es cierto que las cartas de Ficcino dejan entrever una relación (amorosa-intelectual) con un hombre llamado Giovanni, pero no constituyó una amenaza para la heteronorma vigente.

A pesar de estos cambios culturales, de estas mutaciones en la cosmovisión, ¿supusieron un cambio de prácticas en la mayoría de la población? Apenas. Y es que los cambios culturales pueden (y suelen) avanzar por derroteros que escapan a las prácticas cotidianas de la mayoría de la gente (analfabeta en ese momento). Veamos, por poner un ejemplo de una relación común, el caso de una pareja florentina del siglo XV.

La historia la cuenta el historiador estadounidense Gene Brucker en su libro *Giovanni y Lusanna*.[9] La historia de la pareja es famosa por ser uno de los pleitos medievales que generó (y del que se conserva) más documentación. El pleito sirve de trasunto de la todavía importante presencia de condiciones de clase y género en las prácticas amorosas en la Modernidad temprana. Giovanni y Lusanna fueron amantes durante doce años (1443-1455) y se casaron de forma no oficial y en secreto por el miedo de Giovanni a las reprimendas de su familia por salir con una mujer de una clase inferior. Cuando alcanzó el cenit de su riqueza, Giovanni abandonó a Lusanna para casarse con una adolescente de 15 años de una de las familias más poderosas de Florencia. Ante tal situación, Lusanna denunció ante la corte florentina la ilegalidad de tal matrimonio por haberse casado Giovanni ya en secreto con ella. Lo interesante del juicio —desde una mirada feminista— es la persistencia histórica del mismo argumento para denigrar y desautorizar a las mujeres: Lusanna no es digna de ser escuchada porque se la han conocido otros hombres y, por tanto, es una mujer de baja moral. Hay, ciertamente, cambios en la práctica amorosa basados en un humanismo naciente que revaloriza a la mujer en sus poemas, pero persiste un patriarcado que inunda la vida privada a la vez que un capitalismo en ciernes que empieza a ver el matrimonio como alianza burguesa cuyo fin es la gestión (y aumento) de propiedades.

En resumen, el Renacimiento introdujo desvíos notorios respecto a la forma (cristiana) de concebir la forma de amar de los siglos anteriores. Estos cambios, empero, se redujeron a círculos culturales y, más que revolucionar la cultura de su tiempo, sirvieron como base para los cambios futuros, como vemos en la Ilustración.

La Ilustración, que comenzó en el siglo XVIII, tuvo como principal característica una fe ciega en la razón (paradoja de la que dieron cuenta Adorno y Horkheimer). La razón es vista como una luz capaz de iluminar todas las tinieblas y cuya ausencia es abono de supersticiones y mitos. Estos cambios culturales se acompañaron también por unos cambios materiales consecuencia de un capitalismo temprano. Además, las ciudades empezaron a crecer a un ritmo vertiginoso y los lazos comunitarios de la Edad Media se disolvieron casi por completo.

Esta apuesta por la razón característica de la Ilustración cambió la forma de concebir el amor. El amor dejó de ser materia sagrada o de poetas, y pasó a ser objeto de estudio por parte de los higienistas, médicos o filósofos naturales. Como consecuencia, se empezó a dudar de la *sacralidad* de la unión marital —como vemos en Montesquieu o Diderot— y de su necesaria continuidad en el tiempo: de que el matrimonio deba ser para toda la vida. Como consecuencia, surgen los primeros defensores del divorcio. Sendos puntos —desacralización de la unión marital y la aceptación del divorcio— no fueron defendidos con los mismos argumentos que ahora se sostienen: la libertad individual, sino por otros totalmente distintos. Montesquieu, por ejemplo, defiende en sus *Cartas persas* que los matrimonios para toda la vida pueden ser un obstáculo para el crecimiento demográfico y pone como ejemplo los matrimonios de personas estériles. No obstante esta defensa, hablamos de cambios culturales que tardaron siglos en asentarse. De hecho, el divorcio solo tendrá cabida en los códigos penales de los países europeos siglos más tarde.

El matrimonio en la Ilustración, como estamos viendo, es objeto de argumentos racionales de médicos y filósofos naturales, y es a partir de esta racionalidad desde la que se estudia. El contexto histórico debe situarse en los retos demográficos del siglo XVIII que favorecieron una visión más pragmatista de la unión marital. Como muestra el trabajo de Michael Winston,[10] durante la Ilustración francesa se llevó a cabo una *desacralización* del matrimonio a través de la aparición de figuras como los higienistas o los médicos que pensaron el matrimonio como un objeto más de su campo de estudio. Este cambio, de la religión a las ciencias naturales, no supuso un cambio en la ideología acerca del matrimonio y la unión sexual, como bien señala Winston. Los estudiosos de la higiene, los médicos o los filósofos de las ciencias naturales siguieron apostando por una unión heterosexual supeditando el sexo a la procreación —ya no tanto por palabra divina «En cuanto a vosotros, sed fecundos y multiplicaos» (Gn 9, 7), sino por causas «objetivas»: crecimiento demográfico, por ejemplo—.

En este sentido, crecieron los tratados —como el de Vandermonde titulado *Essai sur la manière de perfectionner l'espèce humaine*— que estudiaban los estilos de vida y las formas de realizar el sexo para tener *más y mejor* descendencia. Estos mismos higienistas o filósofos naturales de la Ilustración francesa prescribieron también el papel —subordinado— que debía tener la mujer. Ejemplo de ello es el libro de Jean-Andrè Venel *Essai sur la santè et l'éducation médicinale des filles déstinées au mariage* o el *Système physique et moral de la femme*. En fin, el mismo patriarcado, que en el Renacimiento sacralizaba a la mujer como musa y objeto de poemas, ahora —con los discursos científicos y «racionales»— la postula como útero *natural* cuya única función es proveer al varón de hijos en el matrimonio. Un cambio que, por nimio que parezca, es crucial para el devenir de las relaciones sexoafectivas. Así lo describe Stephanie Coontz:

> Cuanto más aprendía yo acerca de la historia antigua del matrimonio, más me daba cuenta de las dimensiones gigantescas de la revolución matrimonial que se produjo en la parte occidental de Europa y en Norteamérica durante la Ilustración.[11]

Empieza en la Ilustración a gestarse un cambio en la forma de concebir el amor que terminará de consolidarse en el Romanticismo.[12] El Romanticismo surge como reacción a los excesos racionales de la Ilustración y otorga prioridad a los sentimientos. De hecho, las características principales de lo que hoy llamamos «amor romántico»[13] se dan en este período: el amor es pasión, es fuerza, es vitalidad frente a una razón que marchita lo que de vivo tiene esta experiencia. En general, el movimiento romántico dio una importancia crucial a los sentimientos en todos los ámbitos de la vida y, en lo que al amor se refiere, fundamentó las prácticas amorosas en una pasión desmesurada.

Además, y en su lucha contra la visión cristiana del cuerpo, incorporó el sexo a la dupla necesaria de una buena relación afectiva (como se puede ver en la *Lucinde* de Schlegel o en la proliferación de poemas eróticos —como los de Espronceda—). Estas nuevas ideas tocaron de lleno algunas de las prácticas que se habían estado dando en Europa durante siglos. La más importante, y cuya hegemonía aún perdura, es la idea de que uno debe casarse por amor y no por cualquier otro motivo.

A pesar de esta revolución cultural, es fácil imaginar que la inmensa mayoría de la población (analfabeta) seguía apegada a una tradición religiosa que influía en unas prácticas amorosas determinadas. Los cambios culturales de la Europa letrada han influido a lo largo de los siglos, pero no tuvieron un impacto directo y notorio sobre las personas de su tiempo. Los cambios materiales, en cambio, afectaron a la mayoría de la población; condicionaron, en gran medida, sus prácticas amorosas. En este sentido, y en esta época, es de obligado cumplimiento mencionar la consolidación de un capitalismo que entraba en una de sus etapas más características, a saber, la del capitalismo industrial. Son, precisamente, estos cambios económicos y materiales los que condicionaron las prácticas amorosas de la mayoría de la población europea de estos siglos. Así lo muestra el estudio del historiador alemán Peter Borscheid[14] en la ciudad de Nürtingen durante los siglos XVIII y XIX: los matrimonios en esta época desde una base netamente material o económica. A la estructura general del capitalismo hay que sumar algunas leyes que influyeron directamente en la dinámica material del matrimonio tales como la Ley de Sucesión de esa misma región (que obligaba a las personas a tener un certificado que listase todas las pertenencias que sumaban al matrimonio). De esta forma, es de esperar que las personas con más propiedades e ingresos se casasen con las personas de su misma clase social, pues el matrimonio suponía un acuerdo eminentemente económico.

Como muestra Borscheid en su estudio, no se nota la influencia de las ideas ilustradas/románticas (que la gente se case por amor) en los arreglos matrimoniales de esa ciudad alemana en los siglos mencionados. De hecho, todo lo contrario: el autor muestra cómo esta lógica economicista se agrava durante el siglo XIX si los datos los separamos por profesiones. La razón es que un comerciante pequeño siempre es más deseable que un granjero rico, pues la esposa del granjero deberá trabajar el campo y la del comerciante apenas requerirá trabajo.

¿Encuentra Borscheid excepciones? Claro y es que hablamos de tendencias, pero en ningún caso de leyes universales. Sin embargo, el historiador alemán se resiste a explicar esas excepciones como influjos románticos —estas explicaciones sostendrían que los que no cumplían esta regla y se casaban con alguien más pobre era por amor— y da algunas excepciones bastante convincentes —¿aunque poco numerosas para explicar las personas que no siguen las reglas?—. Por ejemplo, hombres mayores o mujeres mayores viudos, mujeres con hijos ilegítimos o los propios hijos ilegítimos. En sus palabras: «Según sus relatos, el matrimonio tenía una base material amplia; los débitos y los créditos tenían poco que ver con el romanticismo o el amor».[15] Como señala Borscheid, hasta que no se generalizó la lectura no terminaron de permear estas ideas románticas ni los cambios culturales en la vida cotidiana de la gente.

Por último, es importante mencionar en este recorrido histórico la importancia que tuvo la época victoriana en el asentamiento y la naturalización de la familia nuclear. La época victoriana asumió todos los cambios mencionados y colocó al amor romántico como requisito indispensable para el matrimonio, aunque dotó al cortejo y al matrimonio de un procedimiento formal bastante notorio. El exacerbado moralismo (puritanismo) desterró las prácticas sexuales del noviazgo, recuperó la virginidad como elemento central y sentó las bases para la concepción de la familia nuclear como elemento central de la vida social.

El paso de la familia extendida medieval a la familia burguesa nuclear culmina en la época victoriana con una naturalización de la familia, denunciado por Engels en su célebre libro *El origen de la familia, la propiedad privada y el Estado*. Como dice Engels en el *Prefacio a la cuarta edición de 1891*:

> Hasta 1860 ni siquiera se podía pensar en una historia de la familia. Las ciencias históricas hallábanse aún, en este dominio, bajo la influencia de los cinco libros de Moisés. La forma patriarcal de la familia, pintada en esos cinco libros con mayor detalle que en ninguna otra parte, no solo era admitida sin reservas como la más antigua, sino que se la identificaba —descontando la poligamia— con la familia burguesa de nuestros días, de modo que parecía como si la familia no hubiera tenido ningún desarrollo histórico; a lo sumo se admitía que en los tiempos primitivos podía haber habido un período de promiscuidad sexual.[16]

Engels señala también un punto que creemos fundamental, a saber, que el proceso histórico de consolidación de la monogamia es un proceso que solo sufrieron las mujeres,[17] ya que la existencia de la esclavitud y la prostitución hacían que, *de facto*, el hombre no cediera su exclusividad sexual a su mujer. En esa Gran Bretaña de finales del siglo XIX, el matrimonio monógamo —defiende Engels—[18] se sostiene por una alianza entre el patriarcado y capital: «Estos caracteres son, en primer término, la preponderancia del hombre y, luego, la indisolubilidad del matrimonio. La preponderancia del hombre en el matrimonio es consecuencia, sencillamente, de su preponderancia económica».[19]

Con este recorrido llegamos, por fin, al siglo XX. A pesar de que la religión ha dejado de tener en gran medida el papel fundamental de las prácticas amorosas, estas no han perdido su carácter religioso. Lo más importante se mantiene: estructura heterosexual, visión subalterna de la mujer, importancia de la virginidad, etc. La familia, y esta es una de nuestras herencias más directas, se asienta como la estructura social más importante de la esfera humana. Con razón años más tarde dirá la conservadora Margaret Thatcher que «no hay tal cosa como la sociedad. Hay hombres y mujeres y hay familias». De esta forma, aterrizamos, tras seguir este camino, a mediados del siglo XX con el amor romántico y la familia nuclear burguesa como formas consolidadas y dominantes de relación sexoafectiva. Antes de pasar al siguiente apartado, y que muestra el inicio del declive de estas estructuras, queremos señalar dos puntos importantes en lo que a sendas formas de relacionarnos se refiere.

En primer lugar, debemos ampliar el alcance de estas formas de relacionarnos no solo a Europa, sino también —y en el marco del colonialismo— en el resto del mundo. Esteban, por ejemplo, recoge los estudios de Victoria Burbank que muestran cómo aumenta el amor romántico en las poblaciones de aborígenes australianos a partir de las misiones evangelizadoras de los años 50.[20]

En segundo lugar, y en una relación muy particular con lo anterior, debemos ser conscientes del potencial emancipador que ha tenido durante casi toda la historia el amor romántico. Concebirlo únicamente como un elemento represivo supone no entender sus contextos de aparición y su potencial liberador. En este sentido, Charles Lindholm señala un escenario muy evidente en el que se muestra este potencial: sociedades fuertemente jerarquizadas y muy estructuradas donde concebir el amor de forma romántico supone todo un desafío al poder y sus linajes.[21]

Veamos en el siguiente apartado qué cambios notorios han ocurrido en el siglo pasado respecto a esta herencia en la forma de concebir el amor que, después de los años 50, empieza a ser cuestionada.

7
La liberación sexual: Mayo del 68

En el siglo XX, más concretamente a partir de su segunda mitad, acaece una ruptura con la moral y los valores tradicionales que legislaban acerca de nuestra sexualidad y nuestros cuerpos (sobre todo el de las mujeres). La línea de reformas y contrarreformas parciales al puritanismo cristiano que recorre la historia desde el Renacimiento hasta hoy estalla en 1968 y provoca una verdadera revolución sexual. ¿Qué ocurrió y qué impacto tuvo en el desarrollo histórico posterior?

En torno a los años 60, se produce una revuelta cultural que se conoce como Mayo del 68 y que consiste en una serie de revueltas, protestas y manifestaciones estudiantiles que rechazan el capitalismo, la sociedad de consumo, la represión sexual, la discriminación sexual, el autoritarismo, etc.

La génesis de este acontecimiento histórico ha sido un tema muy debatido. Lo más importante a tener en cuenta es enmarcar estas protestas en la sociedad capitalista de posguerra. La Francia del 68 se caracteriza por tener un estado de bienestar heredado de las épocas doradas de la socialdemocracia europea. Sin embargo, y a pesar de los avances en servicios sociales, el descontento empezaba a cubrir todas las capas de la sociedad. La naciente sociedad de consumo mostraba que la mera posesión de objetos no garantiza la felicidad, sino todo lo contrario: ahora el capitalismo se reproduce en el tiempo de ocio, en la sociedad de masas que consume cosas que no necesita. En otras palabras, la sociedad de consumo solventó para una amplia parte de la población la pobreza material, pero esto no supuso una emancipación de esta parte de la sociedad. Con razón decía Guy Debord en 1967: «se ha inaugurado una nueva época: tras la primera tentativa de subversión obrera, ahora es la abundancia capitalista la que ha fracasado».[1] Y es que, cuando el ocio que recompensa la explotación del obrero es una sociedad del espectáculo, ¿qué rayo de luz de esperanza nos queda? José Luis Pardo —en el prólogo de *La sociedad del espectáculo*, de la edición española de Pre-Textos— lo dice de manera más cruda: «el despropósito que consiste en "liberar" una cantidad creciente de tiempo de trabajo que, al no poder ser empleado en ninguna actividad real, necesita que la gigantesca industria del entretenimiento venga a llenarlo».

La sociedad se siente atrapada. El capitalismo empieza a conquistar todas las esferas de la vida humana y, a pesar de que las condiciones materiales son mejores que hace unas décadas, la sensación de vacío y alienación persiste. El ocio de la sociedad de masas encadena aún más al hombre en una sociedad sin escapatoria aparente. En vez de esta sociedad de consumo, ¿no sería mejor, se pregunta el filósofo español, vivir? Parece que esto no es posible en el espectáculo naciente de la sociedad de masas. Esta incapacidad para vivir por fuera de un espectáculo que colmaba la realidad de las personas de mediados de siglo se traduce en heridas existenciales. No son los grandes sistemas (capitalismo, patriarcado o racismo) los que sufren el tedio de una vida dedicada a consumir y producir. Más bien al contrario: el sinsentido del espectáculo se encarna en la vida propia que adolece cuando se la contempla.

Esta alienación en todas las esferas de la vida humana, germen de las protestas de Mayo del 68, es consecuencia de la abundancia de esta nueva sociedad de masas. Sin embargo, las revueltas ocurridas en el 68 no tienen su origen únicamente en las mutaciones del capitalismo. La revolución también estalla por la constatación de otros sistemas de opresión (racismo, heteropatriarcado) que, hasta ese momento, habían ocupado un segundo plano en las protestas de la sociedad. Las protestas buscaron acabar no solo con el capitalismo, sino con cualquier forma de dominación.

En el caso de las mujeres, por ver un ejemplo, la vida de ama de casa de una familia burguesa aumenta hasta límites nunca antes alcanzados por el tedio de una vida de represión. Betty Friedan lo llamó en *La mística de la feminidad* como «el problema que no tiene nombre».[2] La realización que se les había prometido a las mujeres como madres y amas de casa no podía saber más que a represión.

En contra de lo que pueda parecer, Mayo del 68 no es una revuelta espontánea, sino que en Francia son años de movimientos latentes, de cambios subterráneos. Algo se estaba gestando. En el programa radiofónico *Allo, Menie*, miles de cartas llegan dirigidas a Simone de Beauvoir y a Menie Grégoire. El contenido de esas cartas, decía Menie Grégoire en mayo del 68,[3] barruntaba un cambio de dirección en la subjetividad femenina. Decía la presentadora que solo observando los cambios de temas (se empiezan a hablar de *marital malaise*) y las formas en que escribían las mujeres podría haberse predicho todos los acontecimientos. La sociedad se calienta en los meses previos y es en aquel mayo cuando todo salta por los aires. Esta explosión consistió en una serie de protestas estudiantiles que ocurrieron en París, Francia, que comenzaron con una sentada y posterior ocupación de la Universidad de la Sorbona.[4] La principal reclamación de estas manifestaciones estudiantiles era acabar con el autoritarismo estatal, presente en las instituciones políticas, religiosas, sociales y en la propia universidad. Así, las reivindicaciones demandaban una reforma universitaria en todas sus formas, desde el plano educativo hasta la relación profesor-alumno. Esta protesta y lucha contra el autoritarismo se enfocaba, también y sobre todo, en la liberación del sujeto («¡Prohibido prohibir!»). Explica Daniel Cohn-Bendit, político europeo ecosocialista que participó en las revueltas de Mayo del 68 autoproclamándose anarquista, en su libro *Forget 68* (2008):

> Contra esta sociedad que consideran demasiado autoritaria y heterónoma, quieren ser los amos de sus vidas [...]. El movimiento emerge como un movimiento

> [...] que quiere ante todo hacer énfasis en la autonomía y las opciones de vida de los individuos [...]. El principio de los años 68 es, en realidad y ante todo, una revuelta por la vida cotidiana, la música, la relación entre hombres y mujeres, la vida, la sexualidad, la liberación. Esto es lo que hace el 68.

A esas protestas se unieron las de otros muchos sectores y todo el país se vio sacudido por una onda revolucionaria que se extendió por distintos países. Para el profesor y activista Massimo Prearo,[5] hablar de Mayo del 68 puede inducir al error de creer que todos los acontecimientos se desarrollaron en ese mes. Todo lo contrario: para los «nuevos movimientos sociales» —como el LGTBI o el de las mujeres—, Mayo del 68 fue simplemente una ruptura con efectos cada vez mayores y que alcanzaron su cenit en los años 70. Por eso, señala, es mejor hablar de los meses del 68 en vez de pensarlo como un único mes de un único año.

Aunque las protestas tienen un componente claramente anticapitalista, rápidamente su foco desborda las tesis clásicas del Partido Comunista Francés, y aborda temas que atañen no solo a los grandes sistemas, sino a la configuración personal de la subjetividad. Se busca la playa debajo de los adoquines, se busca la libertad, y para ello se señala a una sociedad del espectáculo cuya dominación no opera más en cadenas, sino a través de sutiles mecanismos que conforman nuestra subjetividad. Los lemas abarcan desde «La imaginación al poder» hasta «Prohibido prohibir». Lemas que se organizaron —dice el profesor Sánchez Prieto—[6] en torno a la célebre tesis marxiana: no se trata solo de comprender el mundo, sino de cambiarlo. En el lado feminista, se empieza a hablar —como señalan las correspondencias de Beauvoir—[7] de «energía sexual que ha sido largamente reprimida», «vida sexual autónoma» y el «gozar por el mero hecho de gozar».

Dentro del campo que a nosotros nos atañe —el de las relaciones amorosas—, en Mayo del 68 se pone en cuestionamiento la fidelidad, la monogamia y la heterosexualidad como las únicas formas válidas de construir relaciones de amor y se experimenta alrededor de los límites de estas. Esta etapa de «liberación sexual» se traduce rápidamente en una serie de cambios legislativos y sociales: como la difusión y democratización de los métodos anticonceptivos y la legalización del aborto (en Francia fue en 1975).[8]

En estas revueltas se intenta romper con los roles tradicionales de género y con las instituciones sociales —como el matrimonio— asentadas históricamente desde el desarrollo del cristianismo más institucional. Tanto el matrimonio como la familia nuclear fueron fuertemente criticadas; se proponía la experimentación, búsqueda y desarrollo de otros modelos relacionales alternativos. Aquí es donde el amor libre, la ruptura con la exclusividad sexual dentro de la pareja y el poliamor se van abriendo camino.

Esta liberación sexual tuvo un gran impacto en la vida de las mujeres. Para ellas, la vivencia del sexo había sido mucho más condenada y reprimida a lo largo de la historia. Así, Mayo del 68 puso en el centro no solo el problema de la mujer, sino también el del placer femenino. Esto dotó a las mujeres de la posibilidad de ser las dueñas de su sexualidad y de la autonomía suficiente para poder disfrutar del placer fuera de los límites que imponía el matrimonio y la maternidad. Del mismo modo que la principal reivindicación de las protestas era contra el autoritarismo estatal e institucional, las mujeres trataron de liberarse del autoritarismo y la tutela masculina del padre, del marido y del amante, y, en general, de todo sometimiento al hombre. En palabras de Anne-Claire Rebreyend:

> Aquellas que habían sido fieles a sus parejas hasta ahora estaban empezando a descubrir el placer sexual tras años de vida matrimonial. [...]. Más que los hechos de Mayo del 68, el contexto feminista de la década de 1970 dio a estas mujeres la confianza para lograr una vida sexual autónoma [...]. Para estas mujeres que se embarcaron en una nueva vida amorosa, la «liberación

> sexual» consistía en amar fuera de los límites impuestos por la institución del matrimonio y experimentar libremente el placer sexual. Algunas habían pasado por la menopausia y no estaban limitadas por las limitaciones de la maternidad; otros aprovecharon la liberalización de la anticoncepción.[9]

Igualmente, las protestas de Mayo del 68 pusieron en primer plano la existencia de una diversidad de orientaciones sexuales fuera de la heterosexualidad. Esta ha sido constituida históricamente como la única sexualidad válida, como la sexualidad natural de los seres humanos. La lucha contra la heteronorma conlleva la desvinculación del sexo con la reproducción y la puesta en valor del placer (dimensión que había sido castrada y demonizada) como un aspecto positivo y natural dentro de nuestra vida. En este punto, las reclamaciones LGTBI y feministas se daban la mano.

Con la liberación sexual —de mujeres y personas no heterosexuales—, se dio también una liberación de los cuerpos. El desnudo había sido también demonizado a lo largo de la historia por una moral cristiana que infundía el pudor como la correcta relación con nuestros cuerpos. Así, empezó a salir del ámbito privado, y comenzó a tener presencia tanto en el teatro como en cines en las escenas con contenido sexual.[10]

A pesar de todos estos avances, Mayo del 68 no fue el pico de las protestas y revueltas con motivo de la liberación sexual de mujeres y personas no heterosexuales, sino tan solo su despegue. En el caso del colectivo LGTBI, las protestas se duplicaron al año siguiente y fue en junio de 1969 cuando ocurrieron los disturbios de Stonewall en Nueva York. El trato discriminatorio y vejatorio a la comunidad LGTBI en Estados Unidos provocó que la noche del 27 de junio, en una de las usuales redadas policiales por las zonas de los bares «gais», la comunidad —en lugar de aceptar el trato humillante— respondiese y se alzase en contra de la discriminación sufrida de forma prolongada. Dos de los nombres a destacar siempre que hablamos de estas protestas son

Marsha P. Johnson y Sylvia Rivera, dos mujeres trans que junto con otras compañeras trans y *drag queens* se enfrentaron a la policía y encabezaron al día siguiente la marcha por los derechos LGTBI. Es esta fecha la que se conmemora cada año en las celebraciones del Orgullo (crítico).

A pesar de todo lo dicho, debemos remarcar que Mayo del 68 no fue un conjunto de prácticas o revueltas homogéneas ni, mucho menos, coherentes. Al contrario: se caracterizó por una pluralidad compleja y por una serie de contradicciones internas. Por ejemplo, y siguiendo a Rebreyend, la búsqueda de nuevas formas de relación afectiva mantenía todavía una premisa que impedía romper de forma radical con lo anterior, a saber, la inseparabilidad en muchos casos entre amor y sexo. Asimismo, y esto persiste hasta nuestros días, la liberación sexual opacó en algunas ocasiones la autonomía de los sujetos para decidir sobre su propia sexualidad. En el caso de la virginidad, Rebreyend recoge testimonios de algunas mujeres que empezaron a ver como una obligación (*duty*) perder la virginidad.

Otra contradicción, que también hemos heredado, se relaciona con la industria pornográfica. En 1970, y como consecuencia de este ambiente de liberación sexual, se produce lo que en Estados Unidos se denomina «Edad de Oro del porno». Este fue el período de máximo esplendor y difusión de la industria cinematográfica del porno, que a principios del siglo XX estuvo prohibida en EE. UU. Mientras se fomentaba el desnudo, la ruptura y la provocación, las nuevas industrias del entretenimiento reelaboraban —patriarcado mediante— las nuevas demandas para generar más ganancias y mantener la dominación masculina, aprovechándose de esta fuerza revolucionaria que había emanado en forma de ruptura con una moral punitivista.

Siguiendo con esta línea de incoherencias y contradicciones, y a pesar del ambiente feminista, las protestas fueron, principalmente, un asunto de hombres. Para Martine Storti,[11] periodista, escritora francesa y licenciada en Filosofía por la

Sorbone, Mayo del 68 no fue un momento revolucionario a nivel del movimiento feminista porque en las protestas seguían teniendo la voz principal los hombres. En ese momento, la lucha por la igualdad se consideraba un asunto fundamental, pero no prioritario porque la revolución era lo más urgente. Como estamos viendo, en el seno de estos movimientos de protesta y de lucha se seguían dando y reproduciendo las mismas situaciones de dominación que en el resto de la sociedad.

Estas contradicciones entre contenido y formas era en realidad un problema de la izquierda clásica (comunista) para absorber y hacer suyas las demandas de los nuevos movimientos sociales surgidos al calor de las protestas estudiantiles. El politólogo Massimo Prearo[12] recoge varios testimonios que denuncian que una parte de la izquierda clásica —demasiado economicista todavía— intentaba devolver las demandas sobre el amor, las mujeres y la orientación sexual al ámbito de lo privado:

> Nuestra experiencia quedó fuera del movimiento [de Mayo del 68]: los problemas entre hombres y mujeres en pareja y cómo criaban a sus hijos estaban presentes, pero eran marginales [y estaban confinados] a su lugar habitual de la llamada vida «privada» que estaba separada de la «vida pública». Cuando aparecimos en la Sorbona para proponer una reunión sobre «las mujeres y la revolución», la idea fue aceptada, pero nos dijeron que fuéramos a buscar trabajadoras en los mercados.[13]

Muchos de estos problemas surgían por cómo entender la relación del capitalismo con el resto de sistemas de dominación (heteropatriarcado, racismo). Había, principalmente, dos visiones que se encontraban en pugna. Por aquellos años, la revista *Arcadie* en un número especial titulado «Ser homosexual en Francia en 1970»[14] explicaba estas dos visiones o puntos de vista:

> [El primero se deriva del supuesto de que] la represión de la homosexualidad no está fundamentalmente

> ligada a las estructuras económicas de la sociedad: por tanto, uno podría estar tentado a intentar explotar en beneficio de los homosexuales la formidable capacidad del capitalismo para socavar los prejuicios, juicios y tabúes heredados de las creencias religiosas, y su no menos formidable capacidad para acomodar todo tipo de posiciones. [En ese caso], la política de los movimientos homosexuales debería ser un diálogo paciente con las autoridades: deberían intentar apuntar a la opinión a través de los medios de comunicación de masas y también para educar a los homosexuales mismos para proporcionar una imagen de sí mismos como consumidores ordinarios. [...] La segunda estrategia, sin embargo, se siguió del siguiente supuesto: con Reich y Marcuse, todas las formas de represión sexual son indisolublemente ligadas a la explotación económica y al modo de producción capitalista.[15]

Del mismo modo, hubo además disputas entre los distintos nuevos movimientos sociales como el LGTBI y el feminismo. En este sentido, Julian Bourg[16] señala que ambos movimientos no fueron nunca un «fenómeno unificado». Según este historiador de la Universidad de Boston, aunque ambos movimientos tenían motivos y razones suficientes para unirse en contra del viejo orden sexual y de género «tal solidaridad no siempre se materializó».[17]

Así todo, Mayo del 68 se nos presenta como un acontecimiento complejo del que —queramos o no— somos herederos. Como dice Žižek,[18] Mayo del 68 produjo una mutación en el capitalismo pasando de una etapa fordista a una etapa posfordista (o de espectáculo). La retórica izquierdista de «liberación sexual», «autonomía» o demás fue aprovechada por la estructura capitalista para generar dispositivos que aumentasen las ganancias a costa de apropiarse de un discurso que, al menos en teoría, era emancipador y de reproducirse a través de este —y disfrazándose de alternativa—. Veamos estas herencias contradictorias y otras características de las relaciones sexoafectivas en la época actual.

8
El amor hoy: declive del matrimonio, poliamor y cultura de masas

Nuestro tiempo es un híbrido amorfo, una amalgama de propuestas y discursos, una extraña mezcla entre apertura y cadenas invisibles. Aparentemente, y como efecto del terremoto de Mayo del 68, vivimos una época más abierta en las relaciones sexoafectivas, con el foco puesto en la toxicidad; una época más feminista, familiarizada con todo un acervo de palabras que hasta hace poco eran académicas; una época, incluso, más tolerante con las diversidades sexuales. De hecho, según una macroencuesta de junio de 2021, España está a la cabeza en tolerancia LGTBI en comparación con otros países europeos.[1] Además, si hace años era un tabú hablar de masturbación femenina, hoy el *Satisfyer* es uno de los productos más vendidos del mercado.

Sin embargo, ¿vivimos un momento tan abierto en lo que a sexo y afectos se refiere? No lo creemos así. Como dijimos al final del apartado anterior, nuestra época se caracteriza por una serie de contradicciones fruto de la coaptación de los discursos radicales por parte del capital. Lo que antaño fue un horizonte de emancipación hoy le hace la cama al capital. Además, y por otro lado, muchas de las alternativas a este presente contradictorio basado en discursos erocapitalistas[2] son miradas nostálgicas a un tipo de relaciones afectivas que romantizan un pasado que es irrecuperable. Veamos ambos puntos separadamente.

Empecemos por el primer punto. Vivimos un reciclaje de los discursos de liberación que ahora forman estructuras que son acordes al capital. Crudo como pocos, esto nos dice Žižek sobre la herencia venenosa de Mayo del 68:

> Y lo tuvimos [un amo], disfrazado del amo «permisivo» posmoderno cuyo dominio es aún mayor porque es menos visible. Aunque no hay duda de que esa transición fue acompañada de muchos cambios positivos —baste con mencionar las nuevas libertades y el acceso a puestos de poder para las mujeres—, no hay más remedio que insistir en la pregunta crucial: ¿tal vez fue ese paso de un «espíritu del capitalismo» a otro lo único que realmente sucedió en el 68, y todo el ebrio entusiasmo de la libertad no fue más que un modo de sustituir una forma de dominación por otra?[3]

¿A qué tipo de dominación apunta Žižek? ¿Cuál es ese cambio en el *espíritu* del capitalismo? El filósofo esloveno se refiere a una dominación que no se basa en el sometimiento externo, en la disciplina violentamente impuesta, sino en el *autoesclavismo,* en la asunción de la norma como propia. En otras palabras, en esta nueva etapa del capitalismo nadie nos obliga a respetar el sistema porque hemos asimilado las lógicas del sistema y nos comportamos como el sistema. Parte de ese cambio se debe a que ahora el sistema usa palabras, discursos y deforma prácticas que nacieron en los procesos de liberación del siglo pasado. Por ejemplo, en la sociedad actual nadie nos obliga a consumir porque «disfruta, goza tanto como puedas» se ha convertido en una máxima que hemos asumido como propia. Como se puede ver, el goce y el placer que antaño desafiaban al sistema, ahora son parte del carburante del mismo.

Respecto a este cambio de espíritu, Deleuze,[4] en una entrevista con Toni Negri en 1990 recogida en su libro *Conversaciones,* dice lo siguiente: «Lo que más nos interesa de Marx es el análisis del capitalismo como sistema inmanente que constantemente desplaza sus límites», esto es, el análisis de cómo los mecanismos del capital buscan adaptarse y (re)actualizarse conforme los espacios de resistencia se van abriendo paso, con la finalidad de apropiarse y fagocitar estos movimientos de resistencia que ponen en peligro al capitalismo. En la nueva película de James Bond titulada *Sin tiempo para morir*, uno de los personajes profiere estas líneas: «Antes, podías estar encerrado en una habitación con el enemigo y mirarle a la cara. Ahora, el enemigo está en el aire».[5] El enemigo ahora está en el aire, lo respiramos y se mete en nuestros cuerpos, en nuestras formas de construir subjetividad, en nuestros flujos de deseo, a veces disfrazado de emancipador y revolucionario. Pero no se queda ahí, está en el aire, pero no es un fantasma. Como bien señala Althusser en *Ideología y aparatos ideológicos del Estado*,[6] las ideas que absorbemos del sistema como si fueran propias —lo que en la tradición marxista se ha llamado ideología— se expresan a través de prácticas (en nuestro caso sexoafectivas). En otras palabras, el enemigo está en el aire, pero tiene existencia material y lo expresamos a través del lenguaje y nuestros quehaceres diarios. Así, se constituyen los sujetos, sujetos (como la propia palabra indica) a la ideología dominante que reproducen las relaciones de producción y sometimiento a través de sus comportamientos. Este es el espíritu del capitalismo de nuestro tiempo.

En lo referente a las relaciones sexoafectivas, este proceso de apropiación de prácticas liberadoras y reciclaje en ideología dominante es más que evidente. La estructura marital basada en una dominación heteropatriarcal fue desafiada con la liberación sexual, con el placer por el mero placer, con el desafío a la monogamia y a la heterosexualidad. No obstante, de esos sueños, estos lodos. Este espacio de liberación sexual perseguido en aras de una autonomización de la norma, de los dictámenes, se volvió en nuestra contra. Hoy nos encontramos con un panorama sexoafectivo cuyo objetivo es la mera acumulación de cuerpos, el superficial consumo de «amores». El placer calculado, aunque placer sin cuidado. De hecho, no es de extrañar que la renuncia al compromiso marital haya devenido renuncia a cualquier compromiso. Varias autoras han denunciado, entre las cuales destaca Brigitte Vasallo,[7] que abandonar el amor monógamo, demasiado empapado de amor romántico, no se trata tanto de dinamitar la pareja monógama, sino la estructura que la sostiene. Consiste en, como dice Vasallo, derribar este sistema monógamo que «dictamina cómo, cuándo, a quién y de qué manera amar y desear»[8] y que, lejos de ser una práctica asociada a la pareja de dos, es una estructura que conforma (o más bien legisla) nuestra forma de pensar y pensarnos en relación con los demás.

Así, la historia nos ha demostrado que no toda liberación —de ataduras ni restricciones— se convierte necesariamente en prácticas de libertad. La alternativa actual a la monogamia es la total eliminación de las ataduras, la falta de exclusividad se entiende como desapego emocional y falsa autosuficiencia —construida desde un paradigma liberal de libertad—. Como consecuencia, nos encontramos con un cambio en la obligatoriedad: donde antes era obligatorio la exclusividad sexual y afectiva, ahora la obligación es tener relaciones sexuales múltiples y sin compromiso afectivo. Con cuanta más gente te acuestes, más capital social y erótico acumulas, es decir, más atractivo y deseable te conviertes para la sociedad y, a su vez, más consumible.[9]

En fin, y por resumir lo dicho hasta aquí, la liberación —que no fue tal— de nuestra dimensión sexual devino en un cambio de mirada. Pasamos de una mirada punitivista, donde la práctica sexual que se considera la correcta es la reservada a la pareja y al matrimonio, a una mirada en la que la práctica sexual fuera de la pareja se ha convertido en obligatoria. Si no, y especialmente para las mujeres, nos convertimos en las «frígidas» o el/la «virgen». En este nuevo paradigma, tener sexo sin los compromisos que requiere la pareja monógama se ha convertido en la nueva norma. Deriva de esta situación un peligro acuciante: el consumo de cuerpos y de relaciones, la acumulación de experiencias sexuales y la obligación inconsciente e implícita de estas.

De forma igualmente contradictoria, y paralelamente a lo hasta aquí expuesto, el sexo en nuestra sociedad conforma un panorama altamente paradójico. Por un lado, es innegable el proceso de liberación sexual. La caída del tabú de la masturbación femenina y la permisividad de relaciones prematrimoniales, entre otros, dibujan un panorama mucho más abierto que el de hace un siglo. Sin embargo, y como en otras dimensiones, los nuevos discursos de emancipación han devenido en prácticas sospechosas. La época del destape alumbró a la industria del sexo —al igual que pasó en Estados Unidos (como hemos comentado) sucedió en el resto del mundo— que hoy supone la principal fuente de educación sexual de la mayoría de adolescentes en nuestro país. Según el estudio de Save the Children titulado *(Des)información sexual: pornografía y adolescencia,* casi siete de cada diez adolescentes consumen pornografía de forma frecuente.[10] ¿Supone esto un problema moral? La pornografía actual instruye a los adolescentes en un sexo violento y patriarcal que perpetúa los roles de género y la violencia hacia las mujeres dentro de las relaciones sexuales. Así, según la misma encuesta, el 88 % de las escenas que consumen son de contenido violento. Además, ahora según los datos de The Light Project, «El 94 % de esa violencia está dirigida hacia la mujer y el 95 % de ellas da a entender que a ellas les gusta ser tratadas así».[11]

Toda esta crisis en las relaciones sexoafectivas —donde lo nuevo no acaba de liberar, y lo viejo es lo mismo, pero transformado— se traduce, como es obvio, en datos. Según el Instituto Nacional de Estadística, en 1975 se casaron 271 347 parejas. En 2013 la caída era del 46 %: tan solo se casaron 153 375 parejas. Menos matrimonios, pero también más divorcios. En 1981 se divorciaron 9483 matrimonios, mientras que en 2007 la cifra se multiplicó por 13 y ascendió a 125 777 divorcios. Por consiguiente, la crisis de los modelos afectivos se extiende a la familia nuclear. En 1984, y según la Encuesta sobre Desigualdad Familiar y Doméstica hecha por María Ángeles Durán (1988),[12] los hogares monoparentales eran el

5 % del total de los hogares de España. En 2015, esa cifra había subido un 300 %, según los datos del INE.

En este contexto de profunda contradicción en el que los mensajes inicialmente emancipadores han sido secuestrados por la maquinaria del mercado y el patriarcado, no han faltado los acertados diagnósticos sobre las relaciones en la actualidad. Así, un lugar común de estos diagnósticos es el libro de Zygmunt Bauman (2005)[13] titulado *Amor líquido.* La idea principal del libro de Bauman es que los vínculos afectivos que antaño eran duraderos y estables, ahora son efímeros y se basan en el consumo y en la novedad.[14] Algunas tesis reseñables del libro son:

> El amor no encuentra su sentido en el ansia de cosas ya hechas, completas y terminadas, sino en el impulso a participar en la construcción de esas cosas.[15]
>
> Y lo mismo ocurre en una cultura de consumo como la nuestra, partidaria de los productos listos para uso inmediato, las soluciones rápidas, la satisfacción instantánea, los resultados que no requieran esfuerzos prolongados, las recetas infalibles, los seguros contra todo riesgo y las garantías de devolución del dinero.[16]

La tesis de Bauman es, en resumen, que en estos tiempos tan acelerados, líquidos, no se puede plantar la semilla del amor, pues esta requiere de tiempos lentos, de compromisos duraderos. El amor, según este filósofo, es contrario a la época del consumo masivo, donde, si las relaciones no se tornan satisfactorias para el individuo o este encuentra algún defecto, las desecha y las restituye por otras relaciones nuevas.

A nuestro juicio, el diagnóstico de Bauman es acertado en tanto que constata la mutación en las relaciones sexoafectivas y denuncia la reproducción del capital por lógicas moleculares como es el amor. Sin embargo, no podemos menos de disentir con algunos de sus epígonos cuya solución es proponer de forma nostálgica un pasado romantizado. Es el caso reciente de la escritora Ana Iris Simón. Para la autora de *Feria,* la solución al consumo de cuerpos de la sociedad actual y la falta de cuidado y compromiso es una vuelta a las relaciones de antaño. En una columna del periódico *El País* titulada «Vicente y el amor»[17] dice:

> Abuelo, no fue leyendo a Eva Illouz ni a Brigitte Vasallo ni a Ortega, sino oyéndote hablar de la abuela que comprendí el amor: es dejar de plantar solo cosas que sirvan y regar, cada día, un tiesto con flores en su honor. (4 de septiembre de 2021)

O, en la que lleva por título *Juli y Tamara*:[18]

> Las parejas duran cada vez menos, las relaciones cada vez son más líquidas porque parece como si le exigiéramos cada vez más al amor a la par que somos, paradójicamente, más incapaces de esforzarnos por él cada día [...]. Porque el amor es de los pocos patrimonios que merecen la pena y de los pocos a los que pueden agarrarse los que, como Tamara, han crecido en pisos de protección oficial. Y porque aunque para ella no sea extraño juntarse 10 para comer cada día ni tener el mismo novio desde los 14, quererse como se quieren Juli y Tamara es hoy revolucionario. (16 de octubre de 2021)

O en esta entrevista del *Diario de Sevilla*:[19]

> Es inocente pensar que lo que traigamos será a su vez superador y definitivo. En ese sentido, el progresismo es hasta tierno en su inocencia. Piensa que, habiéndose dado mazazos a todo lo anterior, los que vengan halagarán lo que ellos han forjado en lugar de destruirlo [...]. La familia no es patrimonio exclusivo de la derecha, faltaría más, por mucho que parte de la élite cultural, intelectual e incluso política de la izquierda se empeñen en boicotear la causa. Y es una pena, aparte de porque hacen el ridículo con frecuencia porque es la estructura primera en la que se replica la lógica marxista del «a cada cual según sus necesidades, de cada cual según sus capacidades». También lo digo siempre: el progresista comete el error con frecuencia —con la familia y sus modelos se ve mucho— de pensar que

> porque haya excepciones hay que abolir la norma. En el lado contrario, el conservador comete el error con frecuencia —y también se ve mucho con la familia y sus modelos— de pensar que porque exista la norma no hay que dejar cabida a las excepciones. Y así les luce el pelo a *hunos* y a *hotros*. (1 de agosto de 2021)

Lo engañoso, a nuestro parecer, de esta solución es que obvia el carácter problemático de una de las instituciones más patriarcales: la familia. Además, el compromiso y la duración de las relaciones de los dos mil últimos años no se basa en una suerte de amor profundo y duradero, sino muchas veces en unas condiciones materiales paupérrimas y en un dominio de género que imposibilitaba cualquier otro tipo de salida. Respecto a lo primero, el compromiso duradero de la mayoría de familias a lo largo de la historia se sostiene en el hambre y en la falta de alternativas para vivir. Respecto a lo segundo, la familia ha sido el sustrato en el que han germinado multitud de opresiones sobre la mujer. Por ejemplo, la sexualidad de la mujer fuera del matrimonio se veía inaceptable, mientras que dentro de la práctica sexual del hombre se aceptaba la infidelidad como una condición del matrimonio, algo inevitable por su condición y que la mujer habría de asumir. Este ejemplo se ve ilustrado a la perfección en series como *Mad men* ambientada en los años 60 en Estados Unidos, donde todos los hombres tienen aventuras fuera del matrimonio con múltiples mujeres. Ejemplo que, aunque ficticio no por ello menos real, dibuja con exactitud las dinámicas dentro del matrimonio a principios y mediados del siglo XX. Mientras tanto, las mujeres, ocupadas en las labores de cuidado del hogar y los hijos, no disponían del tiempo ni de la legitimidad para interactuar con otras personas fuera de la pareja. Además, la mujer se encontraba en una posición de dominación por no poder acceder al mundo laboral, lo cual le hacía aceptar situaciones de violencia y desigualdad.[20]

El diagnóstico que se realiza en torno a la liquidez y consumo de las relaciones amorosas, y el deseo por recuperar el sentimiento de comunidad, del arraigo y por desterrar el individualismo que empapa nuestras vidas es preciso y deseable. Lo que dista de serlo es la mirada nostálgica y romantizadora hacia aspectos del pasado que conviene revisar antes de convertirlos en imperativo o, acaso, en horizonte al que volver. O que, incluso, un caso particular —como el de nuestros abuelos— pueda ser el ejemplo sobre el que se reivindique que las formas de relación de antaño eran las correctas.

Aun así, no es cierto que todas las propuestas actuales sean nostálgicas. La clave para articular otro tipo de formas de relación que no caigan en manos de una nostalgia romantizada e infértil ni en el «poliamor neoliberal»[21] está en la construcción de redes duraderas donde los afectos y los cuidados no estén dirigidos a una sola persona, sino que sea algo colectivo. En el sistema neoliberal en el que estamos insertos, la constitución de lazos duraderos es un ataque frontal a una estructura donde todo es efímero, consumible, de usar y tirar, intercambiable. Como dice Vasallo: «una de las consecuencias del consumismo aplicado a los afectos es la obsolescencia programada de los mismos, [...] dentro de la abundancia relacional, todos los amores se pueden sustituir».[22]

La alternativa a un amor basado en la propiedad y en la exclusividad no pasa por romper con los vínculos duraderos y estables, sino por revisar de qué forma los estamos construyendo, qué estamos poniendo en el centro de nuestras vidas:

> La posibilidad de alternativa al sistema monógamo no va de ligues y noviazgos, sino de colectivización de los afectos de los cuidados, de los deseos y de los dolores. Para resistir a la violencia individualista, tejer redes rizomáticas. Pero, para ello, tenemos que desenmascarar el sistema que nos confronta y nos convierte en sujetos activos en una competición sangrante.[23]

Veamos, en el último apartado de esta sección, cuál es nuestro aporte para construir una alternativa a todo este mar de contradicciones sin sentido.

9
Surcar las olas, girar el timón de la historia

En esta sección del libro, hemos explicado qué es la micropolítica, por qué es importante analizar el amor en la actualidad y hemos realizado, además, una arqueología de las distintas prácticas amorosas. Con esta arqueología queríamos mostrar lo contingente de las prácticas humanas, su necesaria inserción en un contexto cultural e histórico dentro del cual —¡y solo dentro del cual!— tienen sentido. Si queremos alcanzar el loable objetivo que se planteaba Ana Berbel Ortega[1] y que consistía en «poner en evidencia los peligros de ciertas ficciones amorosas» desde una «perspectiva feminista» para así problematizar «su potencialidad para generar dinámicas de desigualdad y poder así transformarlas en otras más igualitarias», entonces es necesario desnaturalizar nuestras prácticas. Estas responden más bien a una tradición y a un sistema social en el que se insertan. En otras palabras, hasta aquí hemos abonado el terreno para realizar una crítica de las prácticas sexoafectivas de la actualidad, pero ¿cómo vamos a realizar esta crítica?

Vivimos, como hemos visto, una época de crisis. En estos tiempos convulsos, nuestro objetivo es cartografiar algunos de los cruces entre los sistemas de dominación que nos habitan (especialmente el patriarcado y el capitalismo) y los valles que transitamos para dar sentido a nuestra vida (en el caso del presente libro: las relaciones sexoafectivas). Tamaña empresa la llevaremos a cabo en las dos siguientes secciones. En el primero, titulado *Amor y capital*, buscaremos el paralelismo entre las lógicas del capital y las lógicas de nuestras relaciones amorosas para ver cómo el sistema se reproduce a través de nuestras prácticas. Haremos, en definitiva, micropolítica, pues veremos cómo las lógicas molares se insertan en las invisibles lógicas moleculares que nos componen como sujetos. En la siguiente sección titulada «Amor y patriarcado», procederemos a hacer lo análogo, pero esta vez con otro sistema de dominación: el patriarcado. Tratar también la relación de nuestras prácticas amorosas con el patriarcado no es un trasunto de una ambición desmedida ni es objeto de una elección arbitraria, sino es una necesidad de la propia investigación. Lo ilustra a la perfección Berbel Ortega cuando, en su investigación *Cuerpos no monógamos: género, agencia y prácticas de resistencia feminista*, recoge la célebre crítica de Beauvoir a Sartre:

> La crítica que Simone de Beauvoir le hace a su compañero Jean Paul Sartre, en el momento en el que la pareja está planteando una nueva ética amorosa. Sartre alude en todo momento a la libertad universal, a lo que Beauvoir le contesta que no se puede plantear la universalidad de una experiencia —en este caso del amor— cuando la condición social, sexual y de género es desigual.[2]

Respecto a estas dos secciones, nos gustaría realizar dos breves apuntes. El primero se refiere a «Amor y capital». A diferencia de la mayoría de las autoras actuales, nosotras no queremos simplemente poner en evidencia la estrecha conexión entre las relaciones sexoafectivas y el capitalismo tardío, el neoliberalismo, la sociedad de consumo y la inmediatez eterna. Queremos ir un paso más allá y mostrar su estrecha conexión no con esta etapa concreta, sino con el capitalismo en su totalidad. Las relaciones amorosas reflejan la sociedad de consumo, pero también la lógica de la propiedad privada que define al capitalismo desde sus orígenes.

El otro apunte trata sobre la relación entre ambas secciones. Aunque separados por cuestiones formales, el contenido de ambas está íntimamente relacionado. De esta manera, los caminos que se abren en la sección «Amor y capital» no se cierran al acabar dicha parte, sino que se expanden y se profundizan en ellos en la siguiente sección. No entendemos, a diferencia del marxismo más anquilosado y el feminismo liberal y radical, que ambos sistemas tengan una existencia independiente en la realidad. De hecho, nuestra postura es más bien contraria: ambos sistemas se retroalimentan, se ayudan y se imbrican en nuestras prácticas materiales cotidianas.

En la última sección de este libro, titulada «Hacia un amor rizomático», intentaremos estar a la altura de las críticas vertidas a las prácticas amorosas contemporáneas. Trataremos, o al menos esa es nuestra intención inicial, dibujar otras formas posibles, otros paradigmas viables, otros modos de vida que nos permitan habitar realidades que sumen y no que nos ahoguen, aunque tratando de no caer en recetas, en propuestas cerradas. En su lugar, y más bien, queremos dar pinceladas, abrir diálogo y pensar juntas de qué maneras podemos emanciparnos colectivamente en nuestras relaciones amorosas. Nuestro objetivo principal es promover espacios que supongan una resistencia tal que no puedan ser completamente absorbidos por el sistema como ocurrió en el 68 (i) y que, como consecuencia de ello, puedan ser islas desde la que armar todo un contrapoder que nos permita alcanzar la utopía (ii).

Antes de emprender semejante viaje, nos gustaría terminar esta primera parte introductoria con dos anotaciones más. La primera es que el proceso de escritura de este libro se remonta a hace varios años. No es que lo empezáramos a escribir hace mucho, sino que el *punctum* del estudio del amor, su aguijón nos picó —sin darnos cuenta— hace ya varios años. Desde entonces se han sucedido los apuntes en forma de conversaciones, artículos preparatorios, cartas, notas de voz y conversatorios. Como es fácil de imaginar, estar inmersas en estos procesos reflexivos alteró por completo nuestra práctica cotidiana. Así, práctica y teoría se iban alimentando a veces de forma provechosa, a veces de forma dolorosa y entremezclada con la culpa y la impotencia. Lo que queremos decir con todo esto es que no hemos sido ajenas a este proceso de escritura (¿es que acaso alguna vez se puede ser ajena a lo que una escribe?). Entre todas estas líneas se esconden retazos de nosotras perdidos por los rincones.

El otro apunte es que, a pesar de que hemos tenido la suerte (¡el privilegio!) de poder implicarnos práctica y teóricamente en este proceso reflexivo, no todas las personas pueden hacerlo. Traemos aquí a colación las preguntas de Ana Berbel Ortega[3] que, una vez leídas, no dejaron de punzarnos ni un segundo durante todo este proceso reflexivo:

> ¿Cómo se materializa el hecho de poner el deseo en el centro de la vida? ¿Qué supone en nuestras vidas entrar en la dinámica de desear, consumir y acumular relaciones? ¿Puede todo el mundo permitirse desear? ¿Todas las personas somos deseantes y deseables por igual? ¿Qué desigualdades y violencias se generan por ello? [...] ¿Cuándo y de qué manera los cuerpos no monógamos críticos, es decir, las personas que, apoyándose en la revisión feminista del amor, han decidido tener relaciones afectivo-sexuales no monógamas con el fin de poner en cuestión el modelo de amor romántico hegemónico, son resistencias políticas?

Trataremos de acompañarnos de estas preguntas a lo largo de estas páginas y tal vez resolverlas, pero sobre todo poner el foco en ellas y abordar toda la problemática que las rodea para (juntas) reflexionar sobre nuestro deseo y las formas de relacionarnos amorosamente que nos han llevado hasta donde estamos.

II

AMOR Y CAPITAL

10

¿Amor y capitalismo?

> No lo saben, pero lo hacen.
>
> KARL MARX

> Y si la estricta monogamia es la cumbre de la virtud, hay que ceder la palma a la tenia solitaria, que en cada uno de sus cincuenta a doscientos anillos posee un aparato sexual masculino y femenino completo, y se pasa la existencia entera cohabitando consigo misma en cada uno de esos anillos reproductores.
>
> FRIEDRICH ENGELS

Esta quizá deba ser la primera pregunta para cualquier estudio que pretenda examinar los posibles vínculos entre el capitalismo y nuestra forma imperante de relacionarnos. A pesar de que la pregunta ha quedado parcialmente respondida en la primera parte, es necesario abordarla de forma directa antes de analizar nuestro objeto de estudio. En otras palabras, antes de analizar qué relación existe entre el amor y el capital, debemos preguntarnos si tal relación siquiera es posible.

Un primer acercamiento a la pregunta nos devuelve dos respuestas radicalmente opuestas y que, sin embargo, tienen ambas cierta presencia en los debates intelectuales. La primera respuesta sostendría que el capitalismo no tiene nada que ver con el amor y que la conexión entre ambos es un invento de intelectuales izquierdistas para culpar, una vez más, al capitalismo de todos los males. La segunda respuesta, antagónica a la primera, sostendría que nuestra forma de relacionarnos (exclusiva y basada en la propiedad en los cuerpos) ha sido inventada por el capitalismo y basta que este caiga para que nos relacionemos de forma genuina. Nuestra postura no será ni la una ni la otra, sino un complejo intermedio.

Por un lado, ya vimos que el capitalismo, como todo sistema de dominación social, necesita —de una u otra forma— reproducirse para mantenerse en el tiempo. La reproducción social del capitalismo es un tema complejo y presenta, por esta misma complejidad, multitud de aristas. Por ejemplo, una parte de esta reproducción depende de las propias condiciones materiales del capitalismo (que los desposeídos sigan desposeídos y se vean obligados *continuamente* a vender su fuerza de trabajo a los propietarios de los medios de producción). Sin embargo, además de esta reproducción, que podríamos llamar objetiva o material, existe también una reproducción «subjetiva» del capitalismo, la cual se da en las subjetividades de los dominados. En otras palabras, el sistema no necesita golpearnos con el látigo para que no nos rebelemos porque, y he aquí la clave de esta reproducción subjetiva, tenemos naturalizado dentro de nosotras el sistema. Así lo explica Marx en *El capital*:

> No basta con que aparezcan en un polo las condiciones de trabajo como capital y en el otro polo seres humanos que no tienen que vender más que su fuerza de trabajo. Tampoco basta con obligar a esos hombres a venderse voluntariamente. En el curso de la producción capitalista se desarrolla una clase trabajadora que por educación, tradición y costumbre reconoce como leyes naturales evidentes las exigencias de ese modo de producción.[1]

O en palabras de Eric Fromm:

> El capitalismo moderno necesita hombres [...] que se sientan libres e independientes, no sometidos a ninguna autoridad, principio o conciencia moral —dispuestos, empero, a que los manejen, a hacer lo que se espera de ellos, a encajar sin dificultades en la maquinaria social—; a los que se pueda guiar sin recurrir a

> la fuerza, conducir, sin líderes, impulsar sin finalidad alguna —excepto la de cumplir, apresurarse, funcionar, seguir adelante.[2]

Es decir, el sistema se reproduce porque interiorizamos de una u otra forma su funcionamiento. Este era el significado de la palabra *micropolítica*: la interconexión entre lo molecular (nuestros deseos, los flujos que nos constituyen, en fin, nuestra subjetividad) y lo molar (los grandes sistemas sociales). Pensar que las relaciones sexoafectivas son independientes y no se relacionan con el capitalismo —u otros sistemas de dominación— es, creemos, un prejuicio que naturaliza el sistema. O como dice Marx: un prejuicio que «reconoce como leyes naturales evidentes las exigencias de ese modo de producción».

Pero tampoco es cuestión de afirmar a la ligera que toda nuestra forma de relacionarnos sexoafectivamente es entera y llanamente un invento y creación del capitalismo. No solo porque esta tesis es de una simpleza epistémica exagerada, sino porque es históricamente falsa. Como hemos ido viendo y desarrollando en el apartado «Arqueología del amor», el capitalismo no inventó la monogamia. Podemos observar esto, por ejemplo, en el epígrafe del cristianismo: los sistemas sociales dominantes no inventan nada, sino que recogen, moldean y rehacen a partir de una sociedad anterior. Analizar en esta sección las relaciones entre la lógica del amor y la lógica del capital supone centrarse en las mutaciones, en los cambios, en los desvíos y fracturas, en los desplazamientos y contradicciones que el capitalismo *añade* o *suprime* —nunca crea de la nada— a un amor que le *supera* históricamente. En otras palabras, se trata de pensar qué refuerza el capitalismo (y por qué), qué obvia de lo que le precede (y por qué) y qué formas de relacionarse le benefician (y por qué). Pensar que el capitalismo crea *ex nihilo* un tipo de relaciones sexoafectivas supone pensar al capitalismo por fuera del desarrollo histórico de la humanidad y considerarle un ente al margen del devenir de la historia y su propia genealogía.

Así, las dos partes de la introducción nos han servido para desechar dos de las posturas más comunes en este debate: la micropolítica nos muestra cómo se reproducen los sistemas políticos a través de nuestra subjetividad y la arqueología nos sirve para desechar cualquier conclusión precipitada sobre el origen de nuestras relaciones sexoafectivas actuales (cualquier conclusión simple que ponga al capitalismo como creador/culpable de todas las formas de vida).

Por otro lado, y esto es crucial para el tema que aquí nos ocupa, es importante enmarcar este debate en la última fase del capitalismo. Siguiendo a Enrique Palazuelos (2015), podemos distinguir entre la matriz sistémica del capitalismo —aquello que es esencial al sistema y que lo conforma— y su régimen de acumulación —en otras palabras, sus distintas formas históricas—. A diferencia de otros regímenes de acumulación del capitalismo, como el de posguerra o el capitalismo industrial, el capitalismo en su estado actual no solo genera capital en la fábrica, es decir, en el trabajo productivo propiamente dicho, sino que lo genera en casi todas las esferas de nuestra vida. Como bien observó Debord, el capitalismo en la sociedad de masas ha conquistado el ocio, de tal manera que ya no solo genera ganancia cuando vamos a trabajar, sino también cuando salimos de la oficina/fábrica:

> El espectáculo es el momento en el cual la mercancía ha llegado a la ocupación total de la vida social. No solamente la relación con la mercancía es visible, sino que no se ve más que ella: el mundo que se ve es su mundo. La producción económica moderna despliega su dictadura extensiva e intensivamente. [...] En estas zonas avanzadas, el espacio social se encuentra invadido por una superposición continua de capas geológicas de mercancías. En este punto de la «segunda revolución industrial», el consumo alienado se transforma para las masas en un deber suplementario de la producción alienada.[3]

Esta mercantilización del ocio ha hecho que el sujeto del capitalismo no sea solo el obrero/proletario que vende su fuerza de trabajo, sino que entra en juego ahora el consumidor. En otras palabras, a Facebook le reportan beneficios tanto el personal de su oficina que trabaja para la empresa como los millones de usuarios que lo usan como plataforma de ocio. La extensión del capital a casi todos los ámbitos de nuestra vida cotidiana es una vivencia compartida a todas las que habitamos esta fase del capitalismo. El consumo de ciudades, las redes sociales o la *fast fashion* son solo algunos ejemplos de la extensión del capital a otros ámbitos más allá del centro de trabajo.

Además del ocio, el capitalismo ha continuado apoderándose de más aspectos de nuestra vida, de más aspectos de nuestra esfera privada. Un ejemplo de ello son las emociones y los afectos. La socióloga Eva Illouz llama a este suceso *capitalismo emocional.* Dicho con sus palabras:

> [La] cultura en la que las prácticas y los discursos emocionales y económicos se configuran mutuamente y producen lo que considero un amplio movimiento en el que el afecto se convierte en un aspecto esencial del comportamiento económico y en el que la vida emocional —sobre todo la de la clase media— sigue la lógica del intercambio y las relaciones económicas.[4]

Es decir, nuestras emociones y sentimientos han tornado un bien de consumo más entre otros y operan bajo las mismas lógicas y leyes con que funciona cualquier otro bien de consumo en el mercado. Tan solo hemos de atender a los términos con los que expresamos nuestra dimensión emocional y afectiva, como, por ejemplo, la famosa «gestión emocional». Las necesidades, que se crean desde el propio sistema, ya no son meramente materiales (necesito este coche o esta televisión), sino emocionales (necesito sentirme amada en un mundo cada vez más individual). Y esto es así porque en palabras de Illouz: «el capitalismo ha invadido de manera implacable los rincones más íntimos de nuestra vida interpersonal y sentimental».[5] Una vez se crea la necesidad, el capitalismo te vende su solución, como Tinder o cualquier pack para pasar un fin de semana en un pueblo con tu pareja.

Dentro de toda esta capitalización de las emociones, el amor, como era de esperar, ha sido una de las esferas más atacadas por el capital para su reproducción. Para ello, el amor ha sido reducido al sentimiento, una concepción que la hace más susceptible a la mercantilización, pues la emoción se ha convertido en un bien de consumo.[6] De hecho, en esta fase del capitalismo no consumimos bienes o servicios, sino que se nos insta a consumir experiencias empapadas de emoción y sentimentalismo. Por ejemplo, una Coca-Cola es una experiencia de felicidad, o una Estrella Damn no es una cerveza, es una experiencia de amistad.

En este contexto nace Tinder, una aplicación de citas destinada a conocer a otras personas en un plano sexoafectivo (normalmente). Tinder significa «yesca», o sea, la hierba seca que se prende rápida y fácilmente y que se utiliza para encender una hoguera. Así que, dentro de las lógicas de Tinder, el amor deviene esa chispa que tan pronto se enciende como se apaga —es fugar y rápido— y que necesitamos alimentarla constantemente. Es decir, el amor deviene un sentimiento intenso que se trata de prolongar hasta sus máximos y que, cuando se apaga, se abandona y se busca un nuevo estimulador emocional, se buscan experiencias emocionales intensas. El alimento de esta fogata son todos los *likes, matches,* conversaciones abiertas... Toda una suerte de acumulación de *capital social* o *erótico,* donde nosotras somos la mercancía en todo este juego de consumo de imágenes, cuerpos o caras que es Tinder. Este es un buen ejemplo del paradigma amor-sentimiento-mercancía, pero, como veremos al final de esta sección, esta aplicación no es responsable de estas dinámicas, sino únicamente el reflejo de ellas. Esta aplicación de citas señala, reproduce y potencia determinadas formas de relacionarnos que ya se estaban dando en nuestras vidas en el capitalismo cuando construimos vínculos amorosos y nos relacionamos con otras personas. Estas lógicas digitales solo son un reflejo de las dinámicas que se dan fuera de la pantalla y, como mucho, las exacerban.

La última de las razones que, creemos, justifica el estudio de la relación entre amor y capitalismo es el énfasis en la libertad que ha traído el neoliberalismo como fase actual del capitalismo. Este énfasis ha puesto en duda cualquier compromiso duradero y ha potenciado una forma de concebir las relaciones que se basa en las no-ataduras y la libertad (individual) sin restricciones. Esta situación no solo ha salado el suelo en el que construir relaciones fértiles y sanas, además ha preparado todo un camino de alternativas basado en trampantojos y falsas promesas: el consumo irresponsable de cuerpos.

Así, relacionar amor y capitalismo está en las antípodas de ser un estudio azaroso o que responda a meros gustos personales. La colonización del capitalismo de todas las esferas de nuestra vida (en especial, la esfera amorosa), el cambio ocurrido en nuestra comprensión de la libertad con el desarrollo del neoliberalismo (y las consecuencias que esto tiene en nuestra relación con los otros) y la crisis de la familia nuclear (que ya comentamos en el último apartado de la arqueología) conforman toda una constelación que ha provocado que, más que en ningún otro momento de la historia, la lógica de nuestras relaciones se asemeje a la lógica del capital.

Aunque en este libro aparecen separadas esta sección (amor y capitalismo) y la siguiente (amor y patriarcado), esta división emana de una necesidad de organizarlas y estructurarlas no en la realidad misma donde capitalismo y patriarcado se reproducen conjuntamente, sino en analizar cómo cada uno de ambos sistemas se imbrica en nuestras relaciones de amor. Sin embargo, somos conscientes de que sendos sistemas guardan una estrecha relación entre ellos. Por eso, conforme avanza la tercera sección se irá vislumbrando cómo estas dos estructuras funcionan de manera inseparable y se alimentan. Silvia Federici, escritora y profesora marxista y feminista, expone en su obra *Calibán y la bruja* que no se puede entender el desarrollo del sistema capitalista sin analizar las desigualdades de género que se dan a través de la división sexual del trabajo y la no remuneración de los trabajos reproductivos[7] (entre otros), reservado exclusivamente para las mujeres. Es decir, en la actualidad no se puede desarrollar un análisis crítico de cómo las dinámicas y las lógicas del capital colonizan todos los ámbitos de nuestra vida, sin entender que el capitalismo vino impulsado por una situación de desigualdad de género (patriarcado).

En fin, en los siguientes apartados de esta sección se analizarán poco a poco, y punto por punto, distintos aspectos de las relaciones de amor de pareja (que es el tipo de relación amorosa en la que nos hemos querido enfocar) en referencia a su similitud con las lógicas del capital. El objetivo es realizar una crítica sustentada sobre en qué ha devenido el amor en nuestro tiempo actual, reificado en las relaciones de amor que estamos creando y habitando para, desde esa mirada crítica, poder pensar alternativas que no nos asfixien y que nos emancipen colectivamente.

11

Relaciones, contrato y falsa libertad

Las relaciones de pareja tienen un evidente componente contractual. A diferencia de otro tipo de relaciones, las relaciones de pareja se basan en un acuerdo común que regula derechos y deberes, además de nivelar y consensuar expectativas comunes. Si ordenamos todas las relaciones en un gradiente donde en un extremo se sitúan las relaciones más espontáneas y sin necesidad de regulación mutua y, en el otro extremo, las relaciones con más necesidad de consenso y nivelación común de aspiraciones, entonces las relaciones de pareja estarían en este último extremo (a pesar de las visiones más espontaneístas que piensan el amor como una suerte de conjugación de azar, sentimientos y libertad sin reglas).

Las relaciones vecinales, por ejemplo, están en el primer extremo de esta gradación: son relaciones que sobreviven sin ningún tipo de acuerdo común expreso. Las amistades, por poner otro ejemplo en esta línea imaginaria que hemos esbozado, estarían entre la pareja y las relaciones vecinales. Se basan en una serie de gustos compartidos y experiencias vividas, pero —a diferencia de la pareja— no están construidas alrededor de una serie de obligaciones tan fijas, aunque sí se presuponen derechos y deberes. Estar en una pareja, en nuestra sociedad actual, implica antes que nada *reconocerse mutuamente* como tal, y esto significa *formalizar* la relación. Con ello se acepta una serie de códigos en forma de obligaciones que se asumen implícitamente con esa formalización, lo que supone un reconocimiento por parte de los dos integrantes de la pareja del espacio común y el establecimiento de unas dinámicas que, si alguno lo decide, pueden terminar.

La peculiaridad de la forma contractual que adquieren las relaciones de pareja es que ese contrato no es explícito, no es un papel que se firma con bolígrafo en mano ni un registro detallado de las obligaciones, los derechos y deberes que se acuerdan en el momento en que se formaliza. Esta firma sucede a través de una serie de ritos que llevan consigo toda una semiótica cargada de significado. Por ejemplo: pedir explícitamente salir a la otra persona, tener «la» conversación sobre «qué» somos, el primer beso (que cuando somos más pequeños simboliza el comienzo de la relación), presentar a los familiares, etc. No deja de ser curioso que una de las maneras de formalizar las relaciones de pareja en nuestra sociedad sea a través de una conversación («la conversación») donde el punto central es la exclusividad de la relación, es decir, la pareja se formaliza en el momento en que surge el miedo a que nuestra pareja tenga encuentros sexuales con otras personas. Si la otra persona mantiene otros encuentros, entonces no podremos formalizar la relación; y, si no los tiene, entonces podremos ser una pareja. El resto de las obligaciones asumidas dentro de la relación vienen de forma implícita.

La fórmula básica que estipula las relaciones capitalistas también tiene la forma de un contrato. Esto parece una obviedad, porque todas las que nos vemos obligadas a trabajar para poder vivir sabemos que el contrato es el centro de las relaciones capitalistas. El contrato, nos dice Marx, se caracteriza *aparentemente* por el reinado de la «libertad, la igualdad y la propiedad»:

> La libertad, pues el comprador y el vendedor de una mercancía, v. gr. de la fuerza de trabajo, no obedecen a más ley que la de su libre voluntad. Contratan como hombres libres e iguales ante la ley. El contrato es el resultado final en que sus voluntades cobran una expresión jurídica común. La igualdad, pues compradores y vendedores solo contratan como poseedores de mercancías, cambiando equivalente por equivalente.

> La propiedad, pues cada cual dispone y solamente puede disponer de lo que es suyo.[1]

A primera vista, en las relaciones amorosas ocurre algo parecido. Al igual que en los contratos laborales, en el contrato amoroso las dos partes *parecen* juntarse de forma libre, entre iguales y salvaguardando cada una sus respectivas propiedades (nadie pierde nada, *a priori*, cuando empieza a formar una pareja). Pero los dos tipos de contrato contienen un engaño o, mejor dicho, malforman la realidad de los contratantes.

Para Marx, la libertad es tan solo la apariencia del contrato, la forma en que se muestra, pero el contrato capitalista dista enormemente de tener estas propiedades (libre, entre iguales y que salvaguarda las propiedades). Para Marx, el contrato jurídico entre las trabajadoras y el capitalista es una *fictio juris*[2] (ficción jurídica), una quimera, un engaño. ¿Dónde está la trampa de las relaciones laborales? En que, en realidad, las trabajadoras no tenemos libertad para aceptar o rechazar el contrato porque estamos desposeídas, porque no tenemos medios de subsistencia y estamos obligadas a trabajar para vivir. Nadie nos pone una pistola en la cabeza para que firmemos; pero, si no firmamos, nosotras, y las que dependen de nosotras, moriremos de hambre. Dice Marx a este respecto:

> La segunda condición esencial que ha de darse para que el poseedor de dinero encuentre en el mercado la fuerza de trabajo como una mercancía es que su poseedor, no pudiendo vender mercancías en que su trabajo se materialice, se vea obligado a vender como una mercancía su propia fuerza de trabajo, identificada con su corporeidad viva.[3]

En otras palabras, el contrato es una farsa porque la libertad de la que disfrutamos con el capitalismo es un engaño, es una falsa libertad. A la hora de acceder al mercado de trabajo, no tenemos nada con lo que negociar y la necesidad nos lleva a aceptar cualquier cosa bajo unas condiciones precarias. El sistema capitalista es aquel que se rige por contratos en el que ambas partes están sistemáticamente descompensadas: una posee todos los medios de producción, mientras que la otra está desposeída de todo, salvo de su fuerza de trabajo —situación de la que se aprovecha el poseedor de los medios de producción—. En otras palabras, el núcleo del sistema capitalista es que, a pesar de que las relaciones entre sus miembros son *aparentemente* libres, las dos partes tienen fuerzas muy distintas en esta negociación. En este sistema de acumulación de plusvalía, se necesita que el trabajador venda su fuerza de trabajo al empresario y, para eso, debe estar desposeído, no debe tener nada más. Si todas tuviéramos los medios para fabricar útiles que poder intercambiar, nadie vendería su fuerza de trabajo durante ocho horas al día por un salario inferior al de las ganancias que genera. Debe haber trabajadores expropiados que, además, se crean libres para que sea posible que exista el capitalista.

En las relaciones amorosas y sus contratos, observamos algo similar. En el amor y en la formalización de la pareja, también observamos ciertas condiciones estructurales que hacen que la decisión con la que accedemos al espacio sexoafectivo en cuestión no sea tan libre como parece.

Por un lado, la pareja ha adquirido una centralidad fundamental tanto en la sociedad como en nuestras vidas individuales. Esto ha sido posible por medio de máximas que se lanzan desde nuestra sociedad, que, paradoja mediante, se asienta a su vez sobre un individualismo voraz. Este oxímoron lo explica perfectamente Erich Fromm en su libro *El miedo a la libertad*, donde expone esta contradicción en la que se encuentra el ser humano en las sociedades contemporáneas. Con el fin de la Edad Media, el paso a la época moderna y el desarrollo del capitalismo, las personas se vieron liberadas de las antiguas cadenas que entumecían su libertad individual. Esta conquista de la libertad individual es medicina y veneno al mismo tiempo, ya que la persona se vuelve dueña de su destino a cambio de un sentimiento de angustia, soledad y desarraigo, un desamparo absoluto ante un mundo que le resulta inseguro y amenazante.[4] Es Simone Weil quien señaló con más acierto la necesidad que, como seres humanos, tenemos de *echar raíces*, «la necesidad más importante e ignorada del alma humana»,[5] crear vínculos, asentarnos colectivamente, pertenecer a grupos humanos. En otras palabras, la modernidad supone un acortamiento en la importancia de los espacios sociales, pero estos espacios, por nuestra propia naturaleza humana, no pueden desaparecer del todo. De ahí se entiende la paradoja que habitamos: una sociedad individualista que promueve, sin embargo, la pareja como elemento central de nuestra vida porque ya no nos quedan más espacios comunales que ese.

De esta forma, vivimos en un sistema que hace que tener pareja sea *necesario* y no tenerla supone una tensión y una resistencia a menudo inasumible. La centralidad de la pareja y la presión por alcanzar este estadio de convivencia social hace que accedamos a las formalizaciones amorosas desposeídas, casi desnudas, temblorosas por llegar a donde se supone que *debemos* llegar, con una dificultad enorme para rechazar la pareja. Dicho de otro modo, se disolvieron los lazos comunitarios y se puso en el centro de nuestra cultura a la pareja, creando toda una doble necesidad (necesidad por falta y necesidad por mandato) en torno a las relaciones en pareja. El resultado es que la libertad con la que accedemos a conocer a alguien es una libertad débil, una libertad deseosa de morir para, por fin, acceder al tesoro de nuestra sociedad: la pareja. En otras palabras: somos libres para elegir si tener o no pareja, pero esta sociedad solo es mayormente habitable para las parejas.

Este ambiente de presión, este ambiente de necesidad, que impone una premura y una falsa libertad a la hora de elegir pareja, se ha visto fuertemente favorecido en los últimos años por la crisis de la familia nuclear. La familia ha sido durante milenios la colectividad a la que pertenecer y el lugar en el que echar raíces. Durante las últimas décadas, hemos asistido a una crisis cada vez más fuerte de la familia nuclear y toda la construcción comunitaria que con ello conllevaba: cercanía geográfica de la vivienda, el tiempo que se compartía en reuniones familiares o una mayor presencia de los abuelos y abuelas, tías y primas en la vida diaria de unas y otras. Entre estos temblorosos y vacilantes cimientos se erige la pareja como «la salvación» ante este sentimiento de angustia y soledad, ocupando, así, el lugar central en nuestras vidas. Estamos más desposeídas, con menos fuerza y capacidad de decisión que nunca para rechazar a cualquier persona que nos pida ser su pareja. ¡Y cómo para rechazarla!

Con todo esto, esta *falsa libertad* se oculta con la máscara de una libertad y capacidad de elección: tú eliges si conocer a alguien, estar soltera o tener este o aquel tipo de relación. Actualmente, hemos desechado el mito de la predestinación, una de las narrativas que construyen la idea de amor romántico y que consiste en la creencia de que existe una persona que encaja a la perfección conmigo, que «está hecha» para mí y con la que me voy a encontrar en uno u otro momento. En su lugar, expone Eva Illouz en *El consumo de la utopía romántica*, los artículos de la revista ya no recomiendan esperar «a que la persona llegue», sino, y apelando a esa *falsa libertad* que hemos descrito, «que organicemos la búsqueda de nuestra alma gemela de la misma forma en que organizaríamos una búsqueda laboral»,[6] que hagamos uso de esa ficticia libertad para configurar nuestro futuro romántico. Y de esto se encargan principalmente las aplicaciones de citas.

En resumen, al igual que el capitalismo impone ciertas condiciones estructurales para que la libertad contractual sea solo *libertad formal* y nunca *libertad real*, nuestra sociedad también ha impuesto ciertas condiciones sociales que debilitan la supuesta libertad con la que elegimos pareja. Estas condiciones son fundamentalmente tres: la centralidad de la pareja en toda relación social, la crisis de la familia nuclear como espacio de pertenencia individual y unas condiciones materiales no cubiertas que nos lleva a vivir existencias precarias o que nos arroja a la pareja como alternativa a esta precariedad. Veamos ahora cómo es ese contrato amoroso al que accedemos con una dudosa libertad y cuál es su principal característica.

12
El intercambio como fin en sí mismo

Hace algunos años, en los artículos sobre micropolítica del amor que escribimos para la revista *La Trivial* —y que constituyen el germen del libro que tienes entre tus manos—, manteníamos una tesis que hoy no podemos más que rechazar o, al menos, matizar. Quizá de una forma un tanto exagerada, nuestra postura en ese primer acercamiento a la teoría del amor y su análisis político consistió en una crítica fuerte y radical al contrato amoroso por la presencia del fenómeno del *intercambio*. Y es que una vez descubierto el carácter contractual de las relaciones amorosas, nos topamos por aquel entonces con la evidencia de que en este tipo de relaciones existe una prevalencia del intercambio. Para nosotras, al menos en aquel momento, cualquier relación que implicase un intercambio era una relación que, pensábamos, esconde la misma lógica del capital. En aquella época, creíamos que la mera presencia de un intercambio en las relaciones humanas era síntoma de que habíamos absorbido la lógica del capital en nuestras relaciones sexoafectivas.

Esta postura que ahora, años después, complejizamos y problematizamos nos llevaba a callejones sin salida al buscar una nueva fundamentación para nuestras relaciones amorosas y sus posibles materializaciones. Uno de esos problemas era que, si nos manteníamos coherentes con el rechazo a todo tipo de intercambios, una forma deseable de relación podría ser aquella en la que una lo da todo sin esperar nada a cambio. Una idea que, a través del ideal de amor romántico,[1] ha servido para justificar un modelo relacional ya no solo altruista, sino en exceso dependiente e incluso patriarcalmente violento. Así, si rechazábamos cualquier beneficio en el amor, ¿cómo podíamos criticar las relaciones tóxicas, de dominación o aquellas que, por desgracia, adolecen de malos tratos o violencias de todo tipo? Dedicando un punto entero a este asunto, esperamos, y así lo creemos, salir de las dificultades y esclarecer qué papel tiene el intercambio en nuestras relaciones de pareja, dentro y fuera del capitalismo.

Hoy, años después, y tras idas y venidas con el tema, nos hemos dado cuenta de que el asunto es un poco más complejo que como lo planteábamos en esa serie de artículos. La lógica del capital no se basa en el intercambio, sino que establece que el intercambio, la ganancia, es *una finalidad* en sí misma. El capitalista no es aquel que intercambia a través de la venta, sino el que busca «hacer dinero», el que busca comprar y vender para tener más dinero. Dice Marx en *El Capital*:

> El ciclo M-D-M [Mercancía-Dinero-Mercancía] arranca del polo de una mercancía y se cierra con el polo de otra mercancía, que sale de la circulación y entra en la órbita del consumo. Su fin último es, por tanto, el consumo, la satisfacción de necesidades, o, dicho en otros términos, el valor de uso. Por el contrario, el ciclo D-M-D' arranca del polo del dinero para retornar por último al mismo polo. Su motivo propulsor y su finalidad determinante es, por tanto, el propio valor de cambio.[2]

A diferencia de un artesano que vende su mercancía para comprar otros útiles y así cubrir sus necesidades (siguiendo la forma mercancía-dinero-mercancía), el fin del capitalista no es suplir sus necesidades, sino ganar dinero, enriquecerse (y por eso su forma de circulación es dinero-mercancía-dinero'). La diferencia no está en la presencia o no del intercambio, pues existe en ambos, sino en el lugar que este ocupa en sus relaciones: en el comerciante, el intercambio es algo puntual y con una aspiración finita (la de suplir sus necesidades); para el capitalista, en cambio, el intercambio es la finalidad en sí misma y el ciclo se buscará repetir tantas veces como sea posible con el fin de aumentar sus ganancias.

Nuestra postura inicial, aquella que buscaba desterrar el intercambio de toda relación social, se basaba, en el fondo, en una antropología que obvia el carácter interdependiente del ser humano. En la medida en que somos seres vulnerables y con necesidades, las relaciones con los demás seres humanos se basan, al menos parcialmente, en el intercambio para suplir necesidades comunes. El intercambio en las vidas y sociedades no capitalistas es una forma de relación entre iguales para suplir las necesidades comunes, sin ser el fin de la acción misma. El capitalista, por el contrario, no vende su mercancía para comprar otra mercancía que le supla una necesidad (M-D-M). Más bien, compra mercancías que luego pueda vender para sacar más dinero (D-M-D', donde D' es mayor que D).[3] La diferencia entre ambos es la *finalidad* del intercambio: suplir necesidades básicas y vitales en uno, ganancia y acumulación en el otro.

En este punto vemos, entonces, otro paralelismo más entre el sujeto amoroso y el sujeto económico capitalista, a saber, que en nuestras relaciones amorosas, establecidas a través del contrato amoroso que vimos en el apartado anterior, también prima una *finalidad* en el intercambio. Esta primacía del intercambio se plasma en nuestra relaciones sexoafectivas en la preponderancia de la lógica del coste/beneficio. Preguntas tan típicas ante una crisis amorosa como «¿me compensa?» o la tan manida lista de pros y contras, en realidad evidencian una lógica de los afectos que imita fielmente la lógica del capital: cómo puedo obtener, gracias a cálculos racionales, el máximo beneficio con el mínimo coste posible. Hoy, los sujetos de las relaciones amorosas se comportan como un empresario con un negocio cuya única finalidad es la ganancia, la acumulación. El Otro-negocio es visto como un espacio para enriquecerse, donde el intercambio no va orientado a resolver necesidades comunes (incluso aunque sean asimétricas), sino en una búsqueda constante de la ganancia personal.

Esta es una de las mayores contradicciones del amor en nuestra época —y es que el amor romántico, al igual que el capital, también tiene en su núcleo fuertes contradicciones—. Por un lado, la centralidad de la pareja y la ideología del amor romántico refuerzan constantemente la entrega a la pareja. Esta entrega desmedida, este mandato de «desvivirse por el otro» tiene una doble función. La primera, como ya hemos visto, se basa en fomentar la centralidad de la pareja, lo que genera un marco de falsa libertad a la hora de escoger un compañero sexoafectivo. Si a esta presión le sumamos la crisis de la familia nuclear y la precarización de nuestras vidas, entonces tenemos el cóctel perfecto para suponer que nadie accede de forma realmente libre a sus compromisos afectivos. Esto es lo que comentamos en el apartado anterior. Por otro lado, la otra función de los mensajes que nos animan a desvivirse por el otro es que esta ideología centrada en el sacrificio y la entrega tiene unos efectos materiales y mercantiles muy concretos: la pareja es un espacio de consumo y se espera que nos gastemos el poco sueldo que nos sobra en comprarle regalos en cumpleaños, San Valentín, Navidades, vacaciones, etc. Demostramos nuestro amor consumiendo mercancías y así el sistema sigue rodando. En resumen, el amor romántico se nos revela, por un lado, como entrega espiritual (para reforzar la centralidad de la pareja) y material (para generar ganancia capitalista) desmedida, pero también como salvavidas para no ahogarse en la imposibilidad de vivir bajo unas condiciones materiales dignas por una misma.

Sin embargo, y he aquí la contradicción, el mismo marco ideológico que provoca los efectos anteriores nos obliga a medir los costes y los beneficios de nuestra relación, nos impone una lógica donde el intercambio es el fin último. La disonancia cognitiva con la que habitamos nuestras relaciones se materializa en un mercado que nos grita «¡Gasta! ¡Todo por tu pareja!», pero que con su funcionamiento nos enseña a comportarnos según los beneficios propios y a medir, muy delicadamente, esta entrega si no hay beneficio para uno.

El mercado nos grita «¡Gasta!» mientras vemos cómo el mercado nunca gasta, sino solo absorbe.

Volviendo a la idea del intercambio como fin en sí mismo, no nos resulta problemático entender que las relaciones interpersonales conllevan un intercambio de afectos, de tiempo que se comparte mutuamente, de esfuerzo por construir el vínculo común, etc. Antes todo intercambio estaba maldito, pero ahora sabemos que no tiene por qué ser así. El verdadero trasunto del capital es la idea de intercambio como fin en sí mismo, donde las lógicas del intercambio (de coste/beneficio) conllevan unas obligaciones y exigencias medidas en porcentajes exactamente iguales para ambos miembros de la pareja. Por ejemplo, si he dejado de ver mi serie favorita para ayudarte a revisar una presentación que tienes mañana en el trabajo, espero que la próxima vez seas tú quien me ayude a mí. Es decir, no confío en que me ayudes porque hayamos elegido acompañarnos y atravesar por las dificultades (y las alegrías) de la vida juntos, sino porque, a partir de lo hecho por ti, espero que tú lo hagas por mí de la misma manera.

Así todo, las relaciones de pareja devienen relaciones comerciales donde cada miembro se compromete a dar y recibir 50 %-50 % para así asegurar un equilibrio y una estabilidad. Como es fácil imaginar, esto es de una tensión exagerada. Cada miembro de la pareja pugnará por no perder más de lo que da, por no ser «la buena de la relación, la que cede todo el tiempo».

Situar al intercambio como fin en sí mismo y establecer como núcleo de las relaciones la lógica del coste/beneficio es tremendamente capitalista y es el núcleo de la relación trabajador-empresario. Una forma mucho más acertada, o al menos no capitalista, de entender el intercambio es, como dijimos al principio de este punto, hacerlo «como circulación simple de mercancías que empieza por la compra y acaba con la venta»,[4] es decir de una forma premoderna donde los productores de los bienes se reunían en el mercado para intercambiar unos productos por otros en función de las necesidades y nunca de la acumulación o la ganancia. Así, y de la misma forma, el intercambio en las relaciones debería acercarse a un tipo de intercambio donde no se miden los porcentajes o las equivalencias exactas entre lo que se da y lo que se recibe, donde no se lleva una atenta lista de los costes y los beneficios, un intercambio que se entiende más como reciprocidad en el vínculo que como transacción comercial. En fin, entender el intercambio de una forma menos restrictiva, impositiva y regulada, es decir, fuera de las lógicas del libre mercado. Sin perder de vista que, quizás, no es deseable una relación donde solo se da, pero no se recibe nada. Quizá sea más fácil que todo esto, y podamos decir, con Marx, hacia delante y soñar que, al igual que en el comunismo, en las relaciones sanas de amor «a cada cual según sus necesidades, cada cual según capacidades».

13
Fetichización del amor

Fetiche es una palabra más asociada comúnmente al ámbito de la psicología o al psicoanálisis (y, por ende, también al ámbito del sexo) que al ámbito de la economía política. Para Freud, por ejemplo, el fetiche es el sustituto del pene:

> Si ahora comunico que el fetiche es un sustituto del pene, sin duda provocaré desilusión. Por eso me apresuro a agregar que no es el sustituto de uno cualquiera, sino de un pene determinado, muy particular, que ha tenido gran significatividad en la primera infancia, pero se perdió más tarde. Esto es: normalmente debiera ser resignado, pero justamente el fetiche está destinado a preservarlo de su sepultamiento [Untergang]. Para decirlo con mayor claridad: el fetiche es el sustituto del falo de la mujer (de la madre) en que el varoncito ha creído y al que no quiere renunciar.[1]

Dejando de lado el evidente falocentrismo freudiano y su mirada patriarcal, lo que nos interesa de esta primera concepción del fetiche es el hecho de que el fetiche es un objeto que se convierte en *símbolo.* El fetiche es un objeto que, en vez de ser tratado como tal objeto dentro de un campo social en el que se da, nos impulsa a tratarlo como *algo más.* Un tratamiento, eso sí, puramente inconsciente y no meditado.

Para sorpresa de aquellos que no estén familiarizados con la obra marxiana, Marx también utiliza el concepto de fetiche. En este autor, este concepto abandona su solipsismo y su autorreferencialidad traumática para insertarse a medio camino entre la psicología y la economía política. El concepto de «fetiche» le sirve a Marx para explicar cómo nos relacionamos con las mercancías y por qué lo hacemos de esta manera tan particular.

El «fetichismo de la mercancía», para Marx, es la creencia mística que otorga a la mercancía un valor que va más allá del valor de uso y del valor de cambio. Vayamos con lo primero: «creencia mística». Al igual que para Freud, para Marx el fetiche no es una característica del objeto, sino una determinada forma particular de concebirlo («creencia»). Esta creencia o forma especial de concebir los objetos es, además, mística, casi irreflexiva, no meditada ni mucho menos consciente.

¿Qué significa la segunda parte de la definición? ¿Qué significa que «otorga un valor que va más allá del valor de uso y del valor de cambio»? Significa que esta creencia mística dota a la mercancía un valor distinto, *ajeno*, al valor que tiene la mercancía según su proceso de producción. Sin embargo, y esto es crucial, no es que nuestra relación fetiche con la mercancía otorgue un valor *añadido*, sino un valor *más allá* del valor de uso y del valor de cambio, es decir, un valor que *oculta* —y esto es lo fundamental en Marx— el verdadero valor de la mercancía. En sus palabras:

> En cambio, la forma mercancía y la relación de valor de los productos del trabajo en que esa forma cobra cuerpo, no tiene absolutamente nada que ver con su carácter físico ni con las relaciones materiales que de este carácter se derivan. Lo que aquí reviste, a los ojos de los hombres, la forma fantasmagórica de una relación entre objetos materiales no es más que una relación social concreta establecida entre los mismos hombres.[2]

Para Marx nos relacionamos con los objetos de una forma mística e inconsciente que oculta sistemáticamente las condiciones de producción de los objetos. Veámoslo mejor con un ejemplo. Cuando vemos nuestras zapatillas, no vemos un trozo de tela pegada por alguien a un trozo de cuero. No se nos presenta como algo *fabricado*, sino que vemos una marca, un cierto estatus social, pensamos cómo nos va a combinar con el abrigo, qué nos dirán nuestros amigos, las fotos, etc. Los objetos, que son útiles construidos para satisfacer nuestras necesidades, aparecen en el capitalismo como entes terminados y con propiedades propias. Esta fetichización esconde (como hemos mencionado) el trabajo detrás del producto y las relaciones de producción (empresario-trabajador). Y esto no es algo casual, sino algo fundamental en la mercancía capitalista: ¿quién querría alegrarse de tener unas zapatillas hechas por unos niños en un taller semiderruido durante jornadas de semiesclavitud? Así lo explica Marx:

> Es evidente que la actividad del hombre hace cambiar a las materias naturales de forma, para servirse de ellas. La forma de la madera, por ejemplo, cambia al convertirla en una mesa. No obstante, la mesa sigue siendo madera, sigue siendo un objeto físico vulgar y corriente. Pero en cuanto empieza a comportarse como mercancía, la mesa se convierte en un objeto físicamente metafísico.[3]

En el capitalismo, las mercancías se presentan terminadas y queda escondido el proceso de producción que hay detrás. Se encubre el hecho de que el producto que se nos presenta es el resultado de un proceso de producción del trabajador, que se ve expropiado continuamente de los resultados de su producción por el empresario (le es sustraída sistemáticamente la plusvalía de su trabajo). En nuestra sociedad, fetichización mediante, solo vemos el producto independizado de la mano de obra que lo ha producido y de la relación de explotación[4] que esconde tras de sí este proceso de producción.

El carácter misterioso de la forma mercancía estriba, por tanto, pura y simplemente, en que proyecta ante los hombres el carácter social del trabajo de estos como si fuese un carácter material de los propios productos de su trabajo, un don natural social de estos objetos y como si, por tanto, la relación social que media entre los productores y el trabajo colectivo de la sociedad fuese una relación social establecida entre los mismos objetos, al margen de sus productores. Este *quid pro quo* es lo que convierte a los productos de trabajo en mercancía, en objetos físicamente metafísicos o en objetos sociales.[5]

Resumiendo lo dicho hasta aquí: en el capitalismo nuestra relación con las mercancías es una relación fetichista que consiste principalmente en otorgar virtudes a los objetos por fuera de su realidad y obviar y ocultar la procedencia del objeto, es decir, su producción.

En el amor, por sorprendente que nos parezca, encontramos la misma relación fetichista. En primer lugar, en nuestras relaciones amorosas, al menos ahora, en tiempos del capitalismo, también asistimos a una mistificación de las relaciones. Las relaciones amorosas se nos presentan como productos *metafísicamente superiores*, dignos de todo anhelo y que recogen todos nuestros deseos y pulsiones. Las relaciones amorosas son un regalo, algo medio divino, un generador de sentido de nuestra vida. Se quiere una pareja como se anhela la felicidad o la paz en el mundo. De repente, todas nuestras esperanzas tienen cabida en la cesta de la pareja: seremos felices, tendremos más amigos, no estaremos solos, daremos un sentido superior a nuestra existencia. Cuando decimos que son metafísicamente superiores, es porque nuestra mistificación es tal que de las relaciones nace el resto de nuestras esperanzas y expectativas. Con su superioridad metafísica queremos decir, además, que su estatus es independiente de cualquier proceso empírico, es decir, que sus características y halo divino no desaparecen por muchos fracasos en la realidad que nos encontremos (¿la mayoría?). Son intocables, con entidad propia. Si en la realidad no hay relaciones amorosas como en nuestros anhelos, peor para la realidad.

En segundo lugar, al igual que en el capitalismo es necesario que la mercancía *oculte* sus condiciones de producción para que sea vendida, para que las relaciones amorosas puedan ser mistificadas de esta manera se necesita obviar que son *espacios construidos* y no productos terminados. Los iPhone no son productos terminados, naturales, que nos encontramos en la naturaleza y felizmente compramos, sino que son productos fabricados, hechos por alguien y que solo pueden existir y venderse a esas cantidades y con ese precio si son hechos, precisamente, mediante procesos de explotación. Con las relaciones amorosas ocurre lo mismo: solo pueden concebirse como espacios únicos, superiores, homogéneos y con un halo semidivino, si los concebimos como productos ya terminados. Un día estamos solteros y basta con decir «Sí quiero» para encontrarnos ya en ese espacio semidivino que vemos en las películas de amor de después de comer. Sin embargo, esto no funciona así. Las relaciones no son un ente terminado. Son, más bien, espacios finitos y siempre a medio camino, infinitamente variables y con características inmanentes a la pareja y no trascendentes-místicas.

¿Qué consecuencias tiene este proceso de ocultamiento propio de la fetichización en el amor? Nosotras hemos detectado las siguientes consecuencias:

- Oculta el esfuerzo necesario para conocerse, para crear un espacio común. Obvia que las relaciones no *son* de una manera, sino que las relaciones se hacen y se *construyen* en común.
- Además, las relaciones sexoafectivas de pareja se convierten en espacios de acumulación de capital, donde lo romántico oculta el consumo que hay detrás de este signo. El consumo material en la pareja no es una característica accesoria, prescindible; más bien todo lo contrario: el consumo forma parte, en nuestras sociedades actuales, de «lo romántico».[6] Por ejemplo: una cita en el cine, un ramo de flores, un viaje regalado a un destino «idílico», etc. Todos estos actos de consumo están vinculados a la idea de lo romántico y se configuran como los elementos clave que diferencian a la pareja de la amistad y que, por tanto, habrían de estar presentes en una relación sexoafectiva de pareja.

- La fetichización favorece, y esto es lo interesante en el capitalismo, el consumo de cuerpos. Si las relaciones se conciben como espacios que se hacen, el reto en la relación será práctico y no de personas: cómo hacerlo, qué técnicas, bajo qué parámetros o qué acuerdos. En cambio, si las relaciones se conciben como productos terminados, el mínimo problema será motivo suficiente para desechar esa relación (este ordenador no me funciona) y se probará con otra persona. Al ser productos terminados, ya dados, el éxito no depende del saber-hacer (*know-how*) de los integrantes, sino de la espontánea compatibilidad. La fetichización de las relaciones, que sublima el proceso de enamoramiento y obvia su carácter construido, favorece el consumo de amores y la liquidez de relaciones que, bajo este paradigma, son sustituibles unas por otras. No solo porque, se piensa, es más fácil comprar/cambiar algo nuevo que arreglarlo, sino también porque la fetichización iguala —sustancialmente— todos los productos/relaciones. No me gusta esta hamburguesa que me vende el McDonald's, iremos al Burger King; de la misma manera que no hay diferencias sustanciales entre un producto de Burger y de McDonald's, tampoco la hay entre unas relaciones de pareja y otras, que resultan fabricadas en cadena. Misma lógica, misma mistificación que oculta la producción real de los objetos/relaciones. Resuena el comentario de Fray Lorenzo a Romeo cuando este le cuenta su amor tormentoso y apasionado por Julieta: «¡Bendito San Francisco! ¡Qué cambio este! Rosalina, a quien tan tiernamente amabas, ¿abandonada tan pronto?».[7] Lo resume también de forma muy acertada Berbel Ortega:

  > Las sociedades de consumo actuales, regidas por la cultura de la inmediatez, en la que los productos están listos para su uso inmediato —y su consecuente reemplazo inmediato también— de soluciones rápidas, de satisfacciones instantáneas, del mínimo esfuerzo, de los seguros a todo riesgo y de las garantías de devolución

del dinero; y nuestras relaciones interpersonales responden a la misma lógica.[8]

- Como consecuencia de lo anterior, de esta fetichización deriva una *alienación de los amantes*. En el capitalismo, el trabajador está alienado porque el empresario es dueño del producto de su trabajo; él está vacío. Además, y debido a la fetichización de las mercancías, no solo su trabajo es robado, sino que también es ocultado, se presenta como mercancía autoproducida, mística. En las relaciones amorosas, los sujetos amorosos experimentan un proceso similar: al estar inmersos en la producción de un espacio —el amoroso— que es visto como un lugar que no depende de ellos, un espacio mistificado, estos sujetos experimentan una castración en sus posibilidades. No pueden cambiar su relación porque —según la fetichización— las relaciones (con sus normas, derechos y deberes) no pueden cambiarse, todas tenemos la misma. Sin embargo, al mismo tiempo, la relación es algo que requiere intervención, soluciones, acción y agenciamiento. El sujeto amoroso es un sujeto que produce y que se relaciona con su producto, como los obreros en el mercado, como un producto ajeno y externo.
- Por último, y en lo que refiere a las consecuencias que tiene en las relaciones amorosas, el *ocultamiento* típico del fetiche capitalista, las relaciones amorosas se convierten en espacios idóneos para albergar —y a su vez ocultar— todo tipo de violencias. Cuando un sujeto amoroso, particularmente el hombre en las violencias patriarcales, comete cualquier violencia, esta se presenta no como una violencia dirigida, sino como una parte más de la entidad «relación», desligándose toda responsabilidad del causante de la violencia. Es decir, se entiende la relación amorosa como una suerte de producto que se compra (acepta) en bloque, con una serie de características y condiciones que son intrínsecas a este producto, a la relación. De esta forma,

las violencias estructurales de la relación, como los celos o las dinámicas de posesión, se entienden como partes integrantes del todo y no como elementos que se (de)construyen con el agenciamiento de los sujetos de la relación.

Así, el fetichismo se suma al resto de paralelismos mostrados en esta sección, a las analogías entre capitalismo y relaciones amorosas fruto del proceso de invasión y colonización del capital. En el núcleo de ambas lógicas, hemos de sumar, después de este análisis, al fetichismo como elemento central en la relación psíquica que impera tanto en la relación capitalista como en la amorosa. Una relación fetiche que se caracteriza por una creencia mística en propiedades sobrenaturales o metafísicamente superiores a las que tiene el objeto en cuestión y, además, un proceso de ocultamiento de las condiciones reales y materiales de formación de la relación o de la mercancía.

14
Propiedad de los cuerpos

Al hilo de lo hasta aquí expuesto, es importante notar que una de las características de nuestras relaciones sexoafectivas (quizás la más importante) es la monogamia. Es una parte tan fundamental de nuestras relaciones que, de hecho, se asume como parte inherente de las mismas —conformando un producto terminado, cerrado, nunca abierto al cambio—. En otras palabras, en nuestras sociedades actuales, el amor es monogamia y la monogamia es amor, y todo lo que salga de ahí se duda de su validez.

La monogamia[1] consiste en una forma muy específica de relación y se basa en dos características esenciales. Por un lado, la monogamia se basa en la primacía de la pareja a través de una jerarquización de nuestras relaciones interpersonales. Por otro lado, y probablemente como consecuencia de lo anterior, el otro elemento de la monogamia es la exclusividad, tanto romántico-afectiva como sexual. En realidad, no son dos características separadas, sino dos caras de una misma moneda: la jerarquización se materializa en cierta exclusividad, y la exclusividad, de una forma u otra, presupone la jerarquía. Siguiendo a Vasallo,[2] esta exclusividad se da incluso en formas de relación no-monógamas, como las relaciones abiertas, donde todavía prima «la importancia de la pareja frente a las amantes u otros amores», lo que se manifiesta en la exclusividad afectiva (me acuesto con muchos, pero solo quiero a mi novio); lo que, de hecho, «sirve como marca jerárquica». Así, la exclusividad puede ser tanto afectiva como sexual.

La exclusividad sexual en la pareja monógama presupone una forma muy concreta de relación entre los cuerpos: la propiedad del cuerpo ajeno y la desposesión del propio. Esta forma tan concreta de propiedad corporal configura *in essence* las relaciones sexoafectivas de nuestra sociedad.

Siguiendo con el análisis de los paralelismos entre la lógica del amor y la lógica del capital, el capitalismo también tiene en su núcleo una relación de propiedad fundamental, a saber, la propiedad privada de los medios de producción. En otras palabras, el capitalismo solo surge allí donde una parte pequeña de la población concentra los medios de producción, y la otra, desposeída, se ve obligada a vender su fuerza de trabajo a cambio de un salario: «El capital solo surge allí donde el poseedor de medios de producción y de vida encuentra en el mercado al obrero libre como vendedor de su fuerza de trabajo, y esta condición histórica envuelve toda una historia universal».[3]

De esta forma, bajo el capitalismo se da un tipo de propiedad muy concreta: una pequeña parte de la población (que no trabaja) tiene los medios de producción, mientras que la gran mayoría se encuentra *desposeída*. Frente al horizonte ideal de que cada una sea dueña de sus propios medios de producción para subsistir y poder intercambiar los excedentes (y no tener que trabajar para nadie más que para uno mismo), en el capitalismo se protege formalmente la propiedad privada, pero, en realidad, es la propiedad privada *de unos pocos*.

La exclusividad sexual de las relaciones amorosas basadas en la monogamia supone un fenómeno similar, aunque más complejo: uno se desposee de su cuerpo y se convierte en el propietario del cuerpo de su pareja.[4] El cuerpo de tu pareja pasa a ser de tu propiedad de forma exclusiva, es decir, solo tú tienes acceso a su cuerpo o a sus afectos románticos porque ha pasado a ser *tuyo* (en términos posesivos). La consecuencia es similar a la que vemos en el capitalismo: una de las personas de la relación (amorosa o mercantil) se encuentra desposeída, y la otra en posesión de algo, que en principio, no le pertenecía porque, y en palabras de Deleuze, «No se posee verdaderamente sino aquello que ha sido expropiado, situado fuera de sí».[5]

Ciertamente, los procesos en el amor y el capital no son idénticos porque en el amor, a diferencia del capital, pierdo mi cuerpo, pero gano otro y, por tanto, no hay verdaderos desposeídos. Ambos miembros de la pareja son desposeídos de su cuerpo, *pero* poseen el cuerpo de su amante. Pareciera, entonces, que en el amor no hay desposeídos como los hay en el capital. Sin embargo, como veremos en la siguiente sección, son las mujeres las que pierden su cuerpo y nunca terminan de ganar el cuerpo ajeno y, por eso, son las verdaderas desposeídas del amor.

Es de gran importancia puntualizar, aunque lo hemos mencionado en distintos apartados, que el capitalismo no ha inventado la monogamia. Observamos paralelismos importantes entre ambos y reproducimos una lógica (capital) a través de los flujos de la otra (amor). Sin embargo, el capitalismo no ha inventado muchos de los puntos que hemos tratado, sino que, como vimos en la arqueología, estos estaban en sociedades precapitalistas. El capitalismo, en su proceso de colonización de las subjetividades, se reapropia de las formas sociales que le benefician, acentuándolas, y elimina o lucha contra toda forma de concepción social que suponga un cuestionamiento de su propia lógica. En fin, las relaciones de exclusividad sexual o afectivo-romántica (por ejemplo) o la primacía de la pareja por encima de la amiga o la compañera de trabajo no comienzan a darse con el desarrollo de la sociedad capitalista, pero esta aprovecha esas características para reforzarlas, naturalizarlas, ponerlas en el centro y desterrar cualquier forma diferente de relación.

De la premisa monógama de la propiedad de los cuerpos se derivan dos consecuencias que analizaremos a continuación: la exclusividad sexual (a la que hemos hecho mención en líneas anteriores) y la obligatoriedad sexual, que se deriva, a su vez, de la exclusividad sexual.

15
Exclusividad sexual

Consiste en la prohibición, explícita o implícita, de mantener (o insinuar) relaciones sexuales con alguien que no sea la propia pareja. La exclusividad sexual actúa bajo una dinámica muy particular de propiedad de los cuerpos: una dinámica que desposee a uno de su cuerpo a cambio de ser el propietario del ajeno.

En un poema, Ernesto Castro escribe que «ser fiel es fingir que el tiempo no existe».[1] Lo interesante del verso es su comprensión de que la exclusividad encierra al deseo en una concepción estática del tiempo. El deseo, uno, fijo y siempre el mismo, ya ha encontrado a su cuerpo y ya no deseará otro. El deseo ha recorrido el hilo rojo que le ha llevado a su falta y, por fin, estará enteramente satisfecho. Esta es la fantasía más inconsciente (y neurótica) de la monogamia.

En realidad, concebir el deseo de esta manera parece, cuanto menos, una locura epistémica. Pero, por algún extraño motivo, vemos la paja en el ojo ajeno y no en nuestra propia relación. Así lo pusieron de manifiesto los sujetos del estudio llevado a cabo por Watkins y Boon:[2] el 42 % afirmó que las parejas de su entorno tenían algún riesgo de sufrir una infidelidad, mientras que solo el 8 % admitió que ellos también tenían ese riesgo. A este autoengaño, las autoras le llaman «ilusiones positivas» y aventuran que, quizá de una forma demasiado cientificista, tiene una función reproductiva. En el caso español, tenemos estudios similares que muestran la disonancia cognitiva a la que nos somete la monogamia: según un estudio de IPSOS, casi todos los españoles creemos que podemos ser fieles a nuestra pareja toda la vida (83 %), pero, a la vez, consideramos factible estar enamorado de dos personas a la vez (65 %).

Pero volvamos al deseo. ¿Puede el deseo estar encerrado en esta cárcel estática del tiempo? ¿Es el deseo una falta que se rellena con el otro para, al encontrarse con él o ella, cumplir su cometido de forma eterna y sin perturbación? La respuesta para nosotras es un rotundo no. De hecho, creemos que en la exclusividad sexual el deseo es *maltratado* para hacerle así encajar en una estructura ajena. La exclusividad sexual provoca un tipo muy particular de violencia que hemos decidido llamar «violencia *epitímica*».[3] Esta violencia consiste en la aniquilación de nuestro deseo a través de lógicas y dinámicas que lo asfixian.

Tradicionalmente, desde Platón hasta Lacan, el deseo se ha entendido siempre como una falta, una carencia. Deseo esa manzana *precisamente* porque tengo hambre, porque tengo esa falta alimentaria. Por ejemplo, en *El banquete* de Platón, escrito hace más de 2000 años, leemos:

> [...] el Amor es amor; pero antes de pasar adelante, dime si el Amor desea la cosa que él ama.
>
> —Sí, ciertamente.
>
> —Pero, replicó Sócrates, ¿es poseedor de la cosa que desea y que ama, o no la posee?
>
> —Es probable, replicó Agatón, que no la posea.
>
> —¿Probable? Mira si no es más bien necesario que el que desea le falte la cosa que desea, o bien que no la desee si no le falta.[4]

En esta misma línea, dice Lacan: «el deseo es la metonimia de la carencia del ser».[5] Desde Platón —hace veinticinco siglos— hasta Lacan —hace unas décadas—, esta ha sido la forma de articular y comprender el deseo desde la monogamia. Por este motivo, la relación sexoafectiva se representa como algo que viene a *llenar* el vacío que tenemos. Las relaciones nos complementan porque estamos *faltos*. Así lo expresa Aristófanes en *El banquete*:

> Todos los hombres tenían formas redondas, la espalda y los costados colocados en círculo, cuatro brazos, cuatro piernas, dos fisonomías, unidas á un cuello circular y perfectamente semejantes, una sola cabeza, que reunía estos dos semblantes opuestos entre sí, dos orejas, dos órganos de la generación, y todo lo demás en esta misma proporción. Marchaban rectos como nosotros, y sin tener necesidad de volverse para tomar el camino que querían [...]. En fin, después de largas reflexiones, Júpiter se expresó en estos términos: [...] Los separaré en dos [...]. Después de esta declaración, el dios hizo la separación que acababa de resolver [...]. Hecha esta división, cada mitad hacía esfuerzos para encontrar la otra mitad de que había sido separada; y cuando se encontraban ambas, se abrazaban y se unían, llevadas del deseo de entrar en su antigua unidad, con un ardor tal, que abrazadas perecían de hambre é inacción, no queriendo hacer nada la una sin la otra.[6]

Esta forma de concebir el deseo —núcleo del sistema monógamo en la actualidad— como una fuerza o estado que se presenta en ausencia o falta de algo, como pérdida originaria, impregna toda nuestra cultura popular. Bien conocido es el mito de la media naranja, que nos conduce hacia el mismo mensaje que el discurso de Aristófanes en *El banquete*: somos seres incompletos (medias naranjas) buscando nuestra otra mitad perdida, lo que nos deja un vacío, un hueco sin rellenar y que necesitamos encontrar (esa otra pieza del engranaje) para poder resultar seres completos.[7] Las lógicas del capitalismo en la sociedad de consumo se asientan y se alimentan de esta forma de entender el deseo como pérdida originaria y ausencia en constante búsqueda de ser satisfecha.

Esta concepción negativa del deseo acarrea varios problemas. Uno de ellos es el movimiento constante de insatisfacción al que nos vemos condenadas. Y es que encerrar al deseo en la falta (se ama lo que se carece) de un único objeto (mi media naranja) nos lleva a movernos en una cadena infinita de consumo con tal de llenar un vacío que nos constituye. En esta fatigosa tarea nos preguntamos a veces si acaso es posible suplir tal falta, si acaso tiene sentido tal camino, pero terminamos, por la inercia de un apetito insaciable, encarcelados en esta eterna batida.

En contra de esta forma de concebir el deseo, queremos plantear otra bien distinta. El deseo humano no tiene la forma de la ausencia, sino que solo se presenta así cuando la violencia epitímica se vuelve contra él, cuando lo constreñimos a desear un único objeto *y nada más* o a rellenar una falta constituyente de nuestro yo. En realidad, el deseo tiene una forma —anterior— mucho más abierta, profundamente creadora. Spinoza lo explica en su *Ética según el orden geométrico*:

> Así pues, queda claro, en virtud de todo esto, que nosotros no intentamos, queremos, apetecemos ni deseamos algo porque lo juzguemos bueno, sino que, al contrario, juzgamos que algo es bueno porque lo intentamos, queremos, apetecemos y deseamos.[8]

Volviendo al ejemplo de la manzana: no es que la manzana sea buena, y por serlo, al tener hambre, la deseamos. Ocurre lo contrario: justamente porque tenemos hambre, porque deseamos, la vemos buena. El deseo es la fuerza humana que recorre y atraviesa el mundo, coloreándolo. Sin el deseo, las cosas serían igualmente inapetecibles. El deseo es la potencia humana de significar todo un mundo con su apetito, es el esfuerzo —dice también Spinoza— del ser humano de perseverar en su ser (el célebre *connatus*).

Desde esta perspectiva, el deseo es el impulso o fuerza que se dirige desde nuestro interior hacia la acción al vernos afectados por algo exterior. Decimos que el deseo no es falta, sino creación; y lo decimos por varios motivos. En primer lugar, porque colorea el mundo de los fríos entes y coloca en el centro a una manzana (y no, por ejemplo, a una mota de polvo o a un trozo de madera). Además, y en la medida en que deseo comerme esa manzana, el deseo crea toda una virtualidad para conseguir llevarse a cabo (voy a la tienda, voy andando, compro la manzana). El deseo es siempre una falla en la realidad, un empoderamiento de la misma, un agenciamiento del sujeto que busca crear un escenario que imagina y desea.

Pero el deseo no es una única fuerza-flujo que atraviesa nuestra existencia en una sola dirección. Por el contrario, el deseo es una multiplicidad de esos flujos que van hacia todas las direcciones y, en ese movimiento múltiple, nos atraviesan y nos ponen en movimiento. ¡No solo deseamos manzanas! ¡Ni siquiera el hambre es nuestro único apetito! El deseo es una red de fuerzas que nos atraviesan y conectan a una realidad plural y de múltiples formas y direcciones variadas.

¿Qué ocurre entonces con la pérdida que centra la atención de la perspectiva tradicional? ¿No es cierto que, de una u otra forma, nos falta la manzana cuando tenemos hambre, cuando la deseamos? Es cierto, pero esto es solo una parte ínfima de todo el movimiento del deseo. Por verlo con otro ejemplo: es como si dijéramos que correr consiste en llenar un vacío; es cierto que en el proceso de esta acción se llena un vacío que antes no estaba (el punto al que vamos), pero —como el deseo— es un movimiento autónomo, complejo, con fuerza en sí mismo. La pérdida, que ha obsesionado a la tradición filosófica, no es vista ya como pérdida originaria. De hecho, ni siquiera es causa del deseo, sino que —y seguimos a Deleuze aquí— es consecuencia de la estructura en la que estamos insertos. El punto clave aquí es la diferencia entre la comprensión del deseo como falta que se dirige a un objeto concreto (por ejemplo: deseamos un coche) y la comprensión del deseo como afirmación que se dirige al conjunto, dirá Deleuze. De esta forma, no deseamos el coche, sino los viajes que haremos con él, las personas con quienes lo compartiremos, la música que cantaremos con nuestros amigos, etc. El deseo es la construcción del conjunto (ir con los amigos juntos de vacaciones) en el que un objeto determinado (un coche) se vuelve deseable. En fin, el deseo, desde esta tradición heredera de Nietzsche-Spinoza-Deleuze, se concibe como afirmación y creación, en lugar de negación o carencia; y como constante y continuo desarrollo, en lugar de incesable búsqueda de una falta.

¿Qué es, entonces, la violencia epitímica que caracteriza a la monogamia? La imposición de una forma muy concreta de entender el deseo, el encierro del deseo entre cuatro paredes y un único objeto, en vez de entenderlo en toda su potencialidad afirmativa y creadora, múltiple y en devenir, en vez de dejarlo surcar múltiples caminos.

Sin embargo, desde nuestra concepción el deseo se asemeja a la imaginación. Toda imaginación es, de una u otra forma, desiderativa (al menos de las potencialidades que genera) y se dirige hacia lo que no podemos alcanzar en nuestra existencia presente o en acto, hacia lo otro fuera de mí. A su vez, todo deseo es siempre imaginación y creación de un mundo del que agenciarse. Por tanto, una de las consecuencias de la violencia epitímica es la castración imaginativa del deseo. En otras palabras, al concebir el deseo como carencia, se pierde toda su capacidad creadora, todo su potencial imaginativo. El carácter expansivo del deseo, lleno de vida y agenciamiento de las infinitas posibilidades, se aniquila y petrifica en una férrea jaula. Estas son las consecuencias psicológicas de la monogamia: la incapacidad de imaginar otros espacios amorosos posibles.

Un proceso similar de putrefacción imaginativa opera en el capitalismo actual. La colonización de todos los aspectos de nuestra vida por parte del capitalismo (lo que, como dijimos, hace más pertinente que nunca el estudio de la micropolítica) ha convertido a este sistema económico en un pulpo cuyos tentáculos abarcan la totalidad de lo pensable. En esta colonización, el capitalismo se ha caracterizado por la innovación constante, por el avance a través de crisis y de sacudidas, por la renovación sempiterna. Cualquier novedad, por muy revolucionaria que sea, termina sucumbiendo ante las garras imaginativas de un capitalismo capaz de hacerse aún más líquido para bañar la totalidad. Por eso decía Nick Land que el tiempo está del lado del capitalismo:[9] ya no es que no haya alternativa *real*, sino que toda alternativa *posible* alimentará de una forma u otra el capitalismo (o, al menos, esa es la sensación que tenemos). Llegados aquí, los movimientos de oposición al capitalismo se han perdido en la nostalgia (reaccionaria en su rechazo al futuro y la emancipación). El capitalismo nos ha conseguido convencer de que, como dice Mark Fisher, es más fácil imaginar el fin del mundo que el fin del capitalismo. En palabras de Pepe Tesoro:

> La tarea de la izquierda quedaría precisamente en mostrar que el capitalismo no es lo suficientemente futurista, no es lo suficientemente innovador, y ha encerrado el impulso libidinal por un mundo mejor en el deseo desesperado por consumir productos marginalmente cada vez menos diferentes, ensalzados por el aura engañosa de simplicidad y sinceridad del iPhone, pero incapaces de reorientar la potencialidad de la tecnología a mejorar efectivamente nuestras condiciones de vida, no ya a impedir que las deteriore si cabe todavía más.[10]

Esta violencia imaginativa es paralela tanto a las relaciones afectivas como al sistema económico que habitamos en su enésima fase. Sin duda, en muchas relaciones monógamas es más fácil imaginar el fin del mundo que el fin de su relación, más fácil imaginar el fin del capitalismo que el fin del amor, el fin de todo antes que esa jaula abrillantada en la que domestican su deseo. La muerte en vida a la que se somete el deseo en la exclusividad sexual esquilma la creación al romper y huir de todo futuro posible que no sea con la pareja, de todo escenario que no sea el que *ya* es. No hay futuro, sino una prolongación del presente que, en su intento desesperado de poseer a la otra persona, hace —como bien sabe Ernesto Castro— como si el tiempo no existiera. Del todopoderoso *realismo capitalista* al seductor trampantojo del *realismo amoroso*.

16
Obligatoriedad sexual

La otra consecuencia de la estructura monógama basada en la propiedad alterna de los cuerpos —el hecho de que soy dueño del cuerpo ajeno, pero no del mío propio— es la obligatoriedad sexual.

La obligatoriedad sexual a veces puede pasarse por alto en los análisis del amor; pero, si ponemos en el centro el deseo humano, es uno de los puntos cardinales de la monogamia y su relación con el capitalismo. Vayamos por partes. Uno de los componentes de la condición humana, del *ser* humano, es el deseo en general y el deseo sexual en particular. Con esto no queremos naturalizar un tipo de deseo sexual tal y como ha venido haciendo el patriarcado de forma normativa en su estructuración del imaginario. Como dijimos en el apartado anterior, creemos que el deseo es plural, múltiple, siempre abierto, personal y que se mueve en un espectro diferencial más que en una senda monolítica. Deseamos distintos cuerpos y de distintas formas, vivimos el deseo con distinta intensidad e importancia, pero estas diferencias no eliminan el hecho de que el deseo sea una parte de nuestra condición humana. Con razón, Spinoza dice, y reafirmará Deleuze más tarde —retomando a nuestros dos filósofos del deseo—, que desear es esencial al ser humano.

La estructura monógama de pareja impone una forma muy particular de relación entre cuerpos que se basa, precisamente, en la propiedad alterna de los mismos. Una consecuencia de esta estructura es la exclusividad sexual; la otra es la obligatoriedad sexual. Cuando hablamos de obligatoriedad sexual, nos referimos a la creencia instaurada en las relaciones monógamas —bien sea de forma implícita, bien sea de forma explícita— de que el sexo es una obligación de la pareja, es decir, que el otro es responsable de nuestra satisfacción sexual.

La obligatoriedad sexual deriva lógicamente de tres premisas:

- Somos seres sexuados, el deseo sexual es parte de la realidad humana.
- El cuerpo del otro me pertenece (propiedad alterna de los cuerpos).
- No puedo satisfacer mi deseo con otra persona que no sea mi pareja (exclusividad sexual).

El primer punto afirma que desear es consustancial al ser humano. El deseo sexual, en concreto y en sus múltiples formas, variedades e intensidades,[1] es una parte de nuestro deseo. Sin embargo, ¿puedo dejar libre a mi deseo en la relación monógama? Nada más lejos de esta. Como consecuencia de la violencia epitímica, en las relaciones monógamas el deseo es constreñido a un único objeto y es pensado bajo la forma de la carencia. Así que este único objeto —el cuerpo de mi pareja— va a ser el *único* objeto de mi deseo. Ocurre que, por suerte para mi deseo malherido, el cuerpo del otro me pertenece en el contrato monógamo: nadie más excepto yo puede disfrutar del mismo (propiedad alterna de los cuerpos). En la medida en que yo no puedo disfrutar de ningún otro cuerpo, se impone en la relación (las más de las veces de forma implícita, aunque también aparece en ocasiones de forma explícita) la creencia de que esa violencia epítimica debe ser compensada con un derecho de explotación sobre el cuerpo que me pertenece. ¿Cómo podría no ser?, parecen clamar los fundamentos de la obligatoriedad sexual, ¡sin desear a otros y encima sin satisfacer (lo que queda de) mi deseo!

El correlato económico de esta dinámica la encontramos en la relación que el capitalismo guarda con la naturaleza. Al igual que la monogamia con el cuerpo de la pareja, el capitalismo entiende la naturaleza como un mero cuerpo mecánico del que extraer beneficio. Así lo explica Federici:

> Sin embargo, no podemos evitar observar las importantes contribuciones que sus especulaciones [las de Descartes] acerca de la naturaleza humana hicieron a la aparición de una ciencia capitalista del trabajo. El planteamiento de que el cuerpo es algo mecánico, vacío de cualquier teleología intrínseca —las «virtudes ocultas» atribuidas al cuerpo tanto por la magia natural, como por las supersticiones populares de la época—, era hacer inteligible la posibilidad de subordinarlo a un proceso de trabajo que dependía cada vez más de formas de comportamiento uniformes y predecibles. Una vez que sus mecanismos fueron deconstruidos, y el mismo fuera reducido a una herramienta, el cuerpo pudo ser abierto a la manipulación infinita de sus poderes y posibilidades. Se hizo posible investigar los vicios y los límites de la imaginación, las virtudes del hábito, los usos del miedo, cómo ciertas pasiones pueden ser evitadas o neutralizadas y cómo pueden utilizarse de forma más racional. En este sentido, la filosofía mecanicista contribuyó a incrementar el control de la clase dominante sobre el mundo natural, lo que constituye el primer paso, y también el más importante, en el control sobre la naturaleza humana. Así como la naturaleza, reducida a «Gran Máquina», pudo ser conquistada y (según las palabras de Bacon) «penetrada en todos sus secretos», de la misma manera el cuerpo, vaciado de sus fuerzas ocultas, pudo ser [dice Foucault] «atrapado en un sistema de sujeción», donde su comportamiento pudo ser calculado, organizado, pensado técnicamente e «investido de relaciones de poder».[2]

El cuerpo y la naturaleza quedaron reducidos al mero componente económico y pasaron a ser elementos mecánicos para la acumulación del capital. En las relaciones monógamas, la visión del cuerpo del otro es también la de un cuerpo mecánico, al servicio de mi deseo sexual. La estructura relacional monógama enjaula al deseo, cuya frustración —derivada de la violencia epitímica— se proyecta en el otro: es el otro (¡y no el tipo de relación!) el culpable de mi deseo insatisfecho. Con la relación monógama, el sexo (entendido siempre como un espacio mucho más amplio que el coito o el modelo pornográfico) pierde su componente de libertad.

¿Quiere decir esto que las parejas acceden, necesaria y sistemáticamente, a tener sexo con sus parejas de forma obligada? Evidentemente, no. Siempre cabe seguir las reglas del sistema para que estas no nos aprieten. «Solo el que se mueve siente sus cadenas», decía Rosa Luxemburgo. Por ejemplo, nadie nos obliga a pagar alquileres tan altos y, si podemos hacerlo, nunca sentiremos que estamos entre las cadenas de la especulación. Por el mismo hecho, no todas las parejas monógamas sienten que el sexo en sus relaciones sea opresivo. Sin embargo, la mayoría de las parejas lo sienten cuando sus cuerpos no pueden someterse a la estructura aquí descrita. Es en este punto cuando aparecen la frustración y el colapso.

La frustración y el colapso en la pareja son emociones derivadas de la rigidez de la estructura sexual monógama. A no ser que el deseo esté muy acompasado, en las relaciones tradicionales es común que en algún momento uno de los dos componentes se sienta insatisfecho sexualmente. De las premisas anteriormente expuestas, el sujeto insatisfecho deduce que su satisfacción sexual es responsabilidad de la otra parte de la pareja. Esta, a su vez, asume esa responsabilidad: solo puede tener sexo conmigo y yo no le doy «lo que necesita». Ante esta primera grieta, y colmado de insatisfacción, el deseo se empieza a fugar por toda una serie de dispositivos silenciosos que fluyen alrededor de la relación. Son múltiples y heterogéneos: desde la masturbación hasta la infidelidad.

Cuando señalamos que la masturbación es un mecanismo de fuga de deseo insatisfecho dentro de las relaciones monógamas, no estamos —de ninguna manera— demonizándola. La masturbación es una parte más del juego sexual y tiene una característica fundamental que la diferencia del resto: no se necesita acompañante. De ahí que juegue un papel crucial en el autoconocimiento y en la salud sexual. No estamos, entonces, hablando de *qué es* la masturbación, sino de *cómo* opera dentro del marco tan concreto de las relaciones monógamas. En muchas relaciones, la masturbación se ve llena de problemas: el que recurre lo hace por insatisfacción y plantea evidentes retos a la rigidez del deseo en la monogamia (si se masturba pensando en otras personas, ¿es eso infidelidad?).

La frustración de este deseo sexual y la creencia implícita de que el cuerpo del otro nos pertenece son marcos que favorecen la violencia sexual hacia las mujeres. Y es que no operan de la misma manera estas lógicas en los hombres que en las mujeres. Y es que, aunque a menudo pensemos en desconocidos cuando imaginamos a los agresores sexuales, según la Organización Mundial de la Salud, 641 millones de mujeres sufren violencia sexual en cualquiera de sus formas a manos de sus parejas estables.[3]

En fin, ante el colapso que ocurre en la pareja monógama cuando los deseos dejan de estar acompasados, el deseo de una de las partes puede fugarse o podemos, en la medida de lo posible, renunciar a él. Sin embargo, en este momento surge una de las preocupaciones más habituales dentro de las relaciones monógamas: si no tengo sexo con mi pareja, ¿cómo puedo diferenciarlo de la amistad? La estructura básica de la monogamia, y de profunda raigambre cristiana, que separa al amigo —cuya unión es la unión del alma— con la pareja —a la que uno se entrega en cuerpo y alma— colapsa si no tenemos sexo con nuestra pareja. Este es otro de los problemas derivados de cómo el sistema monógamo produce estructuras rígidas (qué es ser pareja y cómo serlo), donde si falta o se tambalea una de las características de esa estructura, entonces todo tambalea. Si la pareja es aquella persona con la que compartes tu vida afectiva y sexual y el amigo con quien compartes tu vida afectiva, y si dejas de compartir tu vida sexual con tu pareja, ¿no le convierte, siguiendo el razonamiento lógico, en un amigo?

Antes de concluir, recordemos que, para que se dé el intercambio, es necesario estar en posesión del objeto o servicio que se va a intercambiar. Por eso, la desposesión de nuestros cuerpos (debido a la propiedad alterna de los mismos) hace que el intercambio no pueda darse, ya que, más que un intercambio (libre) o reciprocidad, estaríamos hablando de una serie de deberes u obligaciones. En las relaciones monógamas, no hay intercambio, sino deber. Y esto es así porque no decido entrar en una relación en la que dono hacia la otra persona (en este caso una donación sexual), sino que esta donación es de carácter obligatorio, lo que pervierte su condición de donación (que es cesión, regalo).

17
Mercantilización de los cuerpos

El capitalismo mercantiliza nuestros cuerpos y genera ganancia a partir de ellos; los mecanismos con los cuales genera dicha ganancia *material* de la esfera de las relaciones amorosas nosotras lo llamamos mercantilización de los cuerpos.

Según un artículo del 5 de febrero del diario *La información,* San Valentín mueve más de 1500 millones de euros solo en España. Cifra similar es el valor de la empresa estadounidense propietaria de la famosa aplicación de citas Tinder. La mercantilización de los cuerpos, la intersección *material* entre amor y capital se puede ver en Tinder, en las bodas o en la fiesta de San Valentín, por citar tres ejemplos de nuestro imaginario colectivo que compartimos y son reconocidos. En estos ejemplos, el capitalismo, a través de nuestras relaciones de amor, reproduce esta acumulación material. Según el periódico *El Economista,* Tinder en 2019 ganó más de 1000 millones de euros.

Gran parte de los ingresos de Tinder provienen de las suscripciones *premium* (Tinder+, Tinder Gold o Tinder Platinum, que van de menos a más ventajas), que dan a estos usuarios una serie de beneficios extra por encima del resto. Por ejemplo: recuperar la opción de volver a ver un perfil rechazado o un mayor número de *likes* por día. Esto implica que, cuanto más dinero inviertes en la aplicación, más posibilidades tienes de conocer a gente en este espacio. Asimismo, las personas que paguen estas opciones *premium* aparecerán antes que las que tengan Tinder pero no paguen. De esta manera, Tinder da mayor visibilidad y más oportunidades a los usuarios de pago, lo que crea una gran acumulación de capital alrededor de esta empresa que pretende ser un espacio donde algunas personas buscan conocer a «su persona» y otras buscan sexo esporádico, rápido, que, en ocasiones, se convierte en un consumo de cuerpos, en una acumulación de ligues, de polvos en una lista del móvil.

Otro ejemplo, aún más voluminoso, en esta acumulación material en nombre del amor es el negocio de las bodas. El conocido foro *bodas.net*, donde la gente comenta sus dudas, opciones, donde se pide consejo o ayuda entre novios y novias, escribía en un post del 19 de enero de 2022 que el gasto promedio en una boda es de 20 500 euros.[1] Es importante puntualizar que la mayor parte de ese gasto se concentra en precios desorbitados en el vestido (el precio promedio de vestidos de novia según *bodas.net* es de 1750 euros), accesorios para la novia y en la propia celebración de ese día, es decir, este desembolso de 20 000 euros hacia arriba se lleva a cabo para un día.

El negocio construido alrededor de las bodas se aprovecha de la idealización conformada en torno a ese día, sobre todo en las mujeres. Desde pequeñas, se nos dicta que el día de nuestra boda es el día más feliz y especial, que hemos de lucir impecables y perfectas, y que, para todo esto, necesitamos gastarnos mucho dinero en vestidos, coronas, flores, zapatos, una finca cara, un decorador, un fotógrafo, etc. Así es como se constituye este imperio que mueve, según el diario *La voz de Galicia* en un artículo publicado en 2019, alrededor de 3500 millones de euros anuales. Casarse es, más que nunca, un negocio, un lujo solo accesible a personas con una estabilidad y nivel económico medio-alto.

Pero la mercantilización de los cuerpos, la extracción de plusvalía y ganancia del capital en el amor no se queda en las *apps* y en las bodas. Hay ejemplos donde participamos incluso cuando somos unos críos en el colegio, como en el Día de San Valentín. En el día de los enamorados, millones de negocios aprovechan para disfrazar sus productos de mensajes de amor, de promesas, de muestras de cariño y afecto, (pero solo dirigido a la pareja monógama, ¿de las amigas una no se enamora?). Este día mueve en España cerca de 1500 millones de euros,[2] según el diario *La información*, porque el amor, en la sociedad capitalista, se demuestra comprando, gastando e invirtiendo en detalles y regalos caros en un único día del año, o ese es el mensaje con el que se nos bombardea a principios de febrero desde las grandes corporaciones.

Estos son algunos de los muchos ejemplos a través de los cuales el capitalismo genera ganancia *material* de la esfera de las relaciones amorosas. A esto le llamamos mercantilización de los cuerpos. Para entenderlo mejor, analicemos los conceptos. En primer lugar, ¿qué es una mercancía?

Si seguimos la definición marxiana, una mercancía es un objeto que satisface las necesidades humanas.[3] Para Marx, la mercancía es el elemento básico de la vida económica, pues, en la medida en que no podemos satisfacer todas nuestras necesidades, la sociedad necesita el intercambio de mercancías para lograr tal objetivo. De esta forma, al menos referente a los objetos, la palabra *mercancía* no tiene las connotaciones negativas que arrastra en el imaginario popular (donde es sinónimo de usurpación, perversión y devoración económica). Bajo la mirada marxiana, no es una característica negativa que los objetos puedan devenir mercancías;[4] de hecho, en tanto mercancías, este es su papel natural dentro de la sociedad: ser útiles que resultan intercambiables por otros útiles. En palabras de Marx, para que un bien se convierta en mercancía no solo ha de tener valor de uso personal, sino valor de uso social, es decir, que resulte útil para la sociedad, que sea intercambiable.[5]

Sin embargo, ¿pueden los cuerpos entrar en esta definición sin suponer un problema moral? ¿Son nuestros cuerpos ontológicamente iguales al resto de entes? ¿Por qué es un problema moral comprender al cuerpo desde la lógica económica? Arribamos a un fenómeno crucial que hunde sus raíces en la intersección entre capitalismo y amor: la mercantilización de los cuerpos.

Resulta evidente que Marx no piensa en los cuerpos cuando define su mercancía, porque el análisis marxiano de la circulación y la producción de la mercancía hace referencia a los bienes, a los útiles. La pregunta sería: ¿es válida la ampliación de la definición de la mercancía hasta incluir a los cuerpos? ¿Podemos entender los cuerpos como otra parte más de un proceso de intercambio generalizado? ¿Son nuestros cuerpos útiles pensados para satisfacer necesidades humanas y, por tanto, para intercambiar? Para nosotras: no. En nuestra opinión, la definición marxiana, quizá válida para el resto de entes, no es válida para nuestros cuerpos. Con Kant, creemos que el ser humano, que es esencialmente un cuerpo, debe ser siempre tratado y pensado «como un fin al mismo tiempo y nunca solamente como un medio».[6] Los humanos no somos intercambiables porque nuestra dignidad interior es infinita. Pensar a un ser humano bajo la lógica económica es una objetivación que supone una violencia que no podemos obviar. Sin embargo, el capital no tiene moral y, ante su necesidad de expandirse en busca de un crecimiento ilimitado, coloniza cualquier ámbito independientemente de sus consecuencias (como nuestros cuerpos o como la naturaleza).

La «mercantilización de los cuerpos» es un fenómeno según el cual los cuerpos son tratados como mercancías y funcionan como un recurso explotable más para la acumulación capitalista. Este fenómeno es verdaderamente singular entre todos los que hemos analizado en esta sección y tiene una importante diferencia respecto a los puntos anteriores.

Mientras que en el resto de epígrafes la figura analítica que explicaba la relación entre relaciones sexoafectivas y capitalismo era la de las *líneas paralelas*, en este punto el espacio geométrico adecuado es el de la *intersección*. ¿Qué quiere decir esto? Los anteriores fenómenos estudiados (obligatoriedad sexual, propiedad alterna de los cuerpos, fetichización del amor...) tenían en su análisis una estructura geométrica similar, a saber, el objetivo era trazar el *paralelismo* entre la lógica de las relaciones sexoafectivas y la lógica del capital.

Esto es lo que desde las primeras páginas denominamos «micropolítica»: el sistema se reproduce porque —entre otros motivos— hemos interiorizado sus dinámicas. Por eso, decimos que el análisis de los puntos anteriores toma la forma geométrica de las líneas paralelas, porque la relación que guardan ambas lógicas es la relación paralela, la de una igualdad sin intersección, la de un espejo.

En cambio, la mercantilización de los cuerpos es un fenómeno sociopolítico que muestra una forma geométrica diferente en su análisis: con la mercantilización de los cuerpos, el amor y el capitalismo no discurren de forma paralela, sino que se cruzan; es una suerte de relación quiasmática.[7] En otras palabras, no es que compartan lógica, es que directamente se tocan. Por eso, la nueva figura para explicar este fenómeno es la del quiasmo o la intersección, figura de la teoría de conjuntos.[8] Detengámonos en esto con más tranquilidad. Con la mercantilización de los cuerpos no se pone solo de manifiesto que el amor y el capital comparten lógicas, sino que hay un espacio *material* que comparten. Dicho de otra forma, la mercantilización de los cuerpos pone de manifiesto que las relaciones sexoafectivas son un ámbito (otro más) en el que el capitalismo hunde sus manos para explotar y generar acumulación. Ya no estamos (solo) en el análisis de dinámicas semejantes, sino también en la documentación de la devoración; ya no estamos (solo) en un análisis micropolítico, sino también en uno económico, material.

Para comprender adecuadamente la mercantilización de los cuerpos, es decir, este proceso de intersección, es necesario ser consciente de la compleja alianza entre capitalismo y monogamia y sus condiciones de posibilidad. Antes de preguntarnos *cómo es* esta intersección, cómo el capitalismo coloniza el cuerpo al igual que ha colonizado todos los ámbitos de nuestra existencia e incluso el planeta, hemos de preguntarnos cómo es esto siquiera *posible.* Siguiendo con la teoría de conjuntos, dos conjuntos —amor y capitalismo en nuestro caso— tienen una intersección (un conjunto formado por sus elementos comunes) si son *compatibles*. Así, antes de analizar la intersección y los elementos que comparten, es necesario examinar por qué ocurre, por qué ambos conjuntos son compatibles.

Desde nuestro punto de vista, la mercantilización de un cuerpo no se puede dar allí donde este cuerpo es respetado en su entera dignidad y donde el objetivo principal es mantener su autonomía. La mercantilización de los cuerpos, cual mala hierba, solo crece en el desierto del capitalismo y la monogamia. Lo primero es obvio: si no hay un sistema económico que busque explotar cualquier faceta de la existencia para generar acumulación a unos pocos, es difícil —que no imposible— que se mercantilice el resto de facetas de nuestra vida. Lo que quizá es menos obvio es lo segundo, lo relativo a la monogamia. ¿Cómo favorece la monogamia la mercantilización de los cuerpos? ¿Qué *elementos de compatibilidad* añade la monogamia para favorecer este fenómeno? Principalmente, la posesión alterna de los cuerpos, explicado en anteriores páginas. El motivo es que desposeer mi cuerpo es la condición ontológica necesaria para que se mercantilice, porque, cuando uno es dueño de su cuerpo y tiene autonomía sobre él, es más difícil que ocurra la mercantilización. No solo es un elemento de compatibilidad la desposesión de mi cuerpo, sino que en la medida en que la monogamia también se basa en la posesión del cuerpo ajeno (de ahí la posesión alterna de los cuerpos), la monogamia sienta una forma de relacionarnos que nos enseña a apropiarnos de los cuerpos ajenos y a su posterior acumulación. Así, nuestros cuerpos se convierten en el equivalente a las fábricas, espacios de acumulación de mercancía (otros cuerpos). Y de ahí a comprarlos solo hace falta el dinero.

En resumen, la mercantilización de los cuerpos muestra no solo que el amor refleja la lógica del capital, sino que el capital en su materialidad —con su acumulación y explotación, con su dinero y plusvalía— ha invadido directamente los ámbitos de nuestra vida sexoafectiva. Esto es posible por dos razones principalmente: por un sistema económico irracional que tiene en su núcleo una acumulación y crecimiento ilimitados y, por otro lado, por un sistema sexoafectivo que nos desposee de nuestro propio cuerpo y nos hace dueños del cuerpo ajeno. En este proceso funcionamos de forma análoga a cómo funciona este sistema, dirigiéndonos a una mayor acumulación de cuerpos, sujetos, deseos, a través de su mercantilización; esta acumulación, entonces, se convierte en capital erótico.

Retomando lo que tratamos al principio: ¿en qué se materializa esta intersección? En todas aquellas formas de negocio que generan primero una necesidad basada en los afectos, y luego un beneficio de esa necesidad; aquí es donde el capitalismo hace de nuestros cuerpos y nuestras relaciones lugares de acumulación (no metafórica, sino real) de capital. Además, en torno a la construcción de la pareja hay una serie de actividades asociadas con el consumo, que Eva Illouz denomina *bienes de consumo colateral*,[9] que se convierten en rituales empapados de romanticismo. Por ejemplo, se ve como algo romántico y especial que tu pareja te invite a cenar, tener una cita en el cine o hacer un viaje a un destino romántico. Así, el consumo de ocio parece quedar relacionado con los momentos íntimos y la construcción de un «romanticismo» dentro de la pareja: «El romance se utiliza como herramienta para multiplicar los actos de consumo sin que ello sea visible, al mismo tiempo que se emplea para reafirmarlos».[10] A su vez, estos *actos de consumo colateral* ocultan la acumulación de capital que generan y lo disfrazan de romance (fetichización del romance). Así, el consumo, dirá Illouz, queda «incorporado a las prácticas amorosas».[11]

En fin, la mercantilización de los cuerpos se halla en todos los procesos de la relación (días puntuales, como el 14 de febrero, incluidos) y culmina en los grandes ritos románticos (como los aniversarios o las bodas). Esta dinámica mercantil nos convierte en consumidores y consumidos, es decir, tanto en sujetos que consumen objetos (que son otros sujetos), como en esos objetos que son consumidos por otros sujetos. Todo ello en el espacio por antonomasia del consumo: el mercado. Y es en este proceso donde se produce la mercantilización de nuestros cuerpos, convirtiéndose en objetos de consumo y acumulación material.

18
Capital erótico

¿Qué es el capital erótico? ¿Qué queremos expresar con este concepto? En una primera intuición, y por ahí iba nuestro discurso en los artículos de *La Trivial*,[1] el capital erótico puede pensarse como el mero atractivo de la gente en la época del capitalismo, es decir, como una forma más de denominar a la atracción que alguien genera en una época concreta. Sin embargo, si el significado se quedase aquí, el concepto de capital erótico sería, por un lado, inútil —pues ya tenemos términos para designar el atractivo de las personas— y, por otro lado, confuso —pues no es claro por qué se llama *capital* a una parte del deseo humano que no habría de resultar problemática—. Con el objetivo de desbrozar todos estos problemas teóricos y arrojar luz sobre uno de los fenómenos clave de nuestras relaciones sexoafectivas en el capitalismo tardío, dedicamos un epígrafe entero a este concepto. ¿Qué es exactamente el capital erótico de una persona?

Según la teoría marxiana del valor, los objetos presentan un valor de uso y un valor de cambio. El primero es el valor de un objeto en tanto útil a un ser humano para determinada necesidad (la del lápiz, escribir; la de la lana, abrigar, etc.). El valor de cambio, por otro lado, es el que iguala los distintos bienes para el intercambio. Dado que la lana y el lápiz son objetos *cualitativamente* distintos, necesitamos una medida que los iguale para saber cuántos lápices tengo que dar a otra persona a cambio de la lana. Esa medida es el valor de cambio que se refleja en una tercera magnitud (dinero, oro, especias, etc.). Ahora bien, ¿cómo saber, se plantea Marx en el primer tomo de *El capital*, cuántas especias (o monedas) vale el lápiz y la lana —y así saber cuántos lápices tengo que dar por un kilogramo de lana—? La respuesta para Marx se encuentra en el único elemento en común que tienen ambos útiles: el trabajo humano. Si hacer lápices cuesta el doble de tiempo de trabajo humano —esto tiene algunos matices en *El capital*—, el lápiz deberá costar en el mercado el doble que la lana.

Lo que observamos en el capitalismo es un cambio sustancial. Por un lado, el intercambio de las mercancías deja de estar determinado por el trabajo socialmente necesario para fabricarlas (es decir, ahora el lápiz no cuesta el doble que la lana), sino que, en la medida en que el empresario-capitalista busca su máximo beneficio, el precio de los objetos viene determinado por el interés de su máximo beneficio. En otras palabras, el precio de las cosas no refleja su valor (el trabajo socialmente necesario para producirlo); atiende, más bien, a parámetros basados en la explotación y la acumulación de capital. Por otro lado, y esto es especialmente evidente en la sociedad de consumo, no solo el valor de cambio ha quedado desligado del trabajo necesario, en su lugar el valor de uso ha sido modificado por el valor de cambio. Dicho de otra forma, el capitalismo no solo ha conseguido vender los productos por encima de su valor real, por encima del valor que cuesta producirlos, sino que además ha conseguido hacer parecer que el verdadero valor de un objeto es lo que cuesta; es decir, que si algo cuesta mucho es porque vale mucho. Como resume Hannah Arendt en su lectura de Marx: «También Marx aceptó esta terminología y [...] vio en el cambio de valor de uso por valor de cambio el pecado original del capitalismo».[2]

¿Qué implicaciones tiene en el amor este cambio de paradigma? Pues bien, con el componente desiderativo de los seres humanos ha ocurrido una transformación análoga en el capitalismo tardío. Los seres humanos con los que habitamos y convivimos se nos muestran bajo múltiples facetas y dimensiones; una de ellas es, sin duda, la del atractivo o interés corporal.[3] Llamamos capital erótico[4] al valor que tienen las personas cuando todas las facetas y dimensiones quedan reducidas meramente a su interés sexual y afectivo. Bajo esta reducción, la meta es la acumulación de estas características (cuantas más, mejor) que despiertan o activan este interés sexual y afectivo. De la misma forma en que el valor de los objetos deja de ser su uso y deja de estar medido por el trabajo que cuesta producirlos para, posteriormente, ser sustituidos por su precio en el mercado capitalista, el valor de las personas —cuyo cuerpo está mercantilizado— está cada vez más ligado a nuestra capacidad para cotizar alto en el mercado amoroso, en nuestra adecuación a la normatividad de los cuerpos, a nuestros éxitos amorosos, en fin, a nuestra capacidad para ser objetos de deseo para otros.

Este proceso está muy relacionado con la mercantilización de los cuerpos. En la medida en que los cuerpos devienen mercancías (objetos de consumo) en nuestro sistema económico y pueden acumularse, el capital erótico aparece como el valor de estos cuerpos. Dicho de otra forma, la mercantilización de los cuerpos corresponde al estatus material (ontológico, si se quiere) de los cuerpos en el capitalismo tardío. El capital erótico es, como consecuencia, la forma en que estos mismos cuerpos se *muestran* hacia el resto del mundo una vez mercantilizados. Los cuerpos, cuando están dominados por las reglas del mercado, se consumen, se acumulan, y su valor se mide en términos de capital erótico. En otras palabras, no queremos demonizar la capacidad de nuestros cuerpos de generar deseo, afectos, interés, etc., sino la absolutización de esta capacidad como la forma de valor (único) de nuestras personas, y la forma de convertirnos en objetos de consumo. Nuestra crítica se dirige al hecho de que el fin último (y único) de nuestros cuerpos sea la capacidad de generar deseo o afectos.

Para resumir, el capital erótico es el valor que muestran los cuerpos cuando están mercantilizados, cuando se reducen exclusivamente al consumo afectivo y sexual, cuando se anula el resto de dimensiones de nuestra humanidad. La valía de una persona no se halla ya en su interior o en sus habilidades, sino en su cotización en el mercado del amor, en su demanda, que aumenta su valor y, por tanto, su capital erótico. Como consecuencia de la mercantilización de los cuerpos y el capital erótico, Fromm hablaba incluso de un «mercado de la personalidad»[5] en el que se «demanda» un determinado tipo de personalidad.

De esta forma, una persona que no ha tenido relaciones con nadie puede ser vista con preocupación, intriga y cierto desprecio. «¿No se ha acostado con nadie y tiene 26 años? Algo pasa...», «¿No ha tenido novio todavía? Seguro que es rara». Nuestras relaciones nos valorizan y, por eso, debemos elegir bien los cuerpos que consumimos y las personas con las que nos relacionamos sexoafectivamente: «¿Por qué Silvia está con Javi si es mucho más guapa y puede aspirar a más?». Siempre gente guapa, siempre gente joven, el paradigma de persona valiosa es el modelo de lo atractivo, de lo que gusta, de lo que se demanda, de lo que triunfa en el amor. Además, y aquí entra en juego el asunto de la competición que desarrollaremos más adelante, el proceso de conocer a una persona de una forma sexoafectiva está rodeado de una serie de rituales donde operan todas estas lógicas que hemos ido explicando.

Una de estas lógicas es la competencia que se crea alrededor de un sujeto que resulta deseable, y que, precisamente por esta competencia, aumenta su grado de deseabilidad, su valor o capital erótico. Se sigue la lógica que opera en el mercado; una lógica que dictamina que cuanto más demandado es este bien o servicio, cuanta más gente quiere acceder a él, más valor tiene en el propio mercado, se revaloriza. Así que, cuanto más deseada resulte esta persona, que ligue mucho o que guste a muchas personas, más deseabilidad se creará en torno a esa persona (a la que resulta más difícil acceder por la cantidad de competencia que la rodea). Así, se convierte en una persona-lujo. De todas maneras, no es solo que cuanto más demandadas estamos, más valor tenemos en el mercado de los cuerpos a los que accedemos, sino que nuestro valor (capital erótico) también aumenta y disminuye en función del valor de la persona con la que nos relacionamos. Así, cuando estamos con el chico o la chica más deseados, y en torno al que se crea una gran competencia, sentimos que nuestro valor aumenta porque, si acaso hemos conseguido acceder a esa persona, eso aumenta también nuestro capital erótico, nuestro valor. Además, a través del proceso de desposesión de nuestros cuerpos y posesión del cuerpo ajeno, nuestro valor personal se ve definido por el grado de deseabilidad y atractivo del cuerpo ajeno (convertido en posesión propia).

El capital erótico, al menos durante los últimos años, se refuerza por una estructura material muy concreta, a saber, la de las redes sociales en general y la de Instagram en particular. Los perfiles personales se han convertido en escaparates valorados —en seguidores y en *likes*— donde uno se vende de la mejor forma moldeando su subjetividad-imagen. En Twitter, en cambio, la imagen da paso a la marca, como ya advirtió Foucault, y uno se abre un perfil para ser empresario de sí, promocionarse, darse a conocer, crear nombre, moldeando su subjetividad-marca. Aunque cada red social funcione de forma distinta, en todas ellas funcionan diferentes lógicas de creación y acumulación de capital erótico según lo que resulta atractivo o deseable en unos u otros círculos. Por ejemplo, en Twitter, parece que el mostrar una capacidad intelectual y cultural de forma constante y en todos los campos posibles es el equivalente a nuestra imagen corporal de Instagram (que en el último tiempo también parece operar en Twitter; cada vez se publican más fotos personales en esta red social). Así, todas estas características son las que conforman el valor (de cambio) que constituirá, también, el valor de cada persona en el mercado afectivo. Estas demandas resultan agotadoras, ya que nadie puede sostener ni mantener una imagen corporal de perfección respecto a los estándares de lo deseable ni puede, a su vez, mantener la imagen intelectual. Por no hablar de los ritmos frenéticos y la exigencia de corroborar de forma diaria ante tu público estas dotes que, al menos en imágenes o en *tweets*, posees.

La estructura material en la que se apoya el capital erótico provoca que en este fenómeno también haya una intersección entre amor y capital. Esto quiere decir que el fenómeno amoroso del capital erótico —según el cual una persona vale lo que vale su cuerpo, lo que este cotiza en el mercado afectivo— genera ganancia real y palpable a los capitalistas. Por una parte, ser atractivo y tener un gran capital erótico puede que se vea influido por las condiciones naturales —y es que nacemos en distintos puntos del espectro de la belleza y la fealdad—, pero el capitalismo ha centrado gran parte de su ganancia en hacernos creer (y en conseguir) que hay productos o servicios del mercado que pueden elevar este capital erótico.[6] Es el propio mercado a través del imaginario pop de nuestra cultura quien dictamina qué cuerpos o caras son deseables, qué características intelectuales o disposicionales lo son. Según un artículo de *Forbes* del 2020, la industria de la moda reúne a 75 millones de personas y mueve más de 2,2 billones de euros. En 2023, según las previsiones de *El economista,* la industria cosmética se acercará al billón de euros y la industria de la cirugía estética, con España a la cabeza, se acerca a los mil millones. Por otra parte, y en palabras de Illouz y Kaplan, este aumento de capital erótico que nos abre posibilidades a la hora de tener éxito en el mercado del amor, también nos lleva a ganar en confianza y autoestima, y esto mismo nos hace más empleables y funcionales.[7] Mientras nos mantenemos enganchadas a esa sustancia externa, que es el deseo de generar y aumentar nuestro capital erótico, seguimos siendo productivas y no somos conscientes de nuestro estado de alienación. Además, el capital erótico es utilizado en ciertos sectores como forma de aumentar su beneficio. Por ejemplo, el mundo de la publicidad utiliza en muchas ocasiones a personajes famosos atractivos, exitosos, deseables por un gran número de personas para generar el deseo de consumir su marca o producto. Asociamos esa marca o producto a esa persona que resulta deseable por tanta gente y a la que nos queremos parecer para resultar, también nosotras, deseables.

Recordemos lo crucial de la intersección: no solo nos comportamos como funciona el sistema, sino que haciéndolo, imitándole, le generamos dinero, beneficio y acumulación.

Por último, en esta sección analizamos los fenómenos que relacionan al amor con el capitalismo sin una mirada de género, pues lo desarrollaremos en la siguiente sección para ver las diferencias sustanciales entre uno y otro. Es importante señalar lo que no necesita señalamiento alguno: las mujeres sufren este capital erótico de una forma mucho más fuerte y opresiva que los hombres. La revista *Elle*, cuyo público es mayoritariamente femenino, publicaba el 28 de octubre de 2021 un artículo que se titulaba «10 cirugías estéticas eficaces que son tendencia»,[8] en donde se recogen las palabras de Javier Mato Ansorena, cirujano plástico, quien señala la democratización de las operaciones estéticas por el aumento de visibilización en redes sociales de mujeres que se someten a ellas. Asimismo, dice: «La cirugía estética ya no es un capricho, muchas personas la necesitan para sentirse bien consigo mismas y no se avergüenzan de ello, si existe algo que puede hacer que te quieras más y sientas confianza cuando te miras en el espejo, no hay por qué rechazarlo». En el artículo se mencionan y describen 10 de las cirugías más demandadas que, por supuesto, versan sobre el aumento de pecho, elevación de pecho o aumento de glúteo. Todo ello acompañado de fotografías de mujeres «perfectas», es decir, dirigidas a las mujeres como público de este tipo de servicios, a las que se bombardea con este tipo de mensajes-mandatos de cómo o en qué hemos de convertirnos para ser esos sujetos perfectos y deseables que el mercado demanda. Estos eslóganes siempre apelan a la liberación y emancipación de las mujeres que «se han liberado» de los prejuicios de las operaciones estéticas, y se presentan bajo la forma de «necesidad» creada desde y para el mercado, que supone enormes ganancias para el capitalista y acumulación de capital.

Entre finales de 2020 y principios de 2021, el aumento de las operaciones estéticas se disparaba desde un 20 % a un

60 % en función del tipo de operación estética, según *La Vanguardia*.[9] La Sociedad Internacional de Cirugía Plástica Estética (ISAPS), en su informe publicado antes de la pandemia con datos del año 2019, señalaba las operaciones de aumento de pecho como las más comunes, conformando el 15,8 % del total de cirugías. Por su parte, el ácido hialurónico, la eliminación de vello y la reducción de grasas no quirúrgicas eran tres de los procedimientos no quirúrgicos más destacados,[10] operaciones y procedimientos cuyo destinatario predominante son las mujeres. Al respecto, señala *Europa Press*, las mujeres representan el 87,4 % de las intervenciones estéticas frente a los hombres, que representan el 12,6 % del total en 2018.[11]

La competencia es uno de los elementos que forma parte de los ritos sobre los que se construyen nuestras relaciones de amor, siendo uno de esos elementos que conforman el valor de nuestros cuerpos y subjetividades. Así, el grado de competencia que genera una persona aumentará su capital erótico, ya que se traduce en términos de deseabilidad. Cuanto más deseable es una persona, más competencia genera a su alrededor, como pasa con cualquier producto del mercado.

Este atravesamiento entre lo molar (el capital y sus lógicas) en lo molecular (nuestras relaciones de amor, sus flujos y la construcción de nuestras subjetividades en torno a ello) es perfectamente palpable en aplicaciones como Tinder que, de manera muy elocuente, manejan una estructura similar a aplicaciones de compra-venta de productos como Wallapop: fotos para anunciar el objeto que se vende, un gran mercado de posibilidades para comparar precios, calidad, etc. Tinder no es, a diferencia de lo que se piensa, la causa de la mercantilización de los cuerpos; solo ha evidenciado una estructura capitalista presente en nuestras lógicas amorosas desde hace generaciones, es el espejo donde se muestra, de manera quizás más hiperbólica, el funcionamiento y las lógicas sobre las que están insertas y construidas nuestras relaciones de amor.

19
Competencia y lógica excluyente

¿Cómo se relacionan los cuerpos bajo el mandato del capital erótico? ¿Qué modos de relación imperan cuando los cuerpos se mercantilizan? Los de la competencia y la lógica excluyente. Y es que, en la medida que mi valía reside en mi capacidad para movilizar el deseo del otro (y su acumulación bajo la forma de capital erótico), y dado que este deseo se encuentra duramente educado bajo las reglas de la monogamia, tengo que competir —de una manera u otra— por ese deseo. En otras palabras, como en el marco de las relaciones monógamas solo nos podemos enamorar de una persona, tenemos que competir por ser *esa* persona de la que se enamoren. La única.

La competencia, además, es doble, pues tengo que competir para gustar, para acrecentar mi capital erótico y para resultar elegido en la competencia por la persona que perseguimos conseguir, para llevarme el premio de la pareja. Es decir, tengo que competir para gustar a muchas personas, pues así acumulo más capital erótico, pero también tengo que competir por ser la elegida de la persona de la que yo quiero ser pareja. Esta línea, donde en un lado se sitúa la lucha por ser la persona elegida y en el otro la lucha por conseguir a la persona que elijo, es bidireccional. Esto significa que ambos lados se retroalimentan: la persona que estoy eligiendo conquistar, en ocasiones, puede que sea porque es elegida (deseada) por muchas otras personas (alto capital erótico), y la lucha por ser la persona elegida pasa por aumentar mi capital erótico para ser más deseada (y esto se ve influido o aumentado en base a si consigo o no a esa persona deseada).

La competencia se relaciona con el capital erótico y, por ende, con nuestra valía personal: debemos competir porque nuestra valía reside en la jerarquía que ocupamos en la vida de los demás. Por ejemplo, cuando Vodafone se posiciona como el mejor operador de red móvil, se posiciona —precisamente— porque Movistar u Orange no lo son. La competencia se basa en la adquisición de cierto estatus a costa de otros a los que se les niega. Esto es, en realidad, la herencia del honor: unos tienen honor solo porque otros no lo tienen. De tenerlo todas, la estructura se viene abajo.

La competencia y su consecuente lógica excluyente no dependen únicamente de la estructura monógama. El que cada individuo solo pueda estar únicamente con una persona, que constituye esa posición exclusiva, recrudece la competición, pero esta seguiría existiendo bajo el marco de un deseo más plural. Es fácil, y a veces algunos discursos antimonógamos cometen este error, creer que la competencia a la que estamos sometidas en las relaciones amorosas (competencia análoga a la del libre mercado) desaparecería con relaciones más abiertas. Sin embargo, esto no es cierto por tres factores principalmente. El primer factor es que el deseo no es infinito y que, por tanto, es una dimensión relacional finita. El segundo factor es que nos gustan, las más de las veces y debido a los cánones, las mismas personas. El último es que, debido al carácter finito y limitado del tiempo, puede suceder que en estas relaciones más abiertas se destine la mayor parte del tiempo y los cuidados a unas personas antes que a otras. De aquí podrían emerger jerarquías y la necesidad de luchar por los puestos más altos de la pirámide. Dados estos factores, es evidente que el problema seguiría existiendo, aunque con menor presión competitiva.

En otro orden de cosas, decimos también que la competencia establece una lógica exclusivista porque mi elección no solo afecta a mi valía, sino también a la del resto hasta el punto de estar ambos aspectos conectados: mi valía aumenta al ser elegido por *sobre* otras, cuya valía disminuye. En el libre mercado, y desde la teoría económica liberal, la competencia es el elemento central del desarrollo en la sociedad, el elemento que potencia el progreso técnico-tecnológico. En otras palabras, para estas teorías, la existencia de la competencia es el factor que impulsa el esfuerzo de las personas en la producción de bienes y servicios (para producir cosas más baratas y vender más) y, por ende, el avance técnico de nuestra sociedad. Marx define la competencia como una de las leyes coercitivas externas e inmanentes del modo capitalista de producción y que «lo obligan a expandir continuamente su capital para conservarlo».[1] Sin competencia, se dice, no hay progreso porque no hay amenaza externa y, en consecuencia, no hay esfuerzo o intento de superación. Esta visión económica presupone una naturaleza egoísta e incluso «vaga» del ser humano, un ser que solo es capaz de aportar beneficio a la sociedad cuando está su propio bienestar en peligro porque se ve amenazado por agentes externos. El problema de la competencia es que no permite que haya sujetos que salgan de la propia lógica, ya que estar fuera de la lógica de la competencia conlleva estar fuera del libre mercado: *o lo tomas o lo dejas.*

Volviendo a las relaciones sexoafectivas, esta dinámica de competencia entra en claro conflicto con nuestra naturaleza interdependiente. Competimos con los mismos seres humanos que necesitamos, y nuestra valía se basa en lógicas excluyentes con la valía de las otras personas. Quizá esta tensión sea un síntoma de época, un malestar neurótico contemporáneo: la situación esquizoide que nos presiona para emparejarnos, mientras se nos repite que nadie nos va a querer como nosotros (entonces, ¿por qué emparejarnos?), la cultura del individuo y su libertad radical, en una sociedad hiperprecaria donde el vivir en común no es solo una necesidad moral, sino también material para poder sostener los altos costes de la vivienda y otras necesidades básicas.

¿Cuál es, entonces, el problema aquí? El problema de la competencia —y la lógica excluyente— no es únicamente la monogamia, pues ya hemos visto que el problema podría seguir existiendo en relaciones que se saliesen de las lógicas monógamas. El problema de fondo reside en la estructura ontológica fundamental que sustenta a la lógica en sí misma: la jerarquización.

Llamamos *jerarquización amorosa* a la forma de ordenar las relaciones que se basa principalmente en las siguientes características. En primer lugar, la jerarquización amorosa supone una ordenación cuantitativa: las relaciones se jerarquizan porque pueden ordenarse de más a menos importancia. Este hecho, que puede parecer trivial, presupone que la diferencia que habita en cada una de nosotras puede subsumirse en un sistema homogéneo —y común a todas— que nos ordena. De la misma forma en la que el mercado reduce la pluridimensionalidad de los objetos a su valor de cambio para, de esta manera, convertirlos en mercancía (homogeneizarlos) y, así, puedan ser intercambiados en el mercado, de la misma manera la jerarquía amorosa reduce a los seres humanos de los que nos rodeamos a su capital erótico. Al ser este capital erótico una suerte de medidor del valor de cada persona para el resto, en función de esta medida se organizará piramidalmente la posición de cada persona en la vida de uno. En el centro, en la cúspide de la jerarquía, como es obvio, la pareja, la relación amorosa-romántica. En otras palabras, la jerarquización amorosa es un sistema de clasificación según la distancia romántica a la que se encuentran de nosotros (donde primero está la pareja, luego los amigos, etc.).

Eva Illouz expresa esta idea de cómo el amor de pareja (monógamo) se construye bajo las lógicas de la exclusividad, como un sentimiento único y especial. Es esto lo que constituye la pareja y sin ese sentimiento se acostumbra a poner en duda la veracidad del vínculo amoroso, por ejemplo: «¿Te vas de viaje con tu mejor amiga y no con tu novia?», «¿Y no le molesta?», «¿No le hace sentir menos especial?», «¿Tienes relaciones sexuales con otras personas?, quizás no quieres a tu pareja».

La necesidad de que el amor romántico (el amor de pareja) sea diferente por carácter intrínseco deriva de las normas monogámicas, pero también se relaciona con otro fenómeno: si los límites entre el sentimiento romántico y las demás emociones son confusos, como en el caso de las «amistades amorosas», entonces se ve cuestionada la supuesta singularidad de ese sentimiento. Cuando uno pregunta si existe alguna diferencia entre el amor y la amistad, todo el mundo contesta sin vacilar que son sentimientos distintos y que deben serlo, aunque al mismo tiempo se afirme que la amistad es un ingrediente más del amor. A diferencia del amor, la amistad es un sentimiento que no se ve amenazado por tener más de un objeto. Así, las emociones románticas suelen considerarse «especiales», ya que se relacionan de manera directa con una sola persona y la separan del resto del mundo.[2]

Como consecuencia de lo anterior, otra característica fundamental de la *jerarquización amorosa* es la existencia de privilegios, derechos y deberes de uno respecto a las personas jerarquizadas. Por ejemplo, se considera una falta u ofensa irse de vacaciones con un amigo a solas, si no es por indisponibilidad de la pareja (o además de la pareja). Otro ejemplo de ello es el proceso de independizarse teniendo pareja. Lo normal es que no se comprenda que, si estás dentro de una relación de pareja, quieras mudarte en primer término con amigos y amigas. Parece uno de los privilegios (como las vacaciones, dormir juntos, pagarle la cena a otra persona porque quieres invitarla) reservados exclusivamente a la pareja.

Por otro lado, esta estructura jerárquica que vemos entre la pareja y las amigas se replica también en la amistad bajo los términos de «mejor amigo» o «mejor amiga». Ambas denominaciones llevan consigo una serie de obligaciones (deberes) y privilegios (derechos) que no se dan con las amigas comunes y que parecen estar en segunda posición en la jerarquía. La relevancia de ser responsables con los vínculos que creamos, es decir, la construcción de una relación (del tipo que sea) necesita de un tiempo y unos cuidados que, además, serán proporcionales al tipo de relación que estés creando. Ahora bien, el punto problemático es que el título de mejor amiga funciona de la misma manera y bajo las mismas lógicas que la pareja monógama, es decir, el propio término lleva consigo una serie de deberes y derechos que no se acuerdan, no se pactan conjuntamente, sino que se esperan *a priori* porque vienen implícitos en el *pack conceptual*.

Llegadas a este punto, es importante desechar una posible objeción a nuestra crítica de la jerarquía amorosa. La crítica podría decir que los seres humanos estamos insertos en estructuras axiológicas, que no andamos por el mundo indiferentes a los entes, sino que estos nos aparecen ordenados o resaltados por intereses, gustos, deseos, etc. Según esta crítica, la jerarquía amorosa no sería otra cosa que esta misma expresión de la naturaleza valorativa humana. De cara a contestar esta crítica, no debemos confundir la *jerarquía* con la *preferencia*. A diferencia de la jerarquía amorosa antes descrita, la preferencia es una jerarquía difusa, multimodal, multidimensional y, sobre todo, no estática y cerrada. Mientras que la preferencia es sustancial a nuestra naturaleza desiderativa —puesto que, como bien dice la crítica, no somos indiferentes al mundo ni a su expresión—, la jerarquía amorosa no lo es. Así como la preferencia es la expresión de las múltiples fuerzas desiderativas que nos atraviesan, la jerarquía amorosa supone una ordenación estática, una violencia hacia el mundo por reducirlo, como ya dijimos más arriba, a una escala homogénea desde la que comparar hechos cualitativamente distintos. En otras palabras, es natural en nosotros habitar un mundo atravesado por deseos y valoraciones, pero no es natural valorar los entes en un mismo sistema que los homogeniza para poder ordenarlos estrechamente. Además, parte de la responsabilidad que acarrea la construcción de vínculos amorosos (tanto de amistad como de pareja) lleva consigo la conciencia de nuestra finitud y la limitación temporal de nuestra existencia que, precisamente, es lo que nos lleva a elegir, decidir y preferir, pero no a jerarquizar estáticamente, fascistamente, como diría Deleuze.

Esta forma de relacionarnos, basada en la competencia y la lógica excluyente, tiene evidentes efectos en la subjetividad amorosa contemporánea. Al igual que las empresas se ven obligadas a competir por lo bajo para colocar en el mercado productos más baratos (y que así el usuario opte por su marca), las formas de relación basadas en la jerarquización amorosa —en cuyo núcleo están el capital erótico, la mercantilización de los cuerpos y demás fenómenos aquí descritos— crean un ambiente similar donde el Otro se ve siempre o como un potencial enemigo para mi pareja o como objeto que conseguir y por el que competir, para así aumentar el valor propio (capital erótico). En esta competición se funda nuestra subjetividad amorosa contemporánea.

Una de las principales consecuencias de esta forma de subjetividad amorosa basada en la competición por el lugar exclusivo son los celos. Este sentimiento deviene de una sensación de inseguridad, de falta de confianza en una misma o en la persona con la que tenemos una relación, que se convierte en una herramienta de control, pero que se asienta sobre la lógica de la *exclusividad*: «Quizás prefiere estar con otra chica más guapa y no conmigo», «¿Por qué está saliendo conmigo pudiendo haber elegido a cualquiera con mejor cuerpo o más listo?», «¿Y si se enamora de su mejor amigo y me deja de querer y me abandona?». Este control es una forma de poseer a la otra persona, de marcar tu posesión para que otras personas no puedan acceder a ella, no puedan quitártela. Los celos son una manifestación inconsciente, pulsional, de una sociedad jerárquica. Lo que resulta neurótico son las máximas morales sobre lo malos que son los celos y que señalan como culpable de una actitud *histérica* a la persona individual, en lugar de apuntar a la estructura sobre la que se asientan nuestras relaciones: un sistema monógamo que jerarquiza las relaciones, y donde la propia dimensión jerárquica se ramifica en competencia y lógica exclusivista.

Aunque somos bombardeadas diariamente por esas proclamas («¡Los celos son malos!»), es la manera más coherente de enfrentar el sistema en el que se construyen nuestras relaciones de amor. Por eso, parece una locura no sentir celos, pero también sentir muchos. Aun así, permanece muy enraizado el pensamiento de que sentir celos es signo de amor, lo que nos lleva a afirmar la asentada correlación entre posesión y amor: cuanto más quiero a alguien, más deseo poseerla. No querríamos caer en una valoración moral platónica de los celos. Los celos no están ni bien ni mal, pero son síntoma de la estructura enferma que atraviesa nuestras relaciones y que nos pone en aviso, como la fiebre cuando hay una infección.

En conclusión, siguiendo con la lectura marxiana, se reproduce la misma estructura en el mercado que en nuestras relaciones de amor: apariencia/esencia. Al igual que bajo la apariencia (la capa más superficial, la que vemos) del libre mercado con su lógica de la oferta y la demanda se esconde la esencia (la raíz, el epicentro) que es la desposesión de los resultados de nuestro trabajo y la acumulación de capital, detrás de la apariencia de la competencia y la exclusividad en las relaciones se esconde la mercantilización de los cuerpos (por una desposesión de nuestros propios cuerpos) y la acumulación de capital erótico. Una vez más vemos cómo las lógicas y la estructura del libre mercado se calca en la forma en la que construimos nuestras relaciones amorosas y las dinámicas sobre las que estas se construyen.

20
Primeros rizomas

Antes de cerrar este recorrido, queremos repasar algunos de los temas más importantes de esta travesía, recuperar discusiones que han atravesado distintos epígrafes y lanzarnos a pensar si se puede —o no— intuir algunos rizomas, por pequeños que estos sean, de otro horizonte afectivo.

En esta sección hemos mostrado no solo hasta qué punto las lógicas del capital y de nuestras relaciones sexoafectivas discurren paralelas en sus núcleos centrales, sino que hemos podido comprobar cómo en algunas ocasiones, como con la mercantilización de los cuerpos, existe un ámbito de realidad común a ambas lógicas. En otras palabras, en esta sección hemos mostrado no solo que el capitalismo se reproduce gracias a las similitudes moleculares que crea en nuestras subjetividades,[1] sino que también acumula capital y ganancia en el ámbito de las relaciones amorosas.

Una de las similitudes descubiertas entre ambas lógicas que queremos destacar en este resumen final es la idea de desposesión y falsa libertad. Como vimos en el apartado correspondiente, la condición de posibilidad del capitalismo es la desposesión del proletariado de los medios de producción. Solo cuando el proletariado no puede subsistir se ve obligado a vender su fuerza de trabajo a cualquier precio en un contrato «libre» con el empresario. Semejante falsa libertad encontramos en las relaciones sexoafectivas. La desposesión amorosa, si se puede llamar de esta forma, ocurre en un doble ámbito. En el ámbito ideal o cultural, la sociedad refuerza y centraliza el papel de la pareja. En el ámbito material, los precios del alquiler y los bajos salarios en nuestra sociedad dificultan unas veces, e impiden las que más, la posibilidad real, material, de establecer una vida en solitario.

Las lógicas amorosas también han puesto el beneficio y la acumulación como objetivo de sus dinámicas. De esta manera, se ha adoptado un lenguaje mercantil a la hora de estructurar la visión de la pareja. Un lenguaje que habla de beneficios, de compensarnos, de inversiones, de riesgos, de ofertas, de mercado, de gestionar, de listas de pros y contras, etc. El núcleo de nuestro análisis consistió en la traslación de la fórmula marxiana D-M-D' a la relación amorosa (cuyo correlato es su apuesta por el intercambio como fin de la misma).

Pero no solo encontramos en nuestro recorrido similitudes formales entre ambas lógicas, sino también coincidencias psicopolíticas. El elemento central de esta coincidencia es la fetichización. La fetichización de la mercancía según la teoría marxiana consiste en el fenómeno social o psíquico por el cual se dota de virtudes a los objetos fuera de su realidad material, mistificación que obvia y oculta la procedencia del objeto, esto es, su producción. Semejante fenómeno psicopolítico se indicó en el análisis de las relaciones amorosas. El amor, al menos en nuestro tiempo, aparece de una forma mística tal que recoge, cual significante cuasi vacío, la casi totalidad de nuestras pulsiones y deseos como individuos. Asimismo, las relaciones sexoafectivas se viven bajo un proceso de ocultamiento de los procesos de producción de las propias relaciones. Triunfa el espontaneísmo, la teoría del destino de los amantes y se obvia, con esta fetichización, el elemento central del amor: su ser-construido.

Otro punto fundamental es el de las similitudes entre amor y capital en el ámbito de la propiedad. La desposesión es un elemento central de la lógica capitalista, además de ser su condición de posibilidad. En las relaciones sexoafectivas, aparecen también fenómenos de desposesión que resultan clave para entender el devenir amoroso de una pareja. Sin embargo, hay ciertas diferencias con la desposesión material que vive la clase trabajadora. En la monogamia, uno es desposeído de su cuerpo, pero gana la posesión del cuerpo ajeno. Esta dialéctica poseedor-desposeído genera importantes fenómenos que ya hemos analizado. Este análisis no contempla la visión de género, no atiende a la imbricación del patriarcado. En la siguiente sección, veremos cómo el patriarcado desnivela la balanza y convierte a la mujer en la verdadera desposeída, pues pierde su cuerpo en la monogamia, pero no gana el del amante.

Sobre esta dialéctica poseedor-desposeído —en este juego de perder el cuerpo propio, pero ganar el de la pareja— se funda la exclusividad sexual que, además, está constituida como un derecho/obligación dentro del contrato tácito que se acepta cuando la relación monógama comienza. Desde el plano psicosexual, la concepción del deseo sobre la que se sustenta la monogamia supone una violencia específica (que aquí llamamos violencia epitímica) al deseo abierto, multipolar y multiforme de los seres humanos. Una forma de concebir las relaciones, la monogamia, que concibe el deseo como falta y la pareja como satisfacción (una forma muy similar en la que concibe el mercado y la sociedad de consumo el deseo).

Pero no solo la exclusividad sexual se funda sobre la dialéctica poseedor-desposeído. Ocurre lo mismo con la obligatoriedad sexual. Esta obligatoriedad se deriva lógicamente de tres premisas descubiertas en nuestro análisis: el hecho de que somos seres sexuados, que el cuerpo del otro me pertenece por el pacto monógamo y que, por este mismo pacto, no puedo satisfacer mi deseo con nadie más. El cuerpo de la pareja se ve, entonces, como un medio para mis fines sexuales, como un medio del que extraer beneficio y aliviar mis necesidades. Visión (extractivista) similar tiene el capitalismo respecto a la naturaleza. De esta situación derivan elementos psicológicos cotidianos en toda relación monógama: la frustración y el colapso.

Los paralelismos hasta aquí descritos dejaron paso a la intersección entre el amor y el capital que se da con la mercantilización de los cuerpos. Cuando pensamos este fenómeno, nos referimos no solo a que nos comportamos acorde a las premisas del capital, sino que hay espacios y ámbitos de la esfera amorosa que generan riqueza y acumulación de capital: aplicaciones de citas, San Valentín, las bodas, todo un complejo de formas a través de las cuales el capital monetiza nuestro amor.

Una vez los cuerpos son mercancías y entran a formar parte de la ruta de circulación del capital, la relación entre ellos cambia significativamente. A esta forma de relacionarse los cuerpos, una vez todas las facetas han desaparecido y estos se ven como meras mercancías, la llamamos capital erótico. La estructura material en la que se apoya el capital erótico provoca que en este fenómeno también haya una ganancia real y palpable para los capitalistas. Y es que el capitalismo ha centrado gran parte de su ganancia en hacernos creer (y en conseguir) que hay productos o servicios del mercado que pueden elevar este capital erótico y que necesitamos estos productos o servicios.

Por último, la relación entre cuerpos mediados por el capital erótico se basa, además, en una lógica regida por la competencia y la exclusividad. Como mi valía reside en mi capacidad para ser objeto de deseo del otro, y dado que este deseo se encuentra bajo las reglas de la monogamia, tengo que competir —de una manera u otra— por ese deseo, que resulta ser exclusivo. En otras palabras, como en el marco de las relaciones monógamas solo nos podemos enamorar de una persona, tenemos que competir por ser *esa* persona de la que se enamoren. De eso depende nuestra valía.

A lo largo de este análisis, aparecían caminos, senderos que invitaban a transitarlos. Formas del bosque interpretativo rápidas, quizá demasiado precoces, pero que surgían en el propio devenir analítico. De forma obediente, aunque a veces nos hayamos asomado, continuamos con nuestras intenciones y dejamos esos senderos de lado. Sin embargo, al término del viaje, echamos la vista atrás y sentimos la necesidad de ver si transitamos o no esos caminos. Nos referimos a la tentación analítica (presente en toda la sección) de generar una propuesta de relación afectiva en el marco de una subjetividad anticapitalista. Y es que, a medida que analizamos la relación entre amor y capital y como si del revés de una moneda se tratase, aparece la idea de arrancar de este mismo marco una propuesta más allá del diagnóstico que hemos hecho. En otras palabras, si en este diagnóstico tal elemento ocupaba un papel central, ¿por qué no pensar una forma de relación donde no lo ocupe? ¿No debemos proponer a la vez que analizamos? De esta forma, cuando se señala que una de las semejanzas del amor con el capital es que sitúan el intercambio (y por ende la ganancia) como fin en sí mismo, nos aventuramos al camino de la proposición afirmando que podríamos pensar en las relaciones «el intercambio de una forma menos restrictiva, impositiva y regulada, esto es, fuera de las lógicas del libre mercado». Señala Fromm[2] que los autómatas intercambian, no aman, y estamos aquí para alumbrar no un comercio más justo, sino nuevas formas de amar.[3]

Nos preguntamos ahora, con el tiempo a nuestro favor, sin la prisa del análisis, si merece la pena recorrer tal camino. La respuesta es un rotundo no. La tarea de crear otros mundos posibles, otras formas de vida posible, imaginarios y utopías que desbanquen la realidad naturalizada no puede realizarse desde el mismo marco que queremos combatir. No se trata simplemente de apuntalar a las no-monogamias desde la pura negatividad, como si imaginar el futuro poscapitalismo tuviera que nacer de lo que no es el capitalismo, pues beberíamos de las mismas premisas y fortaleceríamos el mismo marco que queremos derribar.

Por eso, y aunque sea tentador hacerlo, no podemos vencernos por la premura de caminos que nos llevan al mismo lugar. Plantear una nueva forma de relacionarnos basándonos en un papel diferente del intercambio (en vez de como fin en sí mismo, como medio para determinar una mayor felicidad de ambos) puede parecer un cambio radical, y ciertamente es un cambio, pero no deja de sustentarse todavía sobre el mismo marco economicista que queremos derribar. El punto que establece la diferencia radical está en entender que el capitalismo en su proceso de invasión que hace a todas las esferas de nuestra vida convierte nuestros cuerpos, nuestras relaciones, nuestros deseos e identidades en mercancías. Y, a pesar de que en las relaciones de pareja siempre hay reciprocidad, porque sin ella se rompería el vínculo (que siempre es bidireccional), no podemos entender los procesos amorosos en términos mercantiles, en términos de intercambio, sino que necesitamos partir de coordenadas distintas, de axiomas nuevos, de un lenguaje radicalmente distinto. A esa tarea hemos reservado la última sección de este libro. Aunque aquí se haya dado una definición *negativa* de otros *amores posibles* (a partir del rechazo de unos elementos particulares), eso no es condición suficiente para crear una propuesta *positiva* del mismo, pues necesitamos herramientas radicalmente diferentes.[4]

Antes de clausurar este apartado, y con ello esta segunda sección, y aprovechando estas primeras tentativas de pensar otras formas posibles de amar, creemos necesario apuntar los problemas que conlleva una mirada dicotómica de la realidad a la hora de pensar alternativas en el amor. Bajo esta visión dicotómica se entiende al amor de manera disyuntiva, esto es, *o* el amor como sentimiento-placer *o* el amor como actividad-labor (es decir, como práctica). Esta dicotomía intenta atrapar el amor y sus expresiones bajo ciertas formas unificadas y homogéneas y esto es, precisamente, de lo que estamos tratando de alejarnos.

En principio, no es negativo pensar el amor como labor[5] (que no como trabajo, que creemos que se distancia en cierta manera, aunque no radicalmente, de los tintes empresariales del concepto «trabajo»). Sin embargo, entendido de forma dicotómica, es decir, o el amor es placer o el amor es labor, nos puede conducir —en esta alternativa— a su perversión.

Bajo este esquema dicotómico se nos plantea, por un lado, la visión del amor como una *praxis*. Un amor que se distancia de la idea del amor como sentimiento y lo entiende como acción común y compromiso entre las personas insertas en ese vínculo y, por lo tanto, de su voluntad en movimiento para construir la relación de amor. Sin embargo, el problema aparece cuando su expresión máxima lleva a su perversión, es decir, a entender el amor como una empresa donde rige las leyes de la optimización, la productividad, la eficiencia, etc.

Por su parte, ante una idea de amor mercantilizado e imbricado en las lógicas del libre mercado, ya señaladas y tales como la competencia, exclusividad, obligatoriedad, etc., pareciese que plantear el amor como su absoluto contrario, el amor como placer, nos alejaría de este proceso por parte del capitalismo de invadir todos nuestros espacios a través de las lógicas mercantiles y fagocitar bajo sus fauces todo sendero que se dirija hacia otros horizontes (más emancipadores). El punto está en que la máxima (y única) expresión de esta idea de amor como placer conduce a su perversión. De esta manera, y a pesar de que el amor implica sentimiento y placer, el problema consiste en entender el amor *únicamente* como un sentimiento, que tan pronto se enciende pasionalmente como se apaga cuando esa pasión se desvanece. Leer el amor en clave de sentimiento nos lleva a una imagen del amor como un suceso incontrolable —«el amor no se puede predecir, simplemente se puede esperar a que nos cautive»,[6] resume Illouz—, como los sentimientos. Las relaciones de amor pueden devenir relaciones líquidas, de usar y tirar, consumo de cuerpos o convertir al otro en un objeto de satisfacción de mi deseo cuando la chispa del amor se apaga o, incluso, justificar ciertas violencias en la condición de no-control del amor como sentimiento pasional que nos arrastra.

¿Por qué suceden las formas *perversas* de ambas maneras o caminos de entender el amor? Es consecuencia de interpretar las relaciones de amor de forma disyuntiva: o esto o aquello. Estas formas perversas son la consecuencia, precisamente, de leer las relaciones de amor de una única y misma forma, y establecerla como el modelo único hacia el que caminar. El problema que trae la homogeneización de las maneras de relacionarnos en el amor es que dinamitan la diferencia, diversidad y la alteridad, y, así, resulta más fácil caer en formas y lecturas mercantiles, desde donde el sistema capitalista se sigue reproduciendo y desactiva todo aquello que potencialmente pueda salirse de sus lógicas.

En su lugar, es más adecuado comprender el amor de manera integral, tratando de no caer en sus formas perversas, pero sabiendo que el amor implica acción y compromiso a su vez que sentimiento y placer. Esto, por el contrario, no significa que todas las expresiones de amor en su diversidad sean igual de deseables y emancipatorias o que, acaso, no haya expresiones o lógicas condenables. Justamente en esta sección hemos tratado de señalar lógicas que merman nuestra autonomía; en la siguiente sección, nos enfocaremos en expresiones de amor condenables a las que conducen estas lógicas que atraviesan de manera distinta a las mujeres que a los hombres; y en la última sección nos centraremos en pensar caminos, sendas o mesetas que transitar, atravesar, para crear relaciones de amor que nos conduzcan a una mayor autonomía y nos emancipen individual y colectivamente.

III
AMOR Y PATRIARCADO

21
Por supuesto, amor y patriarcado

> No hay cuestionamiento teórico-conceptual del amor que no comprometa de alguna manera el ser mujer.
>
> MARI LUZ ESTEBAN[1]

> ¿Es que hemos [las mujeres] de liberarnos del amor?
>
> SHULAMITH FIRESTONE[2]

En la sección anterior, analizamos las alianzas entre el amor y el capital. Hemos visto cómo el amor —siempre estudiado a través de las prácticas amorosas— ha devenido históricamente en un negocio y, lo que es incluso más preocupante, cómo el amor sirve de mecanismo replicativo para la subjetividad capitalista. El objetivo ahora es continuar nuestro análisis micropolítico, ese estudio que analiza el entrelazamiento de lo molar y lo molecular, pero esta vez cambiando el sistema de dominación. En esta sección, el estudio micropolítico consistirá en el análisis de las relaciones sexoafectivas —heterosexuales[3]— y su imbricación con el patriarcado. Antes de proceder a tal análisis, y siguiendo el mismo modelo formal de la sección anterior, nos gustaría justificar nuestro objeto de estudio: ¿tiene sentido una investigación filosófica y política en este sentido? ¿Es que acaso hay relación, debemos preguntar antes de comenzar, entre el amor y el patriarcado?

Si recordamos lo expuesto en la sección anterior, las relaciones entre amor y capital no eran evidentes. De hecho, contaban con la oposición de los marxistas más ortodoxos —que creen que el sistema capitalista era pura y llanamente un sistema económico— y la oposición de los reaccionarios más liberales —que creen que el sujeto es libre y que el amor nace de esta libertad, nunca de una opresión—. La argumentación consistió en probar los prejuicios que ambos sectores arrastran y en mostrar que nuestra forma de amar y el capitalismo se entrelazan en diferentes puntos. En lo que refiere al patriarcado, a diferencia de lo que sucedía con el capitalismo, sus relaciones con el amor son, o eso parece, mucho más evidentes. Tanto incluso que esta justificación del estudio no puede más que sonar de Perogrullo a las mujeres que lean este libro. ¿Cómo puede alguien dudar de que el patriarcado recorre las venas de nuestro amor?

El motivo principal, creemos, es que el patriarcado y el capitalismo difieren sustancialmente en su matriz de dominación. La dificultad con el capitalismo estriba en justificar dos puntos problemáticos. En primer lugar, cómo es que un sistema de dominación esencialmente económico excede su ámbito y coloniza otras esferas de los seres humanos, en este caso el amor, y por qué lo hace. La segunda dificultad yace en determinar los efectos abruptos de la llegada del capitalismo a una dimensión humana anterior a su génesis. En otras palabras, la segunda dificultad consiste en determinar los efectos de la irrupción de un sistema —y su modelo— en un ámbito, el de las relaciones sexoafectivas, que arrastra miles de años de inercia.

La aparente facilidad para justificar el estudio entre el patriarcado y el amor reside en la desaparición de sendos puntos problemáticos. Por un lado, el patriarcado es, probablemente, el sistema de dominación actual más longevo del que se tenga constancia. Como señala la célebre historiadora Gerda Lerner en su libro *El origen del patriarcado*:

> El período de «establecimiento del patriarcado» no fue un «evento», sino un proceso que se desarrolló durante un período de cerca de 2500 años, desde aproximadamente el 3100 a. C. hasta el 600 a. C. Ocurrió incluso en el Antiguo Oriente Próximo, donde se produjo a diferentes ritmos y en diferentes momentos de las distintas sociedades.[4]

El patriarcado, a diferencia del capitalismo, no irrumpe en el amor cuando este lleva milenios acaeciendo, sino que más bien, o esa impresión da, lo acompaña desde hace decenas de siglos. En fin, cuando el capitalismo despertó, el patriarcado ya estaba ahí.

Por otro lado, y respecto al segundo punto problemático, el patriarcado no es un sistema de dominación puramente económico que solo en su última etapa ha colonizado la subjetividad y los cuerpos (como sí ha ocurrido en el capitalismo).[5] Más bien todo lo contrario: el patriarcado es un sistema de dominación de los cuerpos disidentes (en este caso de las mujeres) y para ello ha colonizado todas las esferas de la vida: las instituciones, el sistema económico, etc. Al menos, esta es la opinión de las teóricas feministas argentinas Lucrecia Vacca y Florencia Coppolecchia, quienes, en su *Crítica feminista al derecho*,[6] hablan del patriarcado como un sistema de dominación que «institucionaliza» un poder y una dominación basados ambos en técnicas de sujeción de los cuerpos. Es decir, y a diferencia del movimiento capitalista, el patriarcado no coloniza la esfera privada desde el dominio de lo macro, sino que instaura todo un régimen de poder que nace desde el dominio sobre los cuerpos de las mujeres. Con razón se preguntaba Anna G. Jónasdóttir *what kind of power is «love power»?*[7] Evidentemente, un poder patriarcal.

Ambos puntos —la longevidad del patriarcado y su movimiento desde lo corporal hasta la institucionalización— se entrelazan en un hito que creemos fundamental para la justificación de este estudio: la división sexual del trabajo. La división sexual del trabajo consiste en la división de las tareas (re)productivas bajo un criterio puramente de género: las mujeres quedan relegadas al cuidado del hogar y a la reproducción de los hijos, mientras que los hombres realizan los trabajos netamente productivos. De esta manera, el control sobre el cuerpo de las mujeres se consolida al relegarlas al espacio privado, a la casa, y a la función de cuidados y reproducción. Ambas tareas, cuidados y reproducción, justificadas bajo la *ideología del amor*. En palabras de Firestone: «las mujeres no tenían ninguna necesidad de pintar grandes cuadros porque ya creaban a sus hijos [...] las mujeres no crean cultura, porque están preocupadas por el amor».[8] Así, los hombres ocupan el espacio público con sus dos consecuencias más obvias: acaparan los puestos de poder políticos y tienen el poder económico al copar los puestos de trabajo productivos. Algunas autoras de renombre, como la catedrática en estudios de economía y género Lourdes Benería, sostienen que esta división/dominación se apoyó[9] en el papel central de las mujeres en la reproducción biológica:

> A pesar de ello [de la reproducción biológica] la mayoría de las sociedades ha asignado universalmente a la mujer otros dos aspectos fundamentales de la reproducción de la fuerza de trabajo, a saber, el cuidado de los hijos y el conjunto de actividades relacionadas con el mantenimiento cotidiano de la familia. *Esta asignación se deriva del control ejercido sobre las actividades reproductivas de las mujeres*, y sobre todo sobre su sexualidad, control que reduce movilidad y hace del hogar su centro primario de actividad.[10]

Este proceso de dominación del cuerpo de las mujeres, que está en la base de la división sexual del trabajo, explica diversos procesos de adaptación del patriarcado a distintos momentos históricos. Un ejemplo de ello fue «la transición del capitalismo».[11] Según Silvia Federici, «este proceso requirió la transformación del cuerpo en una máquina de trabajo y el sometimiento de las mujeres para la reproducción de la fuerza de trabajo».[12] Así, el paso del feudalismo al capitalismo, según la tesis de Federici, no habría sido posible sin el control del cuerpo de las mujeres que ya tenía el patriarcado. La acumulación originaria se llevó a cabo a través de los famosos procesos de cercamiento (*enclosures*) y potenciando el rol de la mujer en el hogar para realizar todos los trabajos reproductivos no-remunerados. Estos se consideraron parte de la serie de obligaciones que conllevaba la pervivencia de la estructura familiar y que recaían en la mujer. Así, el capitalismo necesitó de la alianza con el patriarcado para desarrollarse plenamente:

> [...] La importancia económica de la reproducción de la mano de obra llevada a cabo en el hogar, y su función en la acumulación del capital, se hicieron invisibles, confundiéndose con una vocación natural y designándose como «trabajo de mujeres» [...] la separación entre producción y reproducción creó una clase de mujeres proletarias que estaban tan desposeídas como los hombres, pero a diferencia de sus parientes masculinos, la acumulación de trabajo y la degradación de las mujeres en una sociedad que estaba cada vez más monetarizada, casi no tenían acceso a los salarios, siendo forzadas así a la condición de una pobreza crónica, la dependencia económica y la invisibilidad como trabajadoras.[13]

Pero ¿cómo se mantuvo esta opresión? Ya hemos visto que ha sido clave en distintos procesos históricos como la instauración del capitalismo, pero ¿bajo qué condiciones subjetivas se justificó tal dominio? En otras palabras, dado que los sistemas de dominación no operan constantemente bajo la represión violenta, sino que necesitan crear una serie de *superestructuras* o *subjetividades* que sostengan sin violencia la dominación, ¿cuáles fueron en el caso del patriarcado? En este caso, la ideología que se usó para completar esta dominación fue el amor.

Así, allí donde los trabajos reproductivos y de cuidados eran siempre tarea de la mujer (relegada a este ámbito), el amor (perteneciente al ámbito privado) edulcoraba estas obligaciones. Los cuidados físicos y reproductivos se amplían, bajo el paraguas del amor, a los cuidados afectivos y sexuales (muchas veces una verdadera obligación para las mujeres). De esta manera, el amor, bajo la forma de relación de pareja/matrimonio, se convirtió desde sus inicios en el lugar principal donde ocurrían las violencias, opresiones y dominación a la mujer. El amor ha sido el centro de realización de la mujer según el patriarcado, el punto exacto donde la dominación se ha hecho más dulce. La familia, y los trabajos reproductivos a ella asociados, han sido el sostén de la sociedad. Un sostén invisibilizado bajo la ideología del amor y con la conveniencia del capitalismo que los relegó al ámbito no-remunerado.

De esta forma, el amor aparece como el elemento clave de la vida privada de la mujer. Esto permitió aunar y justificar las diversas aristas de la opresión: amar es cuidar, la buena mujer es la que ama a sus hijos, amar es obedecer. Así, el amor ha funcionado tradicionalmente como una ideología más opresora que liberadora, sobre todo para las mujeres. Más que «el amor todo lo puede», deberemos decir «el amor a todas nos ata». Este uso del amor como lavado de cara de la opresión patriarcal alcanza el cenit con la aspiración de la *buena mujer*. La buena mujer en el patriarcado es la que ama, la que ama bien, sin límites, siempre «a pesar de». Pero ¿qué amor es este? El amor, por supuesto, en su tríada represora: amor-sumisión, amor-reproducción, amor-sacrificio. Un amor siempre unidireccional, de la mujer al hombre, donde la mujer ha de cumplir con ciertas obligaciones asociadas al contrato amoroso. De esta forma, el patriarcado convierte al amor en la cadena deseada, en la forma más fácil de unificar una opresión harto compleja (laboral, política, sexual, [re]productiva). Todo cobra sentido, dice el patriarcado, si se hace por amor. En este sentido es muy elocuente la respuesta que dio Kate Millet a Lidia Falcón cuando esta, en 1984, le preguntó qué ha supuesto el amor en su vida:

> Ha significado gran parte de mi vida. Conozco el amor heterosexual y el homosexual, y como lesbiana he conocido la persecución, la maledicencia y el maltrato. El amor ha sido el opio de las mujeres, como la religión el de las masas. Mientras nosotras amábamos, los hombres gobernaban. Tal vez no se trate de que el amor en sí sea malo, sino de la manera en que se

> empleó para engatusar a la mujer y hacerla dependiente, en todos los sentidos. Entre seres libres es otra cosa.[14]

La opresión amorosa que han sufrido las mujeres a lo largo de la historia enraíza fuertemente con la visión patriarcal de las mismas como *sujetos emocionales* por oposición al varón racional. Esta dicotomía se enlaza con otras muchas divisiones como trabajo/cuidados o exterior/interior que recorren paralela la división patriarcal hombre/mujer. Por tanto, una visión crítica del amor, como la que queremos adoptar en este libro, necesita:

> Desenmascarar esa asociación que se establece entre emociones y amor, por un lado, y asignación a las mujeres del trabajo de cuidar, basada en el hecho de que sean consideradas seres emocionales en mayor medida que los hombres, por el otro.[15]

En resumen, nos hallamos entonces ante un sistema de dominación, el patriarcal, que coloniza los cuerpos no como mero movimiento contingente o histórico (como ocurre con el capitalismo), sino como centro mismo de su dominación. Dentro de esta dominación, la ideología usada para justificar a las oprimidas una serie de roles, comportamientos y funciones sociales subalternas ha sido el amor. El motivo de esto es que el amor naturaliza el componente emocional de las mujeres (versus el supuestamente racional de los hombres) y que, además, permite una fácil justificación de la mujer en el hogar (de la buena mujer a la buena esposa) y en la crianza (de la buena esposa a la buena madre). En esta sección, por tanto, demostraremos cómo todos los aspectos de la subjetividad capitalista-amorosa no son iguales para los dos género, sino que —a través de la imprescindible alianza entre patriarcado y capitalismo— las mujeres experimentan una diferencia sustancial respecto a los hombres en el negocio del amor. Para ellas el amor no es un negocio, es una estafa.

22
Amor y feminismos

A diferencia de la relación entre amor y capitalismo por parte de los marxistas, el componente patriarcal de nuestras relaciones sexoafectivas ha sido objeto de estudio por parte del feminismo durante las últimas décadas de forma intensiva. Por este motivo, y a diferencia de la sección anterior, añadiremos este apartado introductorio que muestre no tanto las distintas propuestas sobre el tema, pues excede con creces el espacio que nos podemos permitir, sino algunos *puntos de problematización* por parte de los diversos feminismos en lo que al amor se refiere. Es decir, en lugar de presentar todas y cada una de las propuestas feministas sobre las relaciones sexoafectivas y su relación con el patriarcado, señalaremos los elementos en los que han puesto el foco algunas de estas propuestas.

Uno de los elementos de la constelación amorosa que más atención ha recibido desde diversos sectores feministas ha sido la familia. Aunque puede parecer algo ajeno a las relaciones sexoafectivas, durante siglos la familia se ha concebido como el desenlace natural del amor y la pareja sin hijos ha sido igualmente concebida como un estadio incompleto de cualquier relación amorosa. Tradicionalmente, entonces, la familia ha sido vista como la estructura social natural del amor.[1]

La problematización de la familia podemos rastrearlas, al menos de forma lateral, en el siglo XIX y desde ambientes no explícitamente feministas. En el *Manifiesto comunista*, de Marx y Engels, leemos:

> ¡Abolición de la familia! Incluso los más radicales se indignan ante este infame propósito de los comunistas. ¿En qué se basa la familia actual, la familia burguesa? En el capital, en la ganancia privada. En su forma completamente desarrollada, existe solo para la burguesía; pero encuentra su complemento en la forzada carencia de familia de los proletarios y en la prostitución pública.[2]

Esta problematización de la familia como espacio político tiene su fundamento en la crítica anticapitalista y no se realiza desde marcos puramente feministas. Habrá que esperar a autoras como Alexandra Kollontai para una tematización propia de la situación de la mujer (obrera, eso sí) en el seno de la familia. Heredera de la crítica marxista, y con un horizonte más propositivo, Alexandra Kollontai decía en 1920:

> La mujer que toma la lucha de la liberación de la clase trabajadora debe entender que ya no hay lugar para esa actitud de propiedad que dice: estos son mis hijos, les debo mi solicitud maternal y afecto, estos son tus hijos, no me preocupan y no me importa si pasan hambre o frío, no tengo tiempo para otros niños.[3]

Esta primera crítica, nacida en el seno del feminismo socialista, apunta principalmente al carácter represivo de la familia dentro de un orden político determinado (la familia actual como elemento del universo burgués, necesario para su reproducción) y su fundamentación en los lazos biológicos (igual de exclusivos y problemáticos, al menos para Kollontai, que la propiedad privada).

Ha sido en el siglo XX, especialmente en su segunda mitad, cuando esta problematización se ha generalizado como un tema crucial del análisis feminista. Desde los análisis sobre la angustia cotidiana de la mujer en el hogar de Betty Friedan hasta la Hermandad de las Madres Solteras, pasando por las Chiclanas Feministas. En nuestros días, la escritora más interesante probablemente para esta problematización quizá sea Sophie Lewis, quien a través de un análisis de la gestación subrogada[4] ha armado toda una teorización sobre la familia como problema político. En su libro *Full Surrogacy Now. Feminism against family,* Lewis afirma:

> Durante muchas décadas, las estudiosas de la historia feminista han tenido un amplio acceso a los archivos, tanto en el arte como en la burocracia, registrando el tipo de experiencias que la costumbre de vivir en hogares privados junto con parientes naturales ha generado para la humanidad en general. La enorme historia de los llamados bioparientes «sin ayuda» proporciona estadísticas, poemas, canciones, panfletos y novelas que detallan la incomodidad, la coerción, el acoso, el abuso, la humillación, la depresión, la agresión, el asesinato, la mutilación, la soledad, el chantaje, el agotamiento, la psicosis, la opresión de género, la segregación racial y el aburguesamiento. La familia privada es la sede de todo esto.[5]

Su propuesta no se basa en destruir la familia, sino en destruir la familia nuclear cimentada en la propiedad biológica y en la opresión de la mujer. No abolir la familia, sino *esta* familia. Afirma a este respecto: «Me parece bien volver a la idea de que los niños no pertenecen a nadie».[6] En cambio, Firestone, pensadora enmarcada dentro del feminismo radical, que comparte con Lewis la lectura del matrimonio como lugar donde se reproducen opresiones y violencias, sí que propone acabar con esta institución. Según Firestone, solo pensando diferentes alternativas fuera del matrimonio podremos liberarnos de las cadenas opresivas que se sitúan en la base de esta institución:

> Mientras mantengamos la institución, tendremos en su base las circunstancias opresivas. Necesitamos empezar a hablar acerca de nuevas alternativas que satisfagan las necesidades emocionales y psíquicas que el matrimonio —a pesar de su arcaísmo— satisface, pero que ellas [las alternativas] satisfarían mejor.[7]

Otro de los componentes de las relaciones sexoafectivas que ha sido cuestionado por el feminismo es la práctica sexual. Esta ha sido problematizada desde diversos ámbitos: desde el sometimiento histórico de las mujeres hacia los hombres en el enorme historial de abusos y violaciones que estos han ejercido sobre ellas hasta el señalamiento de que incluso el sexo «libre» o «consentido»[8] es un sexo profundamente patriarcal.[9] El objetivo de las distintas teorizaciones feministas pasa por construir prácticas sexuales que constituyan para la mujer un lugar de goce, de placer, de disfrute, en definitiva, de nuestro deseo silenciado y estigmatizado a lo largo de la historia. Siguiendo a Clara Serra:

> Reivindicar el deseo no supone ir más allá del consentimiento. No debería. Deberíamos conservar ambas cosas y, de hecho, conservar la posibilidad de distinguirlas, de que no coincidan entre sí o, incluso, de que se opongan. Porque el patriarcado ha anulado y censurado los *deseos* de las mujeres, pero también —incluso diría que prioritariamente— ha anulado la *voluntad* de las mujeres.[10]

Atender el deseo de las mujeres pasa por crear el espacio para que, no solo podamos expresarlo libremente, sino que —como bien señala Luna Miguel en la charla titulada *Deseo, consentimiento y poliamor*—[11] podamos aprender sobre él, conocerlo, entender qué prácticas deseamos y cuáles no, qué nos da placer y qué no. Solo de esta forma, explorando nuestro deseo, podemos consentir y reconocer el consentimiento en la otra persona.

Fue sin duda Kate Millet quien, en su *Política sexual*, terminó de poner en el centro del análisis feminista las prácticas sexuales. «El sexo reviste un carácter político que, las más de las veces, suele pasar inadvertido», dice en el prefacio.[12] Gracias a estos análisis de la segunda mitad del siglo pasado, aprendimos que el patriarcado se sostiene fundamentalmente a través de toda una serie de prácticas corporales que se traducen en una opresión de los cuerpos y deseos de las mujeres. Para poder comprender mejor el carácter represivo de estas prácticas, es necesario pensarlas como sustentos simbólicos de horizontes de valoración profundamente masculinos. Esta es la postura de Pierre Bourdieu, que en *La dominación masculina* muestra que la dominación patriarcal sucede, además, gracias a todo un sistema de percepción dominante y a la aceptación de dicho universo simbólico por parte de las dominadas. Así, «las mujeres pueden apoyarse en los esquemas de percepción dominantes (alto/bajo, duro/blando, recto/curvo, seco/ húmedo, etc.), que les conducen a concebir una representación muy negativa de su propio sexo»[13] al ligar todas esas dicotomías al binomio patriarcal hombre(superior)/mujer(inferior). En otras palabras, las mujeres leen el mundo desde los modelos perceptivos masculinos y el binarismo patriarcal que asocia los polos negativos de las oposiciones a las mujeres.

En este sentido, no es de extrañar la crítica reciente al coitocentrismo. No es una práctica sexual concreta, sino un paradigma sexual que concibe a la penetración como núcleo y fundamento del sexo, alrededor del cual gira toda la práctica sexual. El resto de prácticas son meros *preliminares* y seguirán un orden de escala (masturbación, sexo oral y penetración) que culmina con el orgasmo (masculino) en la penetración. Una vez el hombre se corre, su pene deja de funcionar, la penetración es inviable y el sexo se acaba. El hombre es, bajo este paradigma, el sujeto sexual, y la mujer, su objeto. El coitocentrismo tiene muchas y muy variadas implicaciones que localizamos en los prejuicios patriarcales más arraigados: el sexo entre lesbianas es naturalmente incompleto (por faltar la penetración de un pene) o que el paso de una vida sin actividad sexual a una vida sexual (la famosa pérdida de la virginidad) venga marcado por la penetración, entre otras.

Pero no ha habido en el feminismo únicamente una crítica negativa al sexo en su modalidad patriarcal. Ha habido, además, todo un feminismo, llamado en algunos lugares feminismo del goce, que no pone en el centro de la acción feminista una vida sin sexo-patriarcal, sino un sexo-otro, un sexo-feminista, liberador, emancipador. Un feminismo propositivo en el ámbito sexual. Un sexo que, y esta es la postura de la teórica feminista Luciana Parker,[14] ubique en el centro el placer por mor del placer mismo, en vez de la enseñanza patriarcal que ha dictado a las mujeres que no hay placer gratuito y que este conlleva, de una u otra manera, algún tipo de sufrimiento (desde las penetraciones hasta la relación amorosa, este mantra es fundamental en el amor patriarcal) o deuda, esto es, que el sexo para nosotras exista exclusivamente en tanto herramienta dirigida a la satisfacción del hombre. Este feminismo, le confesaba Luciana Parker a la periodista Luisa Fernanda Gómez[15] en una entrevista, es profundamente latinoamericano, un feminismo que goza con los cuerpos, que vibra con la música, que se contrapone al puritanismo y al punitivismo de cierto feminismo norteamericano.[16]

La crítica al coitocentrismo supone, en el fondo, un señalamiento del amor heterosexual como único amor válido (o, al menos, el más válido). En este sentido, parte del feminismo ha teorizado y señalado la *normatividad heterosexual del patriarcado* (acuñando el término *heteropatriarcado*). Dentro de las distintas autoras y corrientes que se han encargado del tema, destaca lo que se ha llamado el *lesbianismo político*. Beatriz Gimeno es la pensadora más importante del lesbianismo político en España. En la ponencia pronunciada en las I Jornadas de Políticas Lésbicas de la FELGTB,[17] puntualizaba que «el lesbianismo no es solo una manera de vivir la sexualidad [...] puede ser también una opción política o vital».[18] La confrontación que hace el lesbianismo político no es a la heterosexualidad, sino a la obligatoriedad de ella como régimen sexual donde el poder se distribuye de manera desigual y donde el hombre opera como dominador y la mujer como dominada. Así, el lesbianismo (político) es una decisión libre de decir «no» a esa opresión impuesta por el patriarcado a través de la heterosexualidad. De esta manera, dice Gimeno, cualquier mujer puede ser lesbiana como una forma de elección basada en la voluntad propia, y cuya elección reeducará un deseo que se ha construido social y relacionalmente a través de imposiciones patriarcales y desde una mirada masculina. «Se puede desarrollar un deseo sexual homosexual y una identidad lésbica a partir de la voluntad de vincularse con mujeres y no con hombres».[19] Además, añade que el lesbianismo no tiene que ver con acostarse con mujeres, sino con la elección de vincularse con mujeres y no con hombres.

Algunas autoras señalan que, al plantear la opción del lesbianismo político como una elección que resulta liberadora y emancipadora para las mujeres de la opresión —que supone la relación afectivo-sexual con los hombres—, podríamos caer en cierta bifobia, al entenderla como una opción no tan emancipadora y liberadora. En otras palabras, al entenderla como una opción a medio camino y pecar de una demonización completa de la pareja heterosexual.[20]

Por último, otro de los elementos que los distintos feminismos han problematizado es la separación tajante entre amistad y relaciones sexoafectivas. Clásicamente han sido tratadas como realidades separadas, pero en los últimos años esta distancia se está cuestionando. En esta línea, cabe destacar la anarquía relacional, donde esta frontera se diluye, porque no existen límites y diferencias relacionales que sitúen en un lugar diferente a una amiga o a una amante. En su *Breve manifiesto instructivo para la anarquía relacional,* Andie Nordgren señala varios puntos en los que se basa la anarquía relacional. Primero pone en duda la idea de que el amor es limitado. Como decía la frase de Shakespeare que citamos en la segunda sección: «Mi amor tan profundo; cuanto más te doy, más tengo, pues ambos son infinitos». Además, cuestiona la jerarquización de las relaciones donde la pareja tiene el lugar reservado y privilegiado, donde destinamos la mayor parte de nuestro amor, cuidados y tiempo, «no es necesario declarar que una persona es "primaria" en tu vida»;[21]

y propone liberarnos de los derechos y obligaciones y, en su lugar, basar nuestras relaciones en el respeto mutuo y dejando espacio a la «libertad de ser espontáneo». La base de esta forma relacional es la comunicación y la capacidad de crear pactos personales con las personas involucradas en la relación, tratando de no caer en aceptar los pactos «por defecto», es decir, los que aceptamos de forma inercial cuando establecemos una relación y en función de cómo la categoricemos.

Desde ciertos activismos no-monógamos se incluye la anarquía relacional dentro del paraguas del poliamor, aunque otros se encargan de señalar sus diferencias explícitas, ya que la anarquía relacional rompe con las categorías que otras formas de no-monogamia siguen conservando. La propuesta que hace Vasallo en *Pensamiento monógamo, terror poliamoroso* resulta cercana a esta idea de la anarquía relacional de romper con la jerarquización del sistema monógamo. Preferimos hablar de no-monogamias, puesto que «la palabra *poliamor* remite por su etimología a considerar a varias personas involucradas, y desde mi punto de vista, no es necesario ni siquiera tener pareja para vivir la disidencia amorosa; y, por otro lado, porque el concepto de poliamor hace referencia directa y exclusiva al vínculo amoroso, y para mí ese vínculo puede ser también erótico y/o sexual sin ser, necesariamente, amoroso».[22]

Hemos intentado trazar un mapa muy somero para dar cuenta de las diferentes problematizaciones sobre el amor que encontramos dentro de los feminismos. A través de este recorrido, hemos visto algunos puntos a través de los cuales el amor puede convertirse en un aparato de represión y dominación hacia las mujeres. A continuación, delinearemos nuestro análisis a partir de las conclusiones de la segunda sección. Es decir, se partirá de las relaciones analizadas entre amor y capital prestando especial atención a cómo atraviesa de forma diferente esta relación a las mujeres, es decir, desde una perspectiva de género.

23
Centralidad de la pareja y falsa libertad

En el apartado análogo de la sección anterior, «Relaciones, contrato y falsa libertad», se manifiestan algunos paralelismos entre el capitalismo y las relaciones sexoafectivas. Las conclusiones a las que arribamos en ese apartado se pueden resumir en los siguientes puntos:

- Tanto las relaciones amorosas como las laborales operan explícitamente como relaciones contractuales.
- La formalización de las relaciones amorosas transcurre, al menos en nuestra sociedad actual, a través de una serie de ritos socialmente establecidos.
- Tanto en el contrato amoroso como en el contrato libre, ambas partes parecen acceder de forma libre. La libertad es una componente *aparente* del momento contractual.
- Siguiendo las tesis marxianas, nos hicimos eco de los puntos de *El capital* en los que se establece que la libertad con la que un trabajador firma un contrato de trabajo es solo una libertad aparente y nunca real. El motivo de esta falsa libertad es que la clase trabajadora está desposeída de los medios de subsistencia y, por tanto, se ve obligada a trabajar para vivir. En lo que refiere a la relación amorosa, mostramos análogamente que en el contrato amoroso la libertad tampoco es una «libertad real» porque, al igual que en el sistema capitalista, las condiciones estructurales fuerzan a las partes a formar una pareja.
- Mientras que en el plano económico las condiciones estructurales que forzaban el contrato eran la desposesión

del proletario, en el plano amoroso identificamos que estas condiciones estructurales se resumen en la *centralidad* que ocupa la pareja en nuestra sociedad. Esta centralidad de la pareja opera tanto a un nivel ideológico (situando la vida en pareja como la vida más plena y al amor como el compañero natural de la felicidad) como en un plano material (por la presión de una juventud cada vez más precarizada, unos salarios más bajos y unos alquileres más altos). En este último sentido, la pareja es algo *materialmente* necesaria para poder vivir en las grandes ciudades de nuestro tiempo.

- Durante las últimas décadas, la centralidad de la pareja se ha reforzado por la pérdida de los lazos comunitarios. Este movimiento de desarraigo ha venido gestándose desde los comienzos de la modernidad y hoy adquiere más fuerza con la crisis de la familia nuclear. Parece, y este es el mensaje, que solo nos queda amar a alguien y poder tener una pareja feliz para poder construir algo que nos trascienda y no vernos condenados a una existencia solitaria e individual.

En esta sección vamos a repasar estas conclusiones con una perspectiva de género, vamos a analizar en qué medida estas afirmaciones son desiguales para los hombres y para las mujeres en las sociedades patriarcales en las que vivimos. Dado que el capitalismo y el patriarcado no son estructuras de dominación transhistóricas, su concreción histórica genera intersecciones distintas a las partes.[1]

El punto crucial, el elemento que debe centrar toda nuestra atención, es el componente estructural que genera la «falsa libertad»:[2] la centralidad de la pareja. La centralidad de la pareja, como hemos dicho más arriba, puede analizarse desde un punto de vista ideológico y uno material. Cuando hablamos del primero, mencionamos al dispositivo patriarcal que promueve la vida en pareja como la única vida feliz,[3] como el estadio *normal* de la vida adulta y, además, como la única alternativa ante la ruptura de lo comunitario con el desarrollo de la época moderna y el enaltecimiento de la libertad individual.

En lo que respecta a este aspecto ideológico de la centralidad de la pareja, la presión que se ejerce para vivir con alguien en una relación sexoafectiva no afecta de la misma forma a los hombres que a las mujeres. Hay multitud de ejemplos y demostraciones. Uno de los más elocuentes es la contraposición entre la figura de la «solterona» y el «soltero de oro». La mujer soltera es interpretada bajo el dispositivo perceptivo patriarcal como una mujer con *menos valor* (pues no ha recibido la validación masculina). Algo debe pasar si ningún hombre quiere estar con ella, algún problema debe tener... Si no, ¿cómo es que no está con alguien?[4] Los hombres, «solteros de oro», experimentan en la soltería una presión infinitamente menor. El soltero de oro es aquel que está disponible para las demás mujeres; es, por tanto, una oportunidad andante, un «chollo», nuestra aspiración en tanto mujeres para ser-mujeres-completas, lo que nos falta, nuestra meta. La mujer soltera es falta de valor y el hombre soltero es valor en sí mismo. No es poca la cantidad de contenido audiovisual donde se personifica esta distinción patriarcal. Barney Stinson en *Cómo conocí a vuestra madre* y Charlie Sheen en *Dos hombres y medio* son dos buenos ejemplos de ello. En cambio, la imagen de la «soltera con los gatos» ha sido bien repetida en el cine y la televisión.

Como en muchas otras vivencias patriarcales, recoger testimonios en primera persona es mucho más útil que la descripción. Citamos ahora la experiencia personal de Iria Reguera, que narra en el portal *Trendencias*:

> Durante los últimos dos años he tenido pareja estable, pero rondo ya los 32 y antes de él no tuve ninguna relación seria ni duradera en 5 años [...]. Los primeros meses y años los comentarios, siempre desde la buena intención, me decían que «haces bien, tú ahora disfruta, ya tendrás tiempo» o «eres joven, tienes tiempo de conocer a alguien». Pero, según fue pasando

> el tiempo, mi edad avanzaba hacia los 30 y pasaba más tiempo soltera las frases fueron cambiando: «con lo mona que eres, no sé cómo no tienes pareja» —nada de plantearse que era porque yo no quería—, o «¿no será que eres muy exigente?» eran algunas de las perlas que escuché [...]. En ocasiones, las presiones no son directas, sino que las recibimos de manera indirecta: todas nuestras amigas tienen pareja, empiezan a irse a vivir juntos, se casan o comienzan a tener hijos —o a planteárselo—. La música nos recuerda que sin amor no somos nada, y la televisión se encarga de señalarnos lo importante que es que encontremos a alguien. Incluso en las películas en las que se celebra la soltería —y se critica la presión social asociada a esta— la protagonista siempre acaba encontrando pareja.[5]

La cita de Iria Reguera, sustentada por la multitud de experiencias de miles de mujeres, es interesante por varios motivos. En primer lugar, porque muestra el carácter de inevitabilidad que rodea a la pareja para las mujeres: la pareja no es una decisión, sino un deber. La pregunta no es, pues, si quieres o no quieres tener pareja. La pregunta es, más bien, por qué no la tienes. Podemos comprobar, además, el sesgo evidentemente patriarcal de los comentarios: la pareja es un valor en sí y la mujer soltera carece de ese valor. Cuando vemos a una mujer soltera que es inteligente y bella, asistimos, desde la óptica patriarcal, a una inconsistencia. ¿Cómo es que está mujer no está «cogida» («con lo mona que eres»)?

Otro punto de interés en el testimonio de Reguera es el señalamiento a los distintos dispositivos ideológicos del patriarcado: anuncios de televisión, películas, canciones... La normalización de las conductas patriarcales no opera por un consenso libremente decidido ni por una norma explícitamente impuesta, sino a través de la asunción inconsciente de los roles de nuestra sociedad, que se reproducen en gran medida a través de la cultura popular. Nunca estuvimos fuera del patriarcado. Como nunca lo estuvieron, por supuesto, las canciones o películas de la industria cultural.

Otro elemento importante para el análisis es la distinción que hace Iria Reguera entre presión directa y presión indirecta. Mientras que la primera estaría conformada por los comentarios y alusiones directas, la segunda tendría su causa en las situaciones estructurales de la centralidad de la pareja. En otras palabras, no es solo que la gente te diga que no tienes pareja, es que todo el mundo a tu alrededor tiene pareja y el mundo está construido para ellos, por lo que tener pareja resulta una situación de privilegio. La existencia de la presión indirecta muestra el componente estructural de la monogamia como sistema afectivo.

Siguiendo la jaculatoria de que lo personal es político y de que las experiencias personales de las mujeres necesitan politizarse y adquirir un componente colectivo para ser comprendidas en su totalidad, científicos de la universidad de Missouri[6] tipificaron en un célebre artículo los comentarios recibidos por las mujeres solteras. Según sus resultados, la presión por la centralidad de la pareja en estas mujeres se compone de estos componentes:

- Un efecto de retroalimentación positiva. A medida que envejecemos las personas solteras son menos, por lo que cada año experimentan más presión para buscar pareja.
- Una sensación de distancia respecto a sus propias amigas mujeres. Esta sensación de distancia nace de no compartir proyectos de vida, de sentir que están en etapas distintas y de no poder compartir los mismos planes (fiestas, viajes...). Esta distancia es fruto de la presión indirecta o componente estructural.
- Sentimientos de inseguridad respecto a su familia cuando alguno de sus miembros preguntan por su estado de soltería.[7] Lo que retroalimenta la soledad que ya existe por la centralidad de la pareja.

En el último tiempo hemos podido observar un cambio de dirección. A pesar de los mandatos y la presión que ejerce la centralidad de la pareja en nosotras, en los últimos años, y con la visibilización que ha supuesto el señalamiento del amor romántico (dependencia, toxicidad, celos, etc.), ha surgido de entre las cenizas la figura de *la mujer empoderada*. Aunque esta idea confronta directamente las exigencias de antaño que hacían pasar por la pareja y familia el camino de la autorrealización, generando una presión asfixiante, la mujer empoderada no pone solución al problema principal de nuestro tiempo: el desarraigo y la ruptura de las raíces colectivas, comunitarias. De hecho, el personaje de mujer empoderada fomenta y reproduce la atomización impuesta por un individualismo creciente que nos empuja a elegir entre aceptar la condena a la soledad y cubrirlo de empoderamiento o sucumbir a las exigencias de construir tu proyecto de vida en pareja para atajar nuestra esencial interdependencia y el sentimiento de soledad que nos impone una sociedad resquebrajada y escindida. Dice Vasallo al respecto:

> Romper ese vínculo sexoafectivo (único, exclusivo y jerárquico) sin abrir otras perspectivas comunitarias también es aventurarse a una soledad que es real en un mundo igualmente real, en ese territorio de desamparo que habitamos [...]. En esa realidad sin poética alguna, la pareja cumple una función de soporte necesario. Lleno de violencias, claro, de miserias, claro, de carencias.[8]

La centralidad de la pareja opera incluso, y por motivos altamente complejos y que exceden los objetivos de este apartado, en los casos de la violencia machista. Según el *XII Informe anual del observatorio estatal de violencia sobre la mujer*: «En 2018, dos de cada tres mujeres (66,7 %) convivían con su asesino».[9] Contradictoriamente, la pareja patriarcal, hogar de múltiples violencias, puede ser un refugio contra la violencia patriarcal que sufre la mujer soltera en el exterior. Indudablemente, existe una suerte de camaradería entre los hombres según la cual estos respetan más a una mujer cuando es *posesión* de otro hombre. En palabras de Tenenbaum:

«Lo que está supuesto en este imaginario es que la mujer que no es de un hombre es de todos los hombres en general».[10] En este sentido, se asume una licencia para tratar o manejar a la mujer al gusto del hombre.

Desde el punto de vista material, la centralidad de las parejas también afecta de forma distinta a las mujeres que a los hombres. Es una realidad indudable que las mujeres sufren unas peores condiciones materiales: están expuestas a más paro y cobran menos que los hombres por los mismos trabajos (brecha salarial), entre otras cosas. Además, los trabajos históricamente asociados a las mujeres son trabajos de cuidados y reproducción, los cuales muchas veces no están remunerados. Por si fuera poco, estos trabajos, de estar remunerados, están peor pagados que los trabajos asociados a los hombres y que implican puestos de poder, organización, etc. El informe de febrero del año 2022 de Comisiones Obreras apunta que, en España, «el salario medio de las mujeres tendría que aumentar en 5252 euros, un 24 %, para igualarse al alza con el salario de los hombres».[11] Mientras que los hombres tienen una tasa de ocupación del 80 %, en las mujeres está en un 70 %, lo cual implica un 10 % más de paro en las mujeres. Además, el 75 % de las personas con trabajos a jornada parcial son mujeres, lo que implica una mayor precarización de nuestras vidas y condiciones para subsistir de forma autónoma. Otro de los factores que repercute de forma negativa a la hora de acceder a un puesto laboral, y ya no digamos a optar por puestos directivos, es la maternidad. Sigue siendo motivo (que permanece disfrazado u oculto) de despido.

Todo esto conduce a las mujeres a una situación de mayor necesidad material, lo que las fuerza a la búsqueda de compañeros con los que compartir el peso de unos gastos en común, es decir, una vida en común que resulte más asequible. En este escenario, la pareja aparece como la opción más factible en una sociedad atomizada, donde construir redes de cuidados de otra manera resulta complicado. Por esta razón, por ser la manera en la que suplir la necesidad de unas mejores condiciones materiales de vida para habitar una existencia digna, las mujeres se ven arrojadas con mayor necesidad a la insistente búsqueda de pareja.

La diferencia en la centralidad de la pareja respecto a los hombres tiene su fundamento ontológico en la distinción patriarcal privado-familia-mujer y público-política-hombre. El espacio natural de la mujer, dicta el patriarcado, es la familia, su rol es el cuidado y su proyecto vital es la pareja. Bajo el paradigma patriarcal, la mujer soltera es la mujer incompleta en su doble sentido: en el sentido moral de inferioridad y en el sentido material (pues necesita a un hombre que gane más para sostener una vida cada vez más cara y más imposible). El hombre, en comparación con la mujer, experimenta la centralidad de la pareja de forma leve, sutil, como un proyecto de vida más. Él, bajo el rol socializador de lo activo, del cazador, del sujeto de deseo, ve en la soltería el momento para conquistar, para acumular, para devorar objetos-mujeres de deseo. Esta diferencia de presión profundiza en las dinámicas de dominación patriarcales que fluyen por la pareja heterosexual: tanto en la distinta presión para entrar como en las distintas capacidades para salir.

Esta coacción invisible, esta presión de la centralidad de pareja, es extremadamente contradictoria para las mujeres y se vive como una experiencia neurótica. El motivo de tal neurosis es que los mensajes que ponen en el centro a la pareja, elevándola como elemento supremo de la buena vida, chocan radicalmente con la realidad de la pareja heterosexual para las mujeres. En otras palabras, la pareja y el amor se venden a las mujeres como sus espacios de autorrealización cuando es, precisamente, la pareja por donde acaece una buena parte de la dominación masculina a las mujeres, de violencias y de sometimiento. La clave del engaño reside en que el producto que se vende a las mujeres solteras no es tanto su emancipación o su liberación real a través de la pareja (aunque en ocasiones es así), sino su felicidad, algo así como el cumplimiento de un destino escrito que es la receta de nuestra dicha. Gran parte de la industria cultural (con Disney a la cabeza) ha contribuido a esta construcción mitológica, ya que en muchas de sus películas la mujer es liberada de una situación que la mantenía presa por el hombre que llega y la *libera* para cumplir su feliz destino: casarse y tener hijos. Esto es, dicen las películas, lo que esencialmente les hará felices. La clave reside, por tanto, en que el engaño es lateral, pero no central. El mensaje patriarcal no afirma que con pareja las mujeres sean libres (lo que podría desmontarse en cualquier pareja), sino que tener pareja y formar una familia es la clave de la felicidad. Su felicidad. Las violencias internas son «contratiempos», «rencillas», «ay, hija, en toda pareja hay discusiones», «las crisis son necesarias», etc.

Es por esta razón que aparecen teorías acompañadas de praxis concretas que buscan evitar la pareja heterosexual por ser fuente de dominación patriarcal. Una de estas teorías es el lesbianismo político que apuesta por alejarse de la relación heterosexual en el plano romántico y sexual, y construir vínculos y lazos entre mujeres como forma de alejarse de la dominación y las violencias del patriarcado. En este punto, las no-monogamias también abordan la centralidad de la pareja y su papel clave en la dominación femenina. En vez de huir de la pareja heterosexual, como hace el lesbianismo político, algunas de las propuestas no-monógamas se centran en reducir la *necesidad* de pareja, en apostar por lo comunitario, por lo colectivo: «La posibilidad de alternativa al sistema monógamo no va de ligues y noviazgos, sino de colectivización de los afectos de los cuidados, de los deseos y de los dolores. Para resistir a la violencia individualista, tejer redes rizomáticas».[12]

En fin, como hemos visto en este apartado, la centralidad de la pareja no opera de la misma forma en hombres que en mujeres. En ellos, la soltería es vista siempre como una oportunidad y como un elemento que puede aumentar su autoestima y su percepción social. Para las mujeres, en cambio, adquirir una pareja supone un mandato de género que funciona de precuela de toda la dominación que ocurrirá en el amor patriarcalmente socializado. Como hemos visto, la falsa libertad con la que accedían ambos miembros de la pareja a la relación no es ni de lejos la misma.

24
La falsa idea de *intercambio*

Siguiendo el paralelismo, en la sección anterior observamos que el intercambio era un elemento central en nuestras relaciones amorosas. Pudimos aclarar algunos errores comunes que suelen perseguir la tematización del intercambio dentro de las relaciones (errores que cometimos nosotras en nuestros primeros artículos, publicados en *La Trivial*).

En la sección anterior, se estableció un paralelismo más entre la subjetividad amorosa y la subjetividad capitalista: el papel que juega el intercambio en sus transacciones. Recuperando lo dicho, el capitalista voltea la fórmula clásica de intercambio (mercancía-dinero-mercancía) para poner en el centro el intercambio mismo, la ganancia (dinero-mercancía-dinero').[1] En las relaciones amorosas, la primacía del intercambio se plasma en la preponderancia de la lógica del coste/beneficio.[2]

Sin embargo, una perspectiva feminista da rápida cuenta de que las relaciones amorosas están, al menos para las mujeres, muy lejos de ser un intercambio entre dos polos, entre el hombre y la mujer. La centralidad de la pareja, que vimos en el epígrafe anterior, somete a los dos miembros de la pareja a presiones muy diferentes y, por tanto, establece diferentes fuerzas negociadoras en los conflictos e intercambios dentro de la pareja. En otras palabras, en el capitalismo observamos que las condiciones estructurales generan fuertes desigualdades a la hora de acceder al intercambio (unos pocos tienen los medios de producción y el resto está obligado a vender su fuerza de trabajo); de la misma forma, el patriarcado establece condiciones estructurales (centralidad de la pareja) que hace que el intercambio amoroso, trasunto del espíritu capitalista, en realidad sea una estafa patriarcal cuyo objetivo es perpetuar el dominio sobre el cuerpo de las mujeres.

Como dijimos, la centralidad de la pareja afecta a las mujeres minando sus posibilidades reales de negociación y presionándolas para que no salgan de la pareja. Además, el rol de cuidadora y madre que el patriarcado ha establecido en su proceso de dominación de los cuerpos de las mujeres provoca que los baremos del intercambio sean distintos para cada género. Será *natural* que las mujeres den, se entreguen, pidan menos *a cambio*. De esta forma, el intercambio capitalista que se da en las parejas es una estafa porque las mujeres se encuentran con que su soltería ha sido patriarcalmente construida como un espacio hostil y, además, que en el propio proceso de la pareja se espera de ellas una entrega sin parangón y un amor incondicional.

Los procesos sobre los que se ha construido esta estafa son, como todo juego de poder que acaece en las relaciones, muy sutiles. Y más con una nueva masculinidad[3] que oculta su antiquísima dominación bajo la apariencia del hombre feminista, el hombre aliado, el chico sensible, el chico politizado que construye sus vínculos desde otros parámetros relacionales. Es decir, ya no es que el juego de poder sea meramente *invisible*, sino que en la actualidad es un *trampantojo*, un engaño, una apariencia contradictoria que se presenta como lo que no es. Los procesos de dominación presentan ahora un chico sensible, delicado, que muestra sus sentimientos, con una gran conciencia política y social. Un chico, en fin, con la misma masculinidad de siempre. Un buen ejemplo de esta sutileza es la invisibilización de las necesidades femeninas y potenciación del rol de cuidadora bajo formas o juegos de poder terriblemente sutiles. Un ejemplo de ello lo dio la psicóloga Sarah Belén en un *tweet* que decía:

> Es muy fácil que se cree una dinámica de: yo te cuento que me has hecho daño, pero de repente me encuentro a mí misma teniendo que consolarte a ti por lo que te

> ha dolido que te haya dicho el daño que me has hecho. Entonces terminas tú de protagonista y mi daño en segundo plano.[4]

Esta nueva masculinidad, que es la misma de siempre, pero con las uñas pintadas, lecturas de Paul B. Preciado y puño arriba en las manifestaciones del 8M en un primerísimo primer plano, sigue con las mismas dinámicas de antaño. Así, este nuevo personaje —que, en teoría, se ha deshecho de las ideas patriarcales de que llorar y sentir es terreno exclusivo de las mujeres— utiliza esta carta para seguir perpetuando la dominación.[5] La renovada dominación que se produce con la nueva masculinidad de siempre dota un papel primordial a la duda de una mujer consigo misma, a la inseguridad epistémica: «No seas tan dramática porque esto lo sufro yo más que tú» o «No seas tan dramática, he cambiado mucho por ti». Esta estrategia anula a la mujer como sujeto válido de conocimiento y, por tanto, merma su autonomía. Mercedes López Mateo, en un artículo para *El Salto* titulado «Luz de gas: el camino hacia la nueva histeria»,[6] escribe sobre cómo el saber no está exento de dinámicas de poder establecidas por el patriarcado. De estas, el *gaslighting* es una forma de violencia y menosprecio hacia las vivencias y testimonio de las mujeres, las cuales siempre son establecidas como menos válidas o inferiores a las de los hombres. La nueva masculinidad no se libra de estas lógicas, sino que las camufla bajo lemas supuestamente feministas.

A pesar de las nuevas masculinidades y lógicas de dominación, las viejas siguen todavía vigentes. Volvemos de nuevo a Firestone y su *Dialéctica del sexo*, donde la pensadora feminista expresa con gran claridad cómo se han constituido desigualmente los dos roles de dominación activo y pasivo. Así, «las mujeres viven para el amor, y los hombres, para el trabajo»;[7] la mujer es la que se entrega, la que da y espera la recepción del hombre y su aprobación. En un mundo gobernado por la mirada masculina, la mujer que no consigue esta aprobación queda relegada a la nada. Con esto, se crea una serie de mitos como «detrás de cada gran hombre hay una gran mujer», es decir, la mujer es la estabilidad, sujeción y cuidado detrás del varón que es el ejecutor y el que luce en primera plana.

Esto, por supuesto, crea un desigual reparto de las obligaciones, no solo amorosas: la mujer es la que ha de cuidar, comprender, escuchar, hacerse cargo de la casa y de los hijos, sino también sexuales. Y es que, para las mujeres «el sexo es un trabajo»[8] y, siendo de esta manera, nuestra sexualidad se dirige no a nuestro placer, sino a la satisfacción del hombre. Asimismo, se convierte en una de las obligaciones para la mujer dentro de la pareja y forma parte de esto que hemos llamado *obligatoriedad sexual*, pero que no tiene las mismas implicaciones para ambos. Esta diferencia en las obligaciones que adquieren los hombres y las mujeres al entrar en una relación de pareja vienen mediadas por una serie de ritos asociados a los dos polos —activo y pasivo— de los que veníamos hablando en este punto. Comprendemos, entonces, cómo siquiera hablar de intercambio no tiene cabida, ya que para que haya intercambio real has de estar en posesión de aquello que intercambias y, al igual que el capitalismo desposee a la clase trabajadora, el patriarcado desposee a las mujeres y sus cuerpos.

Sin embargo, no tenemos que rebuscar demasiado en juegos psicológicos y estrategias sutiles a la hora de determinar la estafa patriarcal dentro del falso intercambio en la pareja (capitalista). El *robo* que el amor le ocasiona a las mujeres es, fundamentalmente, en el hogar. Según el estudio publicado en 2021 por European Institute for Gender Equality,[9] aun cuando ambos miembros de la pareja trabajan a jornada completa, todas las mujeres realizan tareas del hogar (93 %) frente a únicamente la mitad de los hombres (53 %). Y, cuando los hombres asumen sus responsabilidades, lo hacen con casi la mitad de horas diarias (1,6 horas) que las mujeres (2,3 horas). Respecto a la estructura familiar, en 2016, y según los datos del INE, las mujeres españolas dedicaron una jornada completa al cuidado de los hijos (38 horas a la semana) frente a casi la mitad de horas que dedicaron los hombres (23).

En fin, los datos son una muestra clara de que la subjetividad capitalista que establece una relación basada en el intercambio y en una lógica de coste/beneficio no se establece en un vacío histórico, sino en un contexto patriarcal en el que los cuerpos de las mujeres son doblemente dominados. Así, hemos encontrado en este epígrafe, otro elemento más de esta alianza entre el patriarcado y el capital. Las relaciones amorosas no son construidas desde las necesidades comunes, sino que sitúan al intercambio como fin en sí mismo (al igual que el capitalista establece el dinero y la ganancia como fin de sus transacciones). Sin embargo, el patriarcado hace que el intercambio sea *un robo* para las mujeres. No solo ellas tienen menos capacidad negociadora en las parejas (por la centralidad de las parejas y por lo que significa la soltería para cada uno de los géneros), sino que, además, tienen baremos de medición diferentes por los distintos roles de género (el cuidado y la entrega en la mujer).

25
Ritos amorosos y violencia simbólica

En «Amor y capital» no dedicamos un apartado para analizar la cuestión de los ritos amorosos y la violencia simbólica. La razón es que sin la mirada de género no se puede comprender cómo operan tanto los diferentes ritos que se dan alrededor de la pareja y su construcción como la violencia simbólica que hay detrás de estos ritos asentados (los cuales constituyen una serie de obligaciones desiguales en función del rol de género en el que hemos socializado). Con todo y con esto, comentábamos en la sección anterior que hay una acumulación de capital incluso en el proceso de conocer a alguien, ligar a través de aplicaciones o construir una relación de pareja, dado que estos procesos se asientan sobre un consumo que las más de las veces se encuentra implícito dentro de estos ritos.

La división patriarcal de la realidad de los cuerpos, y por extensión simbólica a toda la realidad, en dos polos, el polo masculino-penetrador-completo y el polo femenino-penetrado-falto, es una constante a lo largo de nuestra historia.[1] La ordenación jerárquica de la realidad por parte del patriarcado en torno a estos dos polos constituye un universo simbólico que perpetúa y mantiene la violencia contra las mujeres. Violencia que se mantiene a través de los ritos amorosos, es decir, en los ritos que se relacionan con las relaciones sexoafectivas.

Por ejemplo, respecto a ligar, el polo activo del hombre se encarna en la figura del cazador. Él es quien selecciona a la mujer que quiere conquistar, es el sujeto del deseo, el deseante que se dirige a poseer y agenciarse del cuerpo-otro.

Por su lado, la mujer es el polo pasivo, la conquistada, el sujeto que permanece a la espera, el objeto de deseo. Con razón Annie Ernaux escribe en *Perderse*: «¿Qué es amar a un hombre? Que esté ahí, y hacer el amor, soñar, y vuelve, y hace el amor. Todo es espera».[2] Todo es espera. En *The Rules(TM): Time-Tested Secrets for Capturing the Heart of Mr. Right,* las autoras Ellen Fein y Sherrie Schneider plasman (desde el universo patriarcal) las reglas para conseguir al chico perfecto, es decir, el príncipe azul. Sus páginas están llenas de normas, las cuales tienen todas en común que la mujer ha de adquirir un rol pasivo. Algunos ejemplos son «No seas la primera en hablar al hombre», «Deja de quedar con él si no te compra un regalo en la primera cita», «Sé honesta, pero misteriosa», etc. Un porcentaje alto de personas ya no lee este tipo de libros, y de leerlo le horrorizaría la mirada patriarcal que atraviesa sus párrafos. Ahora bien, esta es la mirada que ha configurado nuestra socialización, esta es la cultura con la que hemos aprendido a relacionarnos sexoafectivamente entre mujeres y hombres. Una socialización que se resume en el título del capítulo IV: «Pero primero el producto: ¡tú!»,[3] porque tú, mujer, eres el objeto, el producto que ha de adaptarse a las necesidades y los deseos del hombre.

Por otra parte, y paradójicamente, esta asignación de rol/polo pasivo y activo se intercambia durante el noviazgo y el matrimonio. Así, quien se encarga de los cuidados, de la carga y responsabilidad de los afectos, de satisfacer a la otra persona, en definitiva de una entrega completa, es la mujer. El hombre, por su parte, es el receptor de esa entrega incondicional, de ese amor sin límites ni medidas que, en cambio, no dona de la misma manera. Por esta razón, podríamos decir que, aunque los polos se han intercambiado, la estructura de dominación sigue permaneciendo intacta, ya que el poder y el control persisten en la figura del hombre.

Además de los ritos de ligue, la violencia simbólica también permea el sexo. De ahí que, como decía el antropólogo Gayle Rubin: «necesitemos una crítica radical de las prácticas sexuales».[4] En la interacción sexual, se encuentra asentada una serie de prácticas y dinámicas henchidas de simbolismo patriarcal. Estas prácticas están conformadas bajo el marco del coitocentrismo, lo que supone el mantenimiento de los dos polos ya mencionados: el activo y el pasivo. Así, el centro de la práctica sexual se sitúa en el pene del hombre, que penetra el cuerpo de la mujer en la búsqueda de placer, manteniendo de esta forma el binomio activo/pasivo:

> La penetración a una mujer, el poder que representa [...] esa penetración tiene un montón de valor simbólico, ¿no? Tú eres la que recibes, yo soy el que doy [...] estoy colonizando tu cuerpo.[5]

Además, no solo hablamos de una dominación simbólica, sino también de una dominación *corporal-material* al subordinar el placer femenino al desempeño del orgasmo masculino. Este desempeño marca los tiempos de la práctica sexual heterosexual porque el encuentro sexual se termina cuando el hombre se corre. Incluso cuando la mujer deviene sujeto de placer, hay una suerte de reclamo narcisista por parte del hombre: la búsqueda del reconocimiento de la labor bien realizada.[6]

Bajo el marco coitocentrista del patriarcado, también se incuba una enorme violencia simbólica hacia el amor sáfico, que se ve como sexo incompleto («eso es porque no has probado una buena polla»). Dice Rubin que en las sociedades occidentales modernas se «evalúan los actos sexuales según un sistema jerárquico de valor sexual. En la cima de la pirámide erótica están solamente los heterosexuales reproductores casados»,[7] donde la práctica central es el coito, con todo lo que conlleva simbólica y materialmente.

Además de ligar y el sexo, el rito del matrimonio no está, en absoluto, exento de violencia simbólica hacia la mujer. Este rito está repleto de simbolismo patriarcal desde su comienzo. Por continuar en la búsqueda de lo activo/pasivo como modelo simbólico patriarcal, tradicionalmente es el hombre quien le pide matrimonio a la mujer. De hecho, antiguamente, había que ir al padre de la mujer a pedirle la mano de su hija, a pedirle permiso para que el objeto de posesión (la mujer) pudiese pasar de unas manos a otras. Actualmente, este rito está obsoleto, pero en su lugar, se mantienen vigentes actualizaciones del mismo. Por ejemplo, en la entrada a la iglesia, el padre acompaña a la mujer del brazo hasta dejarla en los brazos del hombre con el que se va a casar; en la pedida en ciertos ambientes más tradicionales, el hombre le coloca a la mujer el anillo de compromiso, anillo que, por supuesto, solo porta la mujer; o la distinción de la vestimenta blanca de la mujer (símbolo de pureza y virginidad) frente a la negra del hombre. Pero, como comentamos en la sección anterior, este simbolismo tiene su polo material y da lugar a una acumulación, donde la mujer acaba subyugada a una mayor inversión: los vestidos de boda de mujer tienen precios desorbitados, mientras que los hombres suelen alquilar sus trajes por menor precio. Al atuendo de la mujer se le añade también el ramo de novia, el peinado y maquillaje, y todo tipo de accesorios que las empresas organizadoras de bodas aprovechan para encarecer y presentar como necesarios e imprescindibles para lucir como, se supone, una princesa el día más importante de su vida o, peor aún, una buena novia. ¿La consecuencia? Una inversión escandalosa de dinero, en especial de las mujeres, en un rito que, originariamente y en su base, tenía motivaciones religiosas.[8]

En fin, hasta aquí hemos visto algunos ejemplos de violencia simbólica que el patriarcado ha ejercido sobre el cuerpo de las mujeres para sostener y perpetuar su dominación. Siempre habrá quien, ante los procesos de desvelamientos de la realidad, impugne las lecturas sociales como enrevesadas o arbitrarias. Veis lo que queréis ver, nos espetan. No solo lo vemos nosotras, no solo lo vemos ahora, decimos. Valga como ejemplo, y ojalá pudiéramos citar la infame e interminable lista de filósofos que tienen escritos similares, esta cita de Hume del año 1739, la época de la así llamada Ilustración:

> Si un filósofo considerase el asunto *a priori* razonaría del siguiente modo: los hombres son inclinados al trabajo para la alimentación y nutrición de sus hijos, por la persuasión de que son realmente los propios, y, por consiguiente, es razonable y aun necesario darles alguna seguridad en este particular. Esta seguridad no puede consistir totalmente en la imposición de severos castigos para las transgresiones de la fidelidad conyugal por parte de la mujer, puesto que estos castigos públicos no pueden ser infligidos sin prueba legal, lo que es difícil de encontrar en este asunto. ¿Qué imposición, por consiguiente, debemos imponer a la mujer para equilibrar una tentación tan fuerte como es la que tienen con respecto a la infidelidad? No parece existir más imposición posible que el castigo de la mala fama o reputación, castigo que tiene una poderosa influencia sobre el espíritu humano y que al mismo tiempo es infligido por el mundo valiéndose de presunciones y conjeturas y de pruebas que jamás se admitirían ante un tribunal de justicia. Por consiguiente, para imponer un debido dominio sobre sí al sexo femenino debemos unir un grado peculiar de vergüenza con su infidelidad, sobre todo con la que surge meramente de su injusticia, y debemos conceder una alabanza proporcionada a su castidad.[9]

El cuerpo de las mujeres ha sido constantemente manipulado y dominado a través de violencias y mecanismos simbólicos que alcanzan todas las dimensiones de la vida humana. En este apartado hemos visto algunas que afectan especialmente a las relaciones de pareja. Aunque próximamente examinaremos qué ocurre con los cuerpos de las mujeres en las relaciones de amor, analicemos antes el carácter fetiche de las relaciones y qué efecto ha tenido esto para las mujeres.

26

Fetiche para unas, poder para otros

En la sección «Amor y capital», uno de los múltiples paralelismos entre la lógica sexoafectiva de nuestras relaciones y la lógica del capital era el proceso de fetichización. La fetichización es un proceso clave en la relación del consumidor con la mercancía, que consiste en dotar de propiedades (y valores) sobrenaturales a la mercancía y en ocultar sus condiciones materiales de producción. Una vez descrito esto, observamos que el amor presenta un proceso similar de fetichización: es considerado una realidad semidivina con atributos fantásticos, obviando el carácter productivo-material del amor. Es decir, la fetichización del amor obvia que el amor no *es*, sino que *se hace*. Esta comparación, dijimos, genera consecuencias en el amor paralelas a las que vemos en la sociedad capitalista (como el consumo de cuerpos, por ejemplo).

A pesar de este descubrimiento, una mirada feminista no puede detenerse en un análisis anticapitalista de este paralelismo. Una mirada feminista observa que el patriarcado, como en los anteriores puntos, se alía con el capitalismo en la conformación de la subjetividad amorosa. En otras palabras, y una vez más: son las mujeres las que sufren mayoritariamente la fetichización del amor, pues para los hombres es un método efectivo de dominación.

Uno de los elementos clave de la fetichización del amor patriarcal es haber situado al amor como esencia de la mujer. Resuenan las palabras de Kate Millet que ya citamos: «Mientras nosotras amábamos, los hombres gobernaban». El amor se ha situado en el núcleo mismo de la feminidad y de ahí el carácter semidivino con que se presenta (casi de forma exclusiva) a las mujeres. La mujer que ama es una mujer feliz, una mujer completa, una buena mujer. El amor asciende al reino de los valores y se asemeja a la bondad. Ser buena mujer es ser una mujer que ama. Ahora bien, ¿qué amor? Dicta el patriarcado: un amor sentimental, romántico, que se basa en la entrega y el sacrificio,[1] pero un sacrificio donde lo que prima es el olvido de una misma (de la mujer) en aras de la satisfacción de las necesidades, deseos y felicidad del hombre. Un amor donde las obligaciones y responsabilidades le corresponden a la mujer exclusivamente, y los derechos y peticiones al hombre. Para conseguir realizar tal estafa, el amor debe ser un fetiche para las mujeres.

De la misma forma en que la fetichización de la mercancía cumple en el capitalismo la función de ocultar las condiciones estructurales de explotación, la fetichización del amor oculta las violencias patriarcales en el seno de la pareja. Así, todos los elementos que conforman el dispositivo de dominación hacia la mujer se revisten de un halo amoroso. Bien es sabido que hasta hace poco tiempo la ley no consideraba la violación y agresiones sexuales dentro de la pareja, quedando invisibilizadas un gran número de violencias que suceden dentro de esta institución. La vigilancia obsesiva, que presupone una relación de propiedad, aparece ahora bajo las ideas de «preocupación», «importancia» o similares. Recordemos los dos efectos de la fetichización: ocultar las realidades de dominación estructural y dotar a elementos de nuevos valores cuasimíticos.

La objetivación de la mujer que acaece en los celos por parte del hombre (objetivación y privatización, pues tenemos celos de lo que creemos que nos pertenece) sufre una modificación similar. Hasta tal punto llega la fetichización del amor en el seno de la pareja que desdibuja todo el afuera del dispositivo de control: no hay amor si no hay celos y los celos son un síntoma del amor. Pensar un amor por fuera de los celos es, según los axiomas patriarcales, pensar un imposible.

La romantización de la violencia, como esa forma de protección masculina de su posesión, invisibiliza las violencias no solo más pequeñas, sino incluso las más evidentes. Bajo esta nueva capa-fetiche, el amante que se descontrola es un amante desbordado por su pasión. Temperamental, quizá. Pero no hay duda, y este es el mecanismo simbólico, de que es un amante, de que ama. Así nos presenta Shakespeare a Otelo, el enamorado de Desdémona, quien, henchido de rabia y celos, y como muestra de su incontrolable amor, acaba asesinando a Desdémona, no sin previos episodios de violencia hacia ella. Episodios siempre justificados por el *amor*.

Sería erróneo pensar que la fetichización es un mecanismo simbólico de dominación que solo está presente cuando se ejerce cierta violencia. De hecho, todo lo contrario. Tanto o más actúa la fetichización del amor cuando la violencia es tanto o más difusa, sutil. Precisamente, la fetichización es un mecanismo de dominación que hace participar a las dominadas en un universo simbólico labrado por sus dominadores. Se observa esto maravillosamente en *Casa de muñecas* de Ibsen. En la obra, los mecanismos de dominación del hombre a la esposa no requieren de violencia física alguna porque el amor-fetiche es alabado en su apogeo. El amor en esta obra teatral consiste, básicamente, en el paternalismo por parte de él y en actuaciones bobas y complacientes por parte de ella. ¿Y qué es el amor sino contentar a tu marido?, pregunta el patriarcado.

Por último, la fetichización del amor en el patriarcado (igual que ocurría en el capitalismo) es un proceso que oculta las condiciones *materiales* tanto de la producción como del amor. Así, el marco teórico sobre el cual la fetichización del amor se sostiene es el de pensar al amor como un sentimiento. Esta igualdad (amor=sentimiento) forma parte de un complejo simbólico estructural más amplio: mujer/hombre, emoción/razón, pasivo/activo, hogar/exterior, amor/fuerza, cuidar/cazar, etc. El conjunto de oposiciones simbólicas que traza el patriarcado de la realidad parten de la diferencia de género —diferencia binaria que perpetúa el binarismo de género— y la refuerzan al entrelazarse con la misma. Si trazamos una línea entre los polos femeninos de las dicotomías observaremos el carácter patriarcal del fetiche amoroso: el *amor*, esencia de la *mujer*, es un *sentimiento* que nos invade, somos *pasivos* ante el mismo, y consiste en una entrega y *cuidado* incondicional hacia la otra persona.

Obviar la materialidad de las relaciones amorosas tiene profundas consecuencias para las mujeres. En primer lugar, naturaliza las relaciones de dominación patriarcal, pues los sentimientos son lo que son: la alegría es así, el amor es de esta forma; además, cada una siente a su manera. Pensar el amor por fuera de los sentimientos no quiere decir pensar el amor *sin* sentimiento, sino pensar que el sentimiento es un acompañante del mismo, pero no su fundamento. Como dice Fromm en *El arte de amar*:

> El amor es una acción, la práctica de un poder humano, que solo puede realizarse en la libertad y jamás como resultado de una compulsión. El amor es una actividad, no un afecto pasivo; es un estar continuado, no un súbito arranque. En el sentido más general, puede describirse el carácter activo del amor afirmando que amar es fundamentalmente dar, no recibir.[2]

En la próxima sección nos adentraremos más en el amor como práctica. Ahora, veamos más consecuencias que las prácticas amorosas patriarcales (disfrazadas de sentimiento) traen a las mujeres. Prestemos especial atención a qué ocurre con nuestros cuerpos.

27
Privatización del cuerpo y mujeres desposeídas

> No se posee verdaderamente sino aquello que ha sido expropiado, situado fuera de sí.
>
> Gilles Deleuze[1]

Aunque no fue su temática predilecta dentro de sus análisis filosóficos, probablemente sea aquella cita de Deleuze la que mejor exprese el carácter contradictorio de la posesión. La posesión implica ante todo un robo, un extravío, una sustracción, una violencia al cuerpo que se posee. Evidentemente, así ha sido en el ámbito político, como vimos con los cercamientos (*enclosures*), pero también lo es en un plano ontológico. En otras palabras, introducir al objeto en el marco de la posesión supone extirparle multitud de posibilidades inmanentes al propio objeto en relación con el contexto en el que el objeto *es*.

Esta constatación, quizá un poco abigarrada y demasiado abstracta, la pudimos comprobar en la sección anterior respecto a los cuerpos en la pareja monógama. Sobre el amor y el capitalismo, las relaciones monógamas se fundan en un movimiento de desposesión de los cuerpos propios y de apropiación de los cuerpos ajenos. En la relación monógama, uno se enajena de su propio cuerpo (que pasa a posesión de la pareja), pero gana el cuerpo ajeno. Dominio y posesión del cuerpo ajeno que da lugar a los fenómenos de la exclusividad y la obligatoriedad sexual.

Al igual que en el resto de los puntos anteriores, la alianza entre las lógicas patriarcales y capitalistas generan una intersección que asfixia el cuerpo de la mujer. En este caso, la mujer es verdaderamente desposeída del cuerpo ajeno, pero no gana el cuerpo de su pareja, del hombre. Esto se pone de manifiesto en el componente diferencial de los fenómenos derivados de esta lógica desposeedor-desposeído, esto es, en cómo afecta de forma diferente la exclusividad sexual y la obligatoriedad sexual a hombres y a mujeres.

Apunta Federici entre las páginas de su ya nombrada obra *Revolución en punto cero*, en el capítulo «Por qué la sexualidad es un trabajo», cómo a través de la mirada masculina la mujer y su cuerpo se constituyen. Esto sucede así precisamente porque la mujer es desposeída de su cuerpo y es la mirada del hombre la que dota de reconocimiento y valor a según qué cuerpos, y desvaloriza y oculta otros.[2] Nuestros cuerpos se ven maltratados por la exigencia de unos estándares establecidos por la mirada patriarcal[3] y que resultan tan estrechos que no caben todos. Así, esta mirada, posibilitada por la previa condición de desposesión, objetiva nuestros cuerpos y los convierte en mercancía, objeto de satisfacción eterna.

Antes de analizar estos fenómenos, resaltaremos un par de puntos. En primer lugar, esta desposesión no acostumbra a ser desposesión total, o al menos no lo es así en la mayoría de los casos de una pareja.[4] Las mujeres se encuentran, por tanto, escindidas y reciben diferentes validaciones y reconocimiento dependiendo de la faceta que muestren. Ha analizado esto especialmente bien la escritora estadounidense Rebecca Solnit. En su artículo titulado «A Broken Idea of Sex is Flourishing. Blame Capitalism», publicado en *The Guardian*, Solnit distingue entre mujeres-en-cuanto-cuerpo y mujeres-en-cuanto-personas. El patriarcado intenta constantemente —y no ocurre distinto en la pareja— reducir a las mujeres-en-cuanto-personas a mujeres-en-cuanto-cuerpo. Pero esto, excepto en los casos de dominación total, es un proceso que siempre encuentra resistencias. De esta forma, los hombres castigan a las mujeres que se oponen a tal reducción como «estrechas», «frígidas» o un sinfín de insultos que buscan estigmatizar la resistencia a la desposesión del cuerpo propio. La cultura de la violación es una cultura, visto de esta manera, de la desposesión, una cultura del robo. Una cultura que busca mostrar y naturalizar todo tipo de técnicas, estrategias y caminos para sortear a la parte «guardiana», dice Solnit, de las mujeres, la parte que muestra resistencia. Emborrachar a la chica que te gusta, insistir hasta que diga que sí, prometer lo que no se puede dar... son algunas de las técnicas que pone a nuestra disposición el patriarcado. En palabras de Solnit:

> El sexo es una mercancía, la acumulación de esta mercancía mejora el estatus de un hombre, y todo hombre tiene derecho a la acumulación, pero las mujeres son, de alguna manera misteriosa, un obstáculo para esto y, por lo tanto, son el enemigo y la mercancía [...]. Las mujeres-en-cuanto-cuerpos son sexo a punto de ocurrir —para los hombres— y las mujeres-en-cuanto-personas son guardianas molestas que se interponen entre los cuerpos de hombres y mujeres, razón por la cual hay un montón de consejos sobre cómo engañar o abrumar a la guardiana. No solo en los foros en línea de *incels* y *pick-up-artist*, sino también como material de broma en las películas.[5]

Así, los cuerpos de las mujeres representan territorios-objeto de conquista para los hombres, reproduciendo la relación de poder y dominación encarnada en los dos polos que se han ido comentando (activo y pasivo), pero en su lugar como conquistado-conquistador. Bien es sabido que todo proceso de conquista o colonización territorial está atravesado por lógicas en cuya base se encuentra la violencia. Al respecto dice Rosa Luxemburgo: «Sabemos que el despojo nunca fue un acto pacífico. Históricamente, la violencia ha constituido un método constante de acumulación de capital, no solo en su génesis sino hasta el día de hoy».[6] Un buen ejemplo de ello lo vemos en la serie *El cuento de la criada*, a la que se ha recurrido en diversas ocasiones en el debate de los vientres de alquiler. La mujer queda desposeída de su cuerpo que es colonizado por la empresa mediadora y que reduce a la mujer a su útero, y su útero a mera incubadora, «reducido a mero "alojamiento" como si no comprometiera física, psíquica y socialmente a la mujer gestante».[7] Esta serie presenta de una forma muy visual esta idea doble que hemos querido plasmar con anterioridad: la desposesión ocurre en mayor proporción en las mujeres pobres. Ahí es donde sucede la intersección del capitalismo y patriarcado.

Exclusividad sexual

Siguiendo nuestro análisis de la sección anterior, la dialéctica del poseedor-poseído consiste en que cada integrante de la pareja se convierte en dueño del cuerpo ajeno y se desposee de su propio cuerpo. De ahí la exclusividad sexual: el cuerpo de mi pareja solo me pertenece a mí y yo solo le pertenezco a mi pareja. Sin embargo, la exclusividad sexual nunca ha sido un tema equitativo para ambos géneros, sino que ha recaído única y exclusivamente sobre las mujeres. Ellas han sido las verdaderas desposeídas del amor, las que han sido expropiadas de su propio cuerpo sin ganar el cuerpo ajeno que promete la monogamia. Esta es una de las mayores estafas del patriarcado.

Huelgan los datos históricos para sostener esta afirmación. En 2017, en India, todavía seguía vigente una ley de 1860 que castigaba con hasta cinco años de cárcel a los maridos que mantuvieran sexo con mujeres casadas *sin el consentimiento de su marido*. La mujer es vista como un mero objeto sexual, ni siquiera un sujeto penal al que se le pueda imputar el delito. ¿Y cuál es el delito? ¿Acostarse con una mujer casada? No, sino casarse sin el consentimiento del legítimo propietario de ese cuerpo: su marido. Pero no hace falta que vayamos tan lejos. En España, el delito del adulterio —que fue derogado en 1978— estaba escrito por y para los verdaderos poseedores de los cuerpos: los hombres. Así, leemos, que «no se impondrá pena por delito de adulterio sino en virtud del marido agraviado». ¿Y la mujer casada con el marido infiel? Ella ni siquiera es sujeto posible de agravios. Tan solo un objeto traicionado. En Egipto, donde todavía hoy se considera delito, las penas son desiguales para hombres y para mujeres, y el delito de los hombres solo existe si el adulterio se realiza en la casa familiar, mientras que para las mujeres casadas es adulterio en todos los lugares.

Y esto ha sido de esta forma históricamente. De hecho, el paradigma de esta desposesión, y de la imbricación del patriarcado con el sistema económico social del momento, es el *ius primae noctis*, el derecho de la primera noche. Este derecho medieval, presente en la Europa occidental, aunque también en otros lugares, consistía en el derecho del señor feudal a acostarse en su noche de bodas con la sierva que se fuera a casar. Era el derecho del señor feudal de desvirgar a la esposa. En los *Anales de Clonmacnoise*, donde se recogen crónicas de origen vikingo, se dice que «Su líder ostenta el honor de poseer a cualquier mujer durante su primera noche de bodas; después, su propio marido podrá tener conocimiento carnal con ella». En la *Sentencia Arbitral de Guadalupe* (1486), Fernando el Católico puso fin a los abusos de la nobleza: «ni tampoco puedan [los señores] la primera noche quel payés prende mujer dormir con ella o en señal de senyoria».

La exclusividad sexual, de esta manera, constituye una obligación en mayor medida para las mujeres que para los hombres; la fidelidad es más exigida hacia las mujeres que hacia los hombres. De la misma manera que las mujeres habrían de perdonar los engaños de los hombres, sus aventuras extramatrimoniales —no acordadas—, para poder salvar el matrimonio o la relación, ellas recibían una mayor pena o castigo por adulterio. *Mad men* es una serie estadounidense de Matthew Weiner que muestra de manera fidedigna cómo se daba el amor en los matrimonios heterosexuales en los años 60 y las desigualdades de género encerradas bajo dinámicas de poder patriarcales. El matrimonio protagonista de la serie: Don y Betty atraviesan numerosas infidelidades, las cuales en casi todos los casos son aventuras de Don, y es

Betty quien o elige perdonarlas y así salvar el matrimonio o será quien acabe con la relación de puertas hacia afuera. Así, la buena mujer es la que ama y perdona de forma incondicional los deslices y aventuras de su marido y, además, debe permanecer sonriente.

Esta cuestión se traduce en el imaginario popular en la distinta imagen que se crea del hombre y la mujer infieles. Por un lado, la mujer infiel es una mujer sucia, fácil —porque se lía con todos o con cualquiera—, inmadura —porque aún no se ha centrado o asentado cabeza—. Por su parte, el hombre infiel es un donjuán, un rompecorazones, un *fucker* y, para «los colegas», un genio, una figura modélica a la que imitar. Además, supone la vuelta a la idea de que la carga de sostener, cuidar y que la relación perviva es labor de la mujer; a la vez que es desposeída y, por tanto, no considerada sujeto plenamente autónomo, sino sometida a la satisfacción y deseo masculinos: el mejor cóctel molotov.

Solo así, y encajando las relaciones en el eje heteropatriarcal, se entiende que históricamente la prostitución haya sido llevada a cabo por mujeres: la mujer no tiene siquiera las condiciones de posibilidad para su propio adulterio, mientras que el hombre lo tiene institucionalizado reteniendo una serie de cuerpos en la marginalidad de la sociedad para su disfrute. El cuerpo de la mujer es mercancía, objeto de posesión para otros, y por eso es vendible, intercambiable, prostituible. Ni la puta ni la esposa son dueñas de su cuerpo desde el momento en que es desposeída de este al entrar en la relación heterosexual, donde se convierte en objeto de satisfacción del hombre.

Obligatoriedad sexual

Otro de los fenómenos que se basa en la dialéctica de poseedor-desposeído es el de la obligatoriedad sexual. Si recordamos lo apuntado páginas atrás, la obligatoriedad sexual es un fenómeno sexoafectivo que deriva de tres premisas:

- El ser humano es un ser sexual.
- El cuerpo del otro me pertenece por el pacto monógamo.
- Debido al pacto monógamo, mi cuerpo solo le pertenece a mi pareja.

El cuerpo de la pareja es, desde esta lógica, el único medio para desarrollar la dimensión sexual de uno y, ante la imposibilidad de establecer relaciones sexuales con nadie más, la gran parte de las veces se hace de la posesión del cuerpo ajeno una *obligación sexual.* Ahora bien, y como es evidente para cualquier mujer, el sexo no es igualmente obligatorio para ambos géneros.

El patriarcado establece, pacto monógamo mediante, toda una serie de dispositivos de violencia que arrastran a las mujeres hacia una situación de vulnerabilidad en la que su cuerpo pertenece a los hombres y no a la inversa. Estos mecanismos van desde los dispositivos simbólicos, en los que se encuadra todo el señalamiento hacia las mujeres que se niegan a tener sexo («frígida», «rancia»...) hasta los más evidentes mecanismos de violencia física, pasando por la insistencia recurrente o por el chantaje emocional. Este conjunto de dispositivos forma lo que las feministas han llamado «cultura de la violación», es decir, un paradigma cultural (patriarcal) que sentencia que el cuerpo de las mujeres no les pertenece a ellas y que ser objeto sexual de su pareja (o desconocidos) es parte de su naturaleza. Valga como ejemplo el testimonio de Alba:

> Me manipulaba, me decía que no teníamos sexo porque no le gustaba, que no me entendía... Empecé a tener rechazo hacia él [...] cedía para que él no se enfadara conmigo. Yo no quería, me hacía sentir fatal. La sensación era la de estar siendo utilizada [...]. Le decía que me sentía una muñeca con él, que cogía y me soltaba sin pensar en lo que yo sentía. Llegaba a llorar y a él le daba casi igual. Una vez se puso a llorar conmigo, pero dio igual, nada cambió [...]. Me costaba verle como alguien malo. Para el resto de la gente, él

> era alguien que me trataba bien y en realidad había cosas buenas en la relación. Trataba muy bien a mi familia, era una persona muy atenta y aparentemente me quería muchísimo. Yo no conseguía unir esas dos caras suyas [...]. Mis amigas me daban envidia, hablaban del sexo como algo positivo.[8]

O esta otra mujer en un programa de radio: «A veces pienso que lo hacemos porque nos toca [...]. Ahora que soy adulta pienso ¿quién satisface mis necesidades?».[9]

La obligatoriedad sexual que deriva de las premisas erótico-capitalistas que vimos en la sección anterior se convierte dentro del patriarcado en la eliminación por completo de la libertad sexual de la mujer. El paradigma patriarcal establece que el cuerpo de la mujer es del hombre y que, por encima de su dignidad humana o su libertad, está el deber de contentar y satisfacer los deseos sexuales del hombre. En la cultura de la violación el no siempre es un sí.

La cultura de la violación ha conseguido desplazar del imaginario popular el foco desde las prácticas de la violación al sujeto de la violación. De esta forma, la violación es un crimen que ocurre, dice el imaginario común, en un callejón, cuando estamos solas y ante la presencia de un hombre mayor, borracho y, probablemente, pobre y violento. Si no estamos ante tal sujeto, la violación no puede darse y, además, no existe el violador. Esta estrategia discursiva invisibiliza todas las violaciones cotidianas al plantear un sujeto poco frecuente. Por eso, el entramado se vuelve visible cuando pasamos de pensar del sujeto de la violación a las *prácticas de violación.* Aparecen entonces todos aquellos momentos o espacios en los que una mujer ha tenido sexo sin su consentimiento, bien sea con amigos, pareja o con allegados.

De hecho, esta cultura de la violación sigue reproduciéndose con el desarrollo y progreso tecnológico. Un claro ejemplo de ello son los robots sexuales. Sinziana Gutiu señala en su conferencia «Sex Robots and Roboticization of Consent»[10] cómo la aparición de los robots sexuales ha provocado, por una parte, la reproducción de estereotipos de género donde se muestra una mujer sexualizada y convertida en objeto de satisfacción del hombre; y, por otra, la desaparición del consentimiento, dado que un robot no puede disentir y está programado para la completa sumisión al usuario. Esto último es realmente importante y peligroso, ya que lleva a una desaparición del consentimiento: si no puede disentir, entonces no hay consentimiento, lo que educa las interacciones sexuales de una manera completamente patriarcal mientras la cultura de la violación se reproduce disfrazada. Además, mientras el porcentaje mayoritario de usuarios de robots sexuales son hombres, la mayor parte de los robots sexuales tiene apariencia de mujer, lo que continúa determinando la distinción entre los polos activo-pasivo, dominador-sumisa, hombre-mujer. Por último, dice Sinziana:

> Los robots sexuales eliminan la necesidad de comunicación, de mutuo respeto y compromiso en la relación sexual. El uso de los robots sexuales lleva a la deshumanización del sexo y de la intimidad permitiendo a los usuarios llevar a cabo sus fantasías de violación.[11]

Aunque pueda parecer ciertamente lejano, esto dista de ser una forma distinta de relacionarse con las mujeres que la forma en la que el putero se relaciona con las prostitutas. Lo plasma de una manera clarividente Kathleen Richardson en su artículo «Paralelismos entre la prostitución y los robots sexuales: una relación "asimétrica"» recogiendo las siguientes palabras de hombres consumidores de sexo: «La prostitución es como masturbarte sin tener que utilizar la mano», «Es como alquilar una novia o una esposa. Puedes elegir como en un catálogo» o «Lo siento por esas chicas, pero eso es lo yo que quiero».[12]

Hay un enorme peligro en no atender el asunto del consentimiento y la realidad de que la falta de él puede darse desde en una interacción casual hasta dentro de la pareja o de los matrimonios. Y esto se asienta bajo el mandato constituyente de las relaciones monógamas y dirigido hacia la mujer del sexo como espacio de satisfacción masculina y la obligación impuesta a la mujer de ser el sujeto responsable de su satisfacción. Así, la obligación que adquiere la mujer es triple: has de tener sexo con tu pareja; en ese sexo no se considera su placer, ya que en el centro se sitúa la búsqueda de satisfacción de los deseos del hombre; y, aun no considerándose tu placer, has de fingir que disfrutas de la relación sexual.

> En el pasado solo se esperaba de nosotras que criáramos a nuestros hijos. Ahora se exige que encontremos un trabajo asalariado, también que limpiemos la casa y tengamos niños y, además, que, al final de una doble jornada laboral, estemos listas para saltar a la cama y seamos sexualmente tentadoras. Para las mujeres, el derecho a la sexualidad es la obligación de tener sexo y de disfrutarlo (y esto no es algo que se espere de muchos trabajos, es decir, que además resulten placenteros), razón que emana como origen de tantas investigaciones habidas durante los últimos años en torno a qué partes de nuestro cuerpo —ya sea la vagina o el clítoris— son sexualmente más productivas.[13]

Vestimentas y dominio simbólico en el debate actual

Para finalizar este apartado acerca de la propiedad de los cuerpos, repasaremos someramente otras formas de posesión de los cuerpos de las mujeres que no se basan exclusivamente en la pareja monógama, pero que, sin duda, ayudan a la dominación patriarcal en su interior. Existen dispositivos de refuerzo de muchos tipos (legales, culturales, institucionales, simbólicos). En este apartado queremos repasar uno de los dispositivos simbólicos más importantes: la vestimenta y sus códigos.

El elemento central para comprender la opresión simbólica que imponen los códigos de vestimenta patriarcal es el concepto de *mirada*. Cuando hablamos de mirada, hablamos de una objetivación perceptiva que dibuja en la realidad el imaginario que uno tiene. Así, cuando se recomienda leer más autoras (en femenino) no es por algún tipo de paridad estadística personal o algo por el estilo, sino porque la mayoría de autores (masculinos), socializados en el patriarcado y en una masculinidad patriarcal, han construido su mundo y sus personajes desde su *mirada patriarcal.*

La idea de la mirada como objetivación perceptiva se popularizó desde la teoría feminista con el nombre de *male gaze* en 1975 por Laura Mulvey en su artículo «Visual Pleasure and Narrative Cinema». En ese artículo, Mulvey[14] argumenta que la mirada controladora del cine siempre es masculina, es decir, que las películas que dirigían los hombres construían los imaginarios que decían representar. Pero la *male gaze* o mirada masculina no es un fenómeno exclusivamente audiovisual. En *El proceso* de Kafka, por ejemplo, todos los personajes femeninos aparecen de una u otra forma como objetos sexuales de un personaje varón. Recuperamos aquí la cita de Federici que mencionamos en el primer apartado de este libro: «A través de la mirada masculina la mujer y su cuerpo se constituyen». En fin, lo fundamental para entender la mirada como objetivación perceptiva es comprender que la mirada *naturaliza* una condición social. La mirada refuerza lo que uno quiere ver. Así, los hombres construyen historias en la que las mujeres aparecen bajo roles de sumisión o desposeídas de su cuerpo. Imponiendo su mirada, construyen la realidad y constituyen cómo han de ser los hombres y las mujeres que anden por esas mismas ficciones o participen de esos escenarios.

En los últimos años, se ha planteado el debate de si aquella liberación sexual femenina,[15] aquella liberación que prometía la emancipación del yugo conservador y puritano, es realmente emancipadora o si está siendo construida desde una mirada masculina. ¿Por qué la duda? Porque los modelos de liberación son modelos hipersexualizados, modelos que la mirada pajillera del hombre contempla con gusto y permite con facilidad. Es decir, y según las críticas, es la mirada masculina la que ha construido la vestimenta de la liberación femenina, liberación en la que la hipersexualización es la norma para las mujeres.

Pero, entonces, y he aquí el debate, ¿debemos rechazar toda sexualización por satisfacer la mirada masculina? ¿Deben las mujeres renunciar a su dimensión sexual? ¿Están condenadas a un puritanismo *light*? ¿Cómo dibujar un afuera simbólico del patriarcado que no renuncia al goce y al placer, pero que no alimente el mismo imaginario patriarcal del que se pretende huir?

El debate ha saltado muchas y en repetidas ocasiones. Una de esas veces fue a raíz de la fotografía que C. Tangana subió a sus redes sociales en un yate rodeado de diez mujeres. Él en el centro, cubierto de ropa, en posición relajada, con mirada dominante, y a su alrededor diez mujeres en bikini. ¿Es esta una composición con mirada patriarcal? ¿Qué les queda entonces a las mujeres si no pueden decidir su propia sexualización?

En el programa *Encuentros inesperados*, del 24 de marzo de 2022, debatieron Mala Rodríguez, Esperanza Aguirre, Luz Sánchez-Mellado y Carolina Iglesias sobre si esta hipersexualización es emancipadora y liberadora para la mujer o si la encierra en el molde que ya ha diseñado la mirada masculina. Dice Mala Rodríguez a este respecto:

> Lo único que ha cambiado todo este tiempo desde tu época [la de Esperanza Aguirre] es que antes usaban a las mujeres para sacarle partido y sacar beneficio de sus cuerpos y ahora somos nosotras nuestras propias proxenetas.[16]

Esta postura es muy común en la lectura de la realidad que hacen muchas personas y es que el capitalismo, en su versión neoliberal, ha optado por la biopolítica, es decir, por el (auto)dominio de los cuerpos para su explotación.

Con la omnipresencia de la imagen, la hipersexualización de la mujer tiene, además, efectos alienantes en las mujeres. La distancia que establece la imagen provoca que las mujeres asistan a su propia objetivación como espectadoras de la misma, lo que provoca una distancia neurótica en el espectáculo de su dominación. Aquella que sexualizan no soy yo, pero *de alguna forma*, y en tanto mujer, soy yo, ya que lo experimentan todas las mujeres. Además, esta hipersexualización de las mujeres continúa asentando una imagen y atributos concretos de cómo ha de verse una mujer para considerarse objeto de deseo (masculino). ¿Acaso las mujeres cuyos atributos quedan fuera de los considerados deseables pueden sexualizarse por cuenta propia? ¿Pueden encarnar a *la mujer sexi*?

Este debate lo planteó Marina Merino (@mameri) en varias ocasiones en su Twitter cuando trataba el problema de la autoimagen corporal, la hipervigilancia a nuestros cuerpos, los TCA en los que desembocan estas dinámicas. Problemas en los que está inserto un gran porcentaje de mujeres, que desde los mandatos de la mirada masculina se impone una norma sobre cómo deben de ser estos cuerpos de las mujeres para resultar, ya no solo deseables, sino aceptables. Marina comentaba que «ser normativa» no resulta un privilegio —el conocido *pretty privilege*— como, quizás, nos hemos dicho, ya que no es ninguna posición de privilegio ser objetivada y convertida en objeto de deseo constante, es decir, hipersexualizada, que tu valor penda de la valoración y aprobación de la mirada masculina.[17]

Sin embargo, ¿es que acaso este tipo de diagnóstico no aleja aún más la emancipación? ¿Por qué ceder la dimensión sexual? ¿Cómo conjugar el goce y el placer y la complacencia con el propio cuerpo (sexualizado o no) con una mirada inquisidora que busca dominarlo? ¿Cuáles son los caminos? Y, sobre todo, ¿cómo se muestra esto en la pareja? ¿Hasta qué punto juega un papel crucial para la dominación en el seno del amor de la pareja el control de la vestimenta de la mujer? ¿No supone acaso una neurosis para el hombre, a la vez que busca exhibir su objeto, mostrar sus carnes para que otros machos las admiren, impedir que sus miradas gocen, impedir que su novia disfrute de esta mirada? ¿No es acaso la monogamia un callejón sin salida para este tipo de problemas simbólicos? ¿Cómo podría solucionar esto relaciones más abiertas, en las que la desposesión del cuerpo podría liberar al cuerpo de la mujer (al menos en parte) de esta mirada asfixiante y posesiva? Bastantes preguntas que muestran la importancia del debate.

28

Más sobre la mercantilización de los cuerpos

Como mencionamos, la mercantilización de los cuerpos es la intersección material del amor y el capitalismo (en su enésima conquista). Con el fenómeno de la mercantilización de los cuerpos, dejamos de lado el paralelismo de las lógicas y las similitudes entre subjetividades para llegar a la materialidad del quiasma. Así, pudimos observar cómo el capitalismo mercantiliza los cuerpos excusándose en el amor romántico y acumula ganancia *real* y no meramente simbólica.

Además, la complicidad y alianza entre patriarcado y capital sitúa a las mujeres y sus cuerpos en la posición de máxima vulnerabilidad. En lo referente a la mercantilización de los cuerpos, ocurre lo mismo. En este punto, no vamos a tratar de exponer y desarrollar nuevas ideas sobre cómo la alianza entre el patriarcado y el capitalismo genera una nueva forma de dominación de las mujeres, sino ir unificando y reposando todo lo dicho hasta aquí, todo lo comentado bajo la idea de la mercantilización de los cuerpos de las mujeres, que se asienta sobre la desposesión y objetivación de sus cuerpos.

Algunas de las formas en las que el cuerpo de la mujer se ve desposeído, objetivado y mercantilizado son las siguientes:

- La hipersexualización del cuerpo de las mujeres en la cultura audiovisual, que ligamos a una problematización de la liberación sexual de la mujer consistente en encarnar en su cuerpo una imagen de la mujer que no esconde su sexualidad, pero que, por otra parte, reproduce los cánones de lo deseable desde una mirada masculina, la norma de lo que puede resultar deseable y lo que no.

- La brecha salarial en los trabajos históricamente asociados a las mujeres como los trabajos reproductivos o los trabajos de cuidados, que o no son remunerados o se les atribuye un sueldo inferior con respecto de los trabajos ejercidos en su mayoría por hombres a lo largo de la historia.
- La prostitución femenina,[1] que convierte el cuerpo de la mujer en un objeto intercambiable por dinero, y a la que, mayormente, se ven arrojadas las mujeres en una situación económica más precaria.[2]

¿Cómo se relacionan estos elementos en un fenómeno más originario? ¿Cómo buscar entre las distintas manifestaciones de la mercantilización femenina el fundamento patriarcal y capitalista que lo permite? Como ya hemos ido rastreando, la respuesta subyace, por un lado, en la objetivación de los cuerpos de las mujeres que lleva a cabo el patriarcado, desposeyéndolas de ellos, y, por otro lado, en la extracción de plusvalía que realiza el capitalismo, habiendo convertido nuestros cuerpos en objetos, en mercancías intercambiables.

¿Hay acaso alguna diferencia entre ambas objetivaciones? ¿Es la objetivación patriarcal diferente a la cosificación mercantilizadora del capitalismo? Asistimos desde comienzos de siglo a un gran debate en torno a este asunto. Algunas autoras sostienen que ambos procesos son medianamente similares y que la desposesión del cuerpo que sufren las mujeres bajo el patriarcado es análoga a la que sufren los trabajadores al tener que vender su fuerza de trabajo y contemplar, alienados, el producto objetivado de su trabajo en las manos del empresario. Una de estas escritoras es Virgine Despentes quien en *Teoría King Kong* escribe:

> Aún no veo bien la diferencia entre la prostitución y el trabajo asalariado legal, entre la prostitución y la seducción femenina, entre el sexo pagado y el sexo interesado, entre lo que conocí durante aquellos años y lo que he visto después. Lo que las mujeres hacen

> con su cuerpo, desde el momento en que hay hombres que tienen pasta y poder alrededor me parece todo bastante parecido al final. Entre la feminidad tal y como se nos vende en las revistas y la de la puta, se me escapa siempre el matiz de diferencia. Porque aunque algunas no digan claramente cuáles son sus honorarios, tengo la impresión de haber conocido a muchas putas. Muchas mujeres a las que el sexo no les interesa pero que saben sacar beneficios de él. Que se acuestan con hombres viejos, feos, muermos, idiotas hasta la depresión, pero socialmente poderosos. Que se casan con ellos y que luchan por sacar un máximo de dinero en el momento del divorcio. Que les parece normal que una mujer sea una mantenida, que se la lleve de viaje, que se la mime.[3]

Para ella, con el trabajo sexual sucede lo mismo que con las tareas de cuidados y reproducción, trabajos feminizados que si les negamos la posibilidad de ser asalariados, seguirán existiendo, pero se darán en unas condiciones precarias e incluso por debajo de la legalidad: «[...] teniendo en cuenta que el mundo económico actual es lo que es, es decir una guerra fría sin piedad, prohibir el ejercicio de la prostitución en un marco legal adecuado es prohibir a la clase femenina enriquecerse y sacar ventaja de su propia estigmatización».[4] En nuestra opinión, la dimensión sexual que roba, explota y de la que se nutre el patriarcado difiere sustancialmente del mero robo de la fuerza de trabajo de la clase trabajadora. Más que buscar precipitadas semejanzas entre fenómenos complejos, es más interesante, creemos, descubrir la originalidad de cada fenómeno en su unicidad.

Dicho todo esto, y volviendo a nuestro punto, como bien señaló Foucault, los dispositivos de poder son tanto más efectivos cuanto más difusos son. Los dispositivos de poder que invisibilizan su flujo son harto más efectivos que la encarnación del poder en ciertas figuras. Y esto es así porque, entre otras muchas cosas, es más difícil al cuerpo docilizado la identificación de los mecanismos de poder que le arrastran.

Por este motivo, no hay que olvidar que, a pesar de los fenómenos antes mencionados, la mercantilización de los cuerpos de las mujeres ocurre la mayoría de veces bajo formas mucho más sutiles. Un buen ejemplo de ello es la dinámica comercial que se da en muchos locales nocturnos de utilizar a mujeres guapas y arregladas para atraer clientes varones que paguen y consuman en discotecas o bares. De esta forma, las mujeres entran gratis a estos espacios para que sean objeto de invitación a consumiciones bajo una serie de condiciones, para que los clientes varones consuman y gasten su dinero. Primero, que cumplan las normas de vestimenta y presentación, es decir, que luzcan de la forma que les resulta atractiva a la mirada masculina. Además, que acepten verse expuestas a la mirada e insistencia masculina que no entiende el primer «no» por respuesta cuando se acerca a bailar, hablar o interactuar con una mujer. Y, por último, que sean utilizadas como objeto para la acumulación de ganancias y beneficios por parte de la industria del ocio nocturno, por ejemplo.

En otro orden de cosas, asistimos a una ola reaccionaria que busca naturalizar esta mercantilización bajo el paradigma de la libertad, la emancipación personal y la libre voluntad, que ocultan las condiciones en las que se dan esas elecciones y que provocan diferentes paradigmas de libertad en función de ciertas condiciones económicas, de género, raza, etc. Además, en los últimos años se ha instaurado una suerte de proclama de derecho a tener sexo, defendido por el movimiento *incel* (*involuntary celibate*) y que responde también al desarrollo de los robots sexuales.

> Los «incel» (*Involuntary Celibate*) se consideran un movimiento identitario que defiende, entre mensajes misóginos con frecuencia violentos y manifestaciones de desprecio a los hombres que saben relacionarse con las mujeres, que el sexo es un derecho humano básico. Por lo tanto, de acuerdo con su lógica, las mujeres que se niegan a mantener relaciones con ellos, están cometiendo un delito.[5]

Así, se habla de «redistribuir el sexo» y se exige la intervención estatal «para proporcionarles experiencias sexuales»,[6] ya que «quienes tienen un acceso muy restringido al sexo sufren en un grado similar a los que tienen bajos ingresos».[7] Por su parte, los robots sexuales vendrían a ser la solución perfecta para estas personas que, siendo célibes involuntariamente, no quieren serlo, y buscan reivindicar su «derecho» a poder participar de experiencias sexuales. Lo problemático de todo esto es que en el centro se sitúa el cuerpo de la mujer como si se tratase de un objeto manejable al gusto de los demás. Además, ya hemos visto el impacto negativo y los dilemas éticos que plantea la implantación de robots sexuales: erosión del consentimiento y reproducción de unos estereotipos de género que convierten a la mujer en objeto y al hombre en sujeto, son las dos principales consecuencias. Si la sexualidad es una dimensión fundamental del ser humano, ¿habría de haber un derecho al sexo cubierto estatalmente?

La pensadora francesa Simone Weil, en *Echar raíces*, escribe, desde lo que hoy podría ser una hartura de la exigencia de derechos: derecho a ser padre y madre que legitima los vientres de alquiler, derecho a tener sexo que legitima el movimiento *incel*... y que, curiosamente, muchas de las demandas pasan por reclamar un derecho que pasa por someter a las mujeres. Weil indica que «un hombre solo en el universo no tendría ningún derecho pero sí tendría obligaciones»,[8] ubicando de esta manera en primer plano las obligaciones que tenemos para con los otros y el mundo.

29
Competencia y camaradería: lógicas excluyentes o de alianzas

Antes de concluir esta sección, nos gustaría rescatar un elemento esencial que ha aparecido en algunos epígrafes anteriores. Nos referimos a las distintas lógicas relacionales según el género, es decir, a los distintos modos de relación que experimentan las mujeres entre sí y los hombres entre sí bajo la forma actual del amor romántico.

En la sección anterior, y en referencia al capital, observamos que la competencia y la lógica excluyente son modos relacionales clave cuando los cuerpos están mercantilizados. Sin embargo, esta competencia —aparentemente universal bajo el mandato del capital— no se vive igual en hombres que en mujeres. Las mujeres han sido patriarcalmente educadas para relacionarse en términos de competencia y relaciones excluyentes; en cambio, los hombres se relacionan entre sí con tintes más igualitarios. Esto no implica que los hombres no compitan entre sí en el mercado amoroso, porque, como ya dijimos, la lógica del capital y la instauración del nuevo mercado afectivo provocan que nos peleemos por conseguir ese privilegiado asiento de la pareja monógama. Los hombres, aunque cueste creerlo, no están fuera de estas dinámicas. La alianza entre el capital y el patriarcado amortigua en los hombres y agudiza en las mujeres esta competición.

Es innegable que los hombres solteros fomentan relaciones de protección y simpatía entre sí, frente a las relaciones de competencia, exclusión y lucha en las que ha crecido la mayoría de las mujeres respecto a sus congéneres. Entre los varones, aparece una camaradería que establece redes de apoyo y de sustento mientras están solteros. La vida de soltero se idealiza como una vida de independencia y autonomía, y conseguir tener sexo con muchas mujeres se convierte en hazañas que realzan su valía. Desde el género opuesto, la mujer que está soltera debe aspirar a una relación porque, de no darse, algo pasa, algo le sucede. De hecho, el soltero de oro es todo aquel varón que aún no está dentro de una relación amorosa (casi siempre desde el presupuesto de que él lo elige) y que, por esto mismo, por su disponibilidad, aumenta su valor de cotización en el mercado-amor. En cambio, la mujer tiene que aguantar la figura de la solterona que la señala como incapaz de encontrar pareja: la mujer soltera no elige estar soltera, sino que le toca estarlo por cualquier motivo (que, evidentemente, es su responsabilidad). De esta forma, se sitúa ante la mujer soltera una mirada de sospecha que trata de encontrar el motivo por el que está soltera. Dicho de otra forma, en la soltería es donde los desempleados-solteros buscan oportunidades laborales-amorosas compitiendo con los iguales. Mientras que el varón dispone de toda una serie de apoyos y redes simbólicas que incluso aumenta su valor estando fuera del mercado, las mujeres se enfrentan a un contrarreloj que las señala como responsables de su propia soltería. Sobre esto, Naiara Teixeira en *Blogueiras Negras* reflexionaba:

> El hombre patriarcal guarda el verdadero amor para sus iguales. No para la compañera, la amiga, la hermana. Solo la madre es digna de compartir ese sentimiento; para las otras, queda un simulacro. Cuando de pronto precisan elegir, no temen apoyarse unos a otros. ¿Por qué deberíamos estar de acuerdo? ¿Por qué deberíamos facilitar esta cultura que nos torna autodestructivas e inseguras? ¿Por qué nos sentimos solas una al lado de la otra?[1]

En los estudios empíricos, existen muchos trabajos que dan buena cuenta de las relaciones destructivas —auspiciadas por el patriarcado— entre mujeres. En el año 2013, la profesora de la Universidad de Ottawa, Tracy Vaillancourt, en un estudio titulado *Do human females use indirect aggression as an intrasexual competition strategy?*,[2] mostró las diversas estrategias de competición que se dan entre las mujeres y que ella agrupó bajo el nombre de «agresión indirecta». Este tipo de agresión incluye una serie de complejos mecanismos que combinan la «autopromoción» —potenciando el atractivo propio— y el «menoscabo de rivales» —como esparcir rumores, por ejemplo.

El estudio tremendamente despolitizado de Vaillancourt naturaliza el sistema de opresión patriarcal. Esta despolitización y complicidad con el orden patriarcal se refleja en su explicación a estos datos desde la psicología evolutiva:

> Los beneficios del uso de la agresión indirecta parecen claros: menos competidores y mayor acceso a las parejas preferidas, lo que en tiempos ancestrales habría estado relacionado con tasas de reproducción diferenciales, la fuerza motriz de la evolución por selección sexual.

Una lectura feminista de estos datos debe mostrar que estos comportamientos no son naturales de ningún género, sino que corresponden a una interiorización de la socialización patriarcal. La clave para entender esta diferencia entre hombres y mujeres no está, entonces, en alguna suerte de molécula o dinámica evolutiva, sino en la educación de mujeres y hombres de forma no solo diferenciada, sino, y principalmente, desigual e injusta, que pone en el centro la necesidad de la validación y del reconocimiento masculinos.

La soltería entre hombre se vive, en líneas generales, como camaradería, mientras que la soltería de las mujeres deviene el campo de batalla por la lucha por el reconocimiento del hombre, que es el sujeto de donación de reconocimiento. De esta manera, la soltería entre las mujeres genera competencia entre unas y otras, en vez de la alianza que genera entre los hombres. Bien es cierto que habría que desgranar en qué consiste esta alianza o camaradería entre hombres y por qué se da. Siguiendo con la dicotomía que hemos planteado en esta sección de hombre/mujer, sujeto/objeto y activo/pasivo, el reconocimiento del hombre en tanto sujeto sucede de esta forma porque entre los hombres, y *a priori*, se da este reconocimiento del otro como sujeto válido, lo cual no sucede con las mujeres. Así, cuando un hombre está en una relación de pareja como una mujer, este respeto entre hombres consiste en entender a la mujer como objeto de su propiedad y, por tanto, mantener la distancia frente al objeto de ese sujeto.

El problema es que, aunque *a priori* se dé una suerte de camaradería basada en el reconocimiento del otro (hombre) como un sujeto igual, sucede que, al estar nuestras relaciones sexoafectivas insertas en las lógicas del capital, también va a tener lugar una competencia entre los hombres por la consecución del objeto de posesión, que es la mujer. La base sobre la que reposan estas lógicas es que la mujer no es sujeto válido para el patriarcado, así que ha de luchar, competir y ganarse el reconocimiento masculino, no tanto para llegar a ser sujetos con agencia, sino para ser reconocidas y habitar un espacio que, en principio, se presenta como menos violento y más seguro: la pareja.

Todo esto conecta directamente con la cuestión de la centralidad de la pareja. Esta idea asume el principio de que la pareja es un espacio más deseable y con mayor valor que otros como la amistad y así nos conduce a distinción de lugar/no-lugar, donde la pareja es el lugar por excelencia donde «yo soy porque tú no eres», porque tú te quedas fuera de este lugar privilegiado. Así es como tiene lugar la competencia, esa lucha por habitar el espacio privilegiado que es la pareja, un espacio más reconocido y más seguro. Esto último nos resulta tremendamente disonante.

En el apartado «Centralidad de la pareja y falsa libertad», vimos cómo la idea de la pareja era el espacio necesario para una existencia más amable y satisfactoria, más feliz. Esta centralidad afecta, en mayor medida a las mujeres que a los hombres por diversas razones: primero, la pareja no es una decisión para las mujeres, sino un deber de la buena mujer, que implica la puesta en duda de su valía si, acaso, no estás en pareja; las mujeres se ven, en mayor medida, empujadas a la pareja por la mayor precarización de sus condiciones económicas (cobran menos en los mismos puestos y los trabajos históricamente femeninos son trabajos no asalariados o que están vinculados a un menor salario). Esto conduce a las mujeres a la búsqueda de una vida en común para compartir gastos, que encuentran en la pareja, ya que no se da (y si se da es en un porcentaje minoritario) otras formas de construir redes y lazos, comunidades, que hagan más sostenible la vida.

De esta manera, la competencia que se da entre las mujeres para habitar estos espacios es una forma más de control hacia mujeres y sus cuerpos, imprimiendo en ellas una violencia continuada disfrazada de amor, salvación, seguridad, mientras que el sujeto que tutela, reconoce y valida sigue siendo el hombre. Este, aunque la pareja es un lugar de control para él, a su vez, se ve anulado, ya que deja de ser sujeto de validación y reconocimiento de otras mujeres. Es esta una de las razones por las que la infidelidad entre los hombres es más común que entre las mujeres.

30
Otro esqueje: construyendo el rizoma, deshaciendo malezas

¿Todo amor heterosexual es un amor opresor? A lo largo de esta sección, más por lo sugerido que por lo dicho, diera la impresión de que el amor heterosexual entre personas cis es un espacio *necesariamente* opresor para las mujeres. ¿Es esto así? ¿Es necesario renunciar al amor para soñar con la libertad —como anunciaba la cita de Firestone con la que abrimos la sección—? ¿No hay espacio para el disfrute afectivo[1] dentro de la heteronorma? Estas preguntas son, a nuestro parecer, cruciales y con una resonancia demasiado fuerte como para dejarlas andar tranquilamente por los márgenes como meras sugerencias o impresiones derivadas del texto.

En este debate, partimos de lo que a nuestro parecer es un hecho evidente: el patriarcado se reproduce y oprime a través de los espacios íntimos, personales; recorre los cuerpos y sus roces y los domina. El amor heterosexual entre personas cis, por tanto, es un campo repleto de minas de dominación patriarcal, fecundo en dispositivos de control de los cuerpos y rebosante de ideología capaz de ocultar las cadenas más horrísonas. Pero ¿se puede salir de aquí? ¿Vale la pena salvar ante semejante incendio las habitaciones del amor heterosexual o debemos huir a nuevos espacios, soñar con nuevos caminos que abandonen el manido amor y sus ensoñaciones? Pero ¿es que acaso hay un afuera del amor?

Es un tema complejo y nuestro objetivo aquí es alumbrar el elefante, en ningún caso resolver sus profundos problemas. En primer lugar, el dilema (sobre si es posible o no un amor heterosexual libre de violencias machistas) pone el foco, en nuestra humilde opinión, en los efectos y no en las causas. El amor es un espacio caracterizado por unos ritmos, por unos flujos, por la formación de un lenguaje, de unas prácticas, etc., que amplía o disminuye la agencia de los y las amantes que se encuentran. El amor es un complejo juego de conexiones y encuentros entre dos (o más) personas que se reconocen dentro de ese mismo espacio. El foco, entonces, debe ponerse en los y las amantes que se lanzan a desear y a quererse y a construirse y a achicharrarse en un lenguaje que tiembla de deseo. En otras palabras, es más importante poner el foco en la socialización de los géneros y en las distintas expresiones del mismo y en cómo ambas se articulan para (des)hacer la heteronorma —la causa— que poner el foco en un espacio derivado de esta misma socialización —su consecuencia.

El problema del amor heterosexual no lo tiene el amor, sino la heteronorma patriarcal que somete el cuerpo de las mujeres. Se trata de buscar el amor por fuera de los gritos y mandatos patriarcales, de su mirada. Pero ¿cómo hacerlo? ¿Cómo separar el grano de la paja? ¿Es que acaso son separables? ¿No será, por el contrario, que todo lo que ahora llamamos amor es peste envuelta con lazos decorativos? ¿Qué hay fuera de todo ese mal olor?

Experimentar nuevos futuros posibles, nuevos senderos fuera de las lógicas capitalistas y mercantilistas es el objetivo de la última sección de este libro. El punto no consiste, como podría haberse interpretado, en desechar toda práctica amorosa pasada, sino, y habiendo analizado el amor tanto en su dimensión histórica como en su forma de darse presente, localizar tanto en el lenguaje como en sus lógicas prácticas lo que hay de perverso y opresor en ellas. Esto significa distanciarnos de toda práctica amorosa o de cualquier devenir que siga inserto en las lógicas y prácticas que hemos ido señalando y rescatar aquel lenguaje, valores, pinceladas alejados los mandatos patriarcales y de las lógicas del capital. De esta forma, dibujar líneas de fuga, mesetas, flujos que nos conducen a otros lugares inexplorados, pero desde caminos que resultan más emancipadores y horizontales y donde el cuidado y la responsabilidad hacia el otro vertebran las direcciones que toman nuestras pisadas.

IV

HACIA UN AMOR RIZOMÁTICO

31
De la receta universal a las prácticas locales

> El gesto filosófico fundamental [consiste en] no cerrar el hiato, sino, por el contrario, abrir un hiato radical en el edificio mismo del universo, la «diferencia ontológica», el hiato entre lo empírico y lo trascendental, en el que ninguno de los niveles puede ser reducido al otro.[1]
>
> SLAVOJ ŽIŽEK

Después de más de un centenar de páginas escritas mostrando la imbricación, lenta pero firme, del patriarcado y el capitalismo en nuestras formas de relación sexoafectiva, ¿ahora qué hacemos? ¿En qué espacios plantar la semilla de una forma de amar que sea verdaderamente libre? ¿Es que acaso estos espacios son posibles? Sin duda alguna. De hecho, esperamos desbrozar el sendero de maleza para alumbrar nuevos espacios, nuevas prácticas. Seguir haciendo camino. Como escribe Berbel Ortega:

> [Situarse] desde este punto de partida y asumiendo consciente y explícitamente que toda la investigación estará impregnada de los goces, tensiones y contradicciones que se desprenden de mi opción de subvertir —o al menos intentarlo— la monogamia; pretendo seguir haciendo camino, planteando cuestiones que nos permitan seguir repensando como queremos y podemos relacionarnos de manera más libre.[2]

¿Y hacia dónde vamos? ¿La crítica a la monogamia lleva inexorablemente al «poliamor»?[3] No lo creemos. Desde nuestro punto de vista, y hablando de una forma ciertamente general, el poliamor no rompe con el marco de la monogamia porque se presenta como la antítesis (varias parejas) de la tesis (tener una única pareja). El poliamor, común y superficialmente entendido, es la reacción ante una estructura —la monógama—, pero no la ruptura con su marco ni su paradigma. No se trata, o esa es al menos nuestra postura, de poder tener varias parejas, sino de examinar los fundamentos mismos de la pareja, localizar sus grietas, y voltear sus costuras. Como veremos a lo largo de esta sección, la «salida poliamorosa» soluciona muchos problemas, pero presenta otros muchos: ¿cómo alejarla de un consumo inadecuado de cuerpos?, ¿no es peligrosamente compatible con el capital erótico y la idea de que cuanto más ligue una persona, más valía tiene?, ¿no mantiene el poliamor la misma separación, sin problematizar siquiera, entre la pareja y las amigas, por ejemplo?, ¿no es el poliamor, en el sentido burdo de tener varias parejas, la sustitución de un modelo por otro?, ¿no puede el poliamor caer en la misma relación de poder dominador-dominada? Pero ¿no se trata precisamente de poner en crisis la idea misma de *modelo*?[4] En fin, ¿cómo pensar desde nuevas coordenadas?, ¿cómo cabalgar líneas frescas que abran espacios y no que mantengan, en silencio y de forma traicionera, los mismos dispositivos que nos trajeron hasta aquí?

Entonces, y planteadas todas estas preguntas, ¿a dónde vamos? Rechazado el desvío «poliamoroso»,[5] ¿qué senderos nos quedan? La apuesta de este libro es la del *amor rizomático*. Pero ¿qué es el amor rizomático?

El amor rizomático es fundamentalmente múltiple y plural. No es la receta de una única vida, ni siquiera es la receta de *algunas* vidas posibles.[6] De hecho, no hay receta alguna para el amor rizomático. El amor rizomático es informe, como un agua desparramada; pero no todo vale, no todo encaja, como en una nube. De hecho, es difícil atraparlo (sí, como una nube) con el intelecto. El amor rizomático se contrapone, principalmente, a la jerarquía de los amores arbóreos, los amores que jerarquizan modelos (esto mejor que eso). El amor rizomático huye de las ramas rígidas del amor arbóreo que buscan delimitar y absolutizar en modelos rígidos lo que es y no es una *buena* relación. Por supuesto que en el amor rizomático —repetimos— no todo vale, pero no jerarquiza como hace el amor arbóreo de la monogamia o del poliamor más estricto. Más bien *nutre*, expande, agranda, impulsa. El amor rizomático es, visto de esta forma, un conjunto de *prácticas heterogéneas* que se basan en una multitud de *saberes incompletos y locales* cuya organización es, principalmente, informe y su objetivo la autonomía del espacio y los amantes que lo conforman.

Por estos motivos, el amor rizomático no tiene tanto que ver con el número de personas implicadas en las relaciones sexoafectivas, sino con las lógicas relacionales y las dinámicas propias de los espacios que construyen las amantes entre sí. Creemos que tematizar la crítica a la monogamia desde el número de personas no solo supone un diagnóstico miope de lo que es la monogamia. Es, además, una tentación para tematizar las soluciones desde esa misma dimensión y pensar que la salida al sistema monógamo pasa por tener más de una pareja. El amor rizomático supone una salida que no sea antitética, sino que pretende abandonar el marco mismo desde el que la monogamia se erige como estructura.

Por esta razón, el amor rizomático es como el *juego ideal* descrito por Deleuze en *Lógica del sentido*. Lo que venimos a hablar, escribir y debatir en esta sección no es una suerte de instrucciones o normas, no es una receta del amor bueno o de la práctica amorosa correcta, sino un rastreo y bocetaje de qué surfeamos en nuestras prácticas amorosas y de qué múltiples maneras podemos surfear esas olas. El juego ideal acaba con la estructura de reglas rígidas, pero esto no supone que no haya indicaciones, sino que «cada tirada inventa sus propias reglas».[7] En este sentido escriben Deleuze y Guattari en *Mil mesetas*: «No la sabiduría, sino la prudencia como dosis, como regla inmanente a la experimentación: inyecciones de prudencia».[8] Así, si queremos distanciarnos del amor arbóreo, que ha sido la forma imperante de relacionarnos, hemos de construir desde los cimientos nuevas formas, imaginar nuevos mundos posibles, experimentar, pero con prudencia, es decir, construir vínculos desde la responsabilidad y el compromiso con lo creado.

Este amor es un sendero, camino que se transita, atraviesa mesetas, se bifurca y continua su rumbo o vira hacia otros lugares. Es acto, movimiento y no se queda en el puro sentimiento, en la emoción ansiosa de cuando estás descubriendo algo o alguien nuevo. El amor ha de ser libre por definición, así que no podemos pensar en una idea de amor impuesta, de prácticas amorosas que, siguiendo un molde predeterminado, conservan unas características intactas que han de cumplirse. Esto no significa caer en un relativismo donde todo es válido, correcto o deseable. Es el cometido de esta sección inspeccionar y recorrer las diferentes mesetas que pueden alumbrar nuestras prácticas amorosas hacia lugares más emancipadores, libres, justos y diversos.

El amor rizomático es un ave que sobrevuela estas distintas mesetas que comentábamos —y que vamos a comenzar a recorrer— alejándose de una propuesta reglada; por el contrario, el viaje lo dirige una especie de razón práctica que comprende y considera las distintas circunstancias particulares. Dice Foucault en el segundo volumen de *Historia de la sexualidad. El uso de los placeres*:

> Pero el ejercicio del *logos*, en la templanza, se describe también bajo una forma instrumental. En efecto, puesto que el dominio de los placeres asegura un uso que sabe adaptarse a las necesidades, a los momentos, a las circunstancias, se necesita una razón práctica que pueda determinar, según la expresión de Aristóteles, «lo que hay que desear, de la manera que hay que desearlo y en las circunstancias convenientes».[9]

32
Avanzar a ningún lado

El amor rizomático no considera al poliamor, al fenómeno consistente en tener varias parejas, como el estadio último de una secuencia gradual. A lo largo de nuestras conversaciones con otras compañeras, nos hemos sorprendido al encontrarnos con concepciones no-monógamas basadas en un esquema lineal y teleológico. Así, hemos comprobado cómo para algunas personas la pareja es un estadio que supone un *avance* frente a la soltería, por la aparición del amor; la relación abierta supone un *avance* frente a la pareja monógama, por la pérdida de la exclusividad sexual; y el poliamor supone un *avance,* o mejor *el avance,* el estadio último, la culminación de la escalera no-monógama.

A este esquema lineal y teleológico, tendente a un fin, nos gustaría presentarle una serie de críticas. En primer lugar, refuerza radicalmente la centralidad de la pareja. Esta crítica puede parecer falsa o incoherente con el esquema poliamoroso arriba presentado. ¿O no es acaso el poliamor la *descentralización* de la pareja monógama? ¿No se ha roto el privilegio de la pareja monógama para repartir ese privilegio entre varias personas? Por un lado sí, pero, por otro, se refuerza la estructura que buscaba criticarla. Así, en el esquema poliamoroso lineal y teleológico, la pareja poliamorosa se presenta como un valor en sí mismo (culmen de los estadios superados) y no puede menos que generar la misma presión que la pareja monógama ejercía sobre las personas solteras. Desde nuestro punto de vista, bajo la estructura lineal y teleológica del poliamor, es fácil ver a la persona soltera como incapaz de relacionarse de forma libre, de forma poliamorosa.

En segundo lugar, esta estructura es peligrosamente a-crítica consigo misma porque supone un estadio de llegada, un punto final, un Bien, una isla a la que arribar. Una vez allí, todo estaría —más o menos— bien. Sin embargo, el poliamor está lejos de ser a-problemático y presenta, sobre todo en el capitalismo tardío, peligrosas similitudes con la lógica de acumulación del capital. Es cierto (y sería inadecuado por nuestra parte presentarlo de otra manera) que en general las personas poliamorosas intentan poner el cuidado en el centro y buscan escapar de las dinámicas consumistas. Sin embargo, la consideración lineal y teleológica de esta estructura provoca que la pareja poliamorosa se vea como un estadio superior que la soltería, lo que puede derivar, inconscientemente, en el pensamiento de que, cuantas más parejas tenga y mejor sea capaz una de gestionarlo, entonces más libre es su amor. Además, y siguiendo en estos mismos parámetros, la pareja parece la casilla de salida desde donde partir hacia prácticas poliamorosas. Esto ocasiona que la persona soltera se sitúe en una posición más desventajosa al no encarnar la realidad de la pareja.

Además, hay un tercer problema que subyace a los dos anteriores: el mantenimiento de una estructura moral-platónica que presupone que en la cúspide de las ideas se encuentra la idea de Bien, así, en mayúscula. Las teorías que presentan al poliamor como la *buena* relación en realidad simplemente cambian el modelo relacional, pero mantienen la estructura moralista de la cultura platónica. En otras palabras, estas palabras siguen teniendo un centro impositivo, un centro de gravedad sobre el que orbitan sus propuestas en base a una justificación trascendente: lo que es acorde al Bien. Por último, y en relación con el anterior problema, la consideración teleológica del poliamor como el Bien que alcanzar mantiene esta estructura cerrada y distanciada de la crítica y la revisión de sus propios cimientos. Así, este modo relacional no se sitúa fuera del patriarcado, que lo atraviesa a través de la dominación (entre otros). Por eso, es importante que la alternativa a un amor que ha ejercido violencia y dominación sobre las mujeres no sea una práctica amorosa disfrazada de *alternativa,* pero que continúa reproduciendo estas violencias y dominación de forma oculta.

El amor rizomático es un amor *descentrado,* sin centro, sin punto de gravedad. Un amor libre, pero no arbitrario o subjetivo, sino autónomo. Tampoco un amor egoico, donde el centro orbital sea el yo, sino un espacio donde se considere al otro en su completa dignidad y libertad. Frente a la trascendencia del resto de las propuestas, el amor rizomático es plenamente inmanente. El amor rizomático es, parafraseando a Nietzsche, «desplazamiento del *centro de gravedad* de una cultura».[1] No replica la estructura-molde, sino que la dinamita. De hecho, el filósofo alemán ya nos advertía de que la caída de un modelo y la sustitución por otro no era necesariamente un derrumbe de la estructura que queríamos derribar, sino que este podría replicarse como un fantasma de otro tiempo. En sus palabras:

> Viene el tiempo en que será necesario pagar por haber sido cristianos durante dos milenios: perderemos el centro de gravedad que nos permitía vivir, no sabremos por un tiempo ni por dónde salir ni hacia dónde ir. Nos precipitaremos rápidamente sobre los valores opuestos con la misma energía con la que hemos sido cristianos —con la que nosotros hemos sido la absurda exageración del cristiano—.[2]

Sus palabras son fuertes: «nos precipitaremos sobre los valores opuestos»... ¿Y es que basta con eso? ¿Basta con afirmar lo contrario para desprenderse de la estructura que nos ata?[3] Para nada, o nos convertiremos en la absurda exageración de la pareja monógama.

Pero ¿cómo es una estructura descentrada? Podemos pensarlo con un ejemplo: ir al cine. Sobre el cine no pesa ninguna estructura social ni ninguna moralidad imponente: no está mejor ir al cine sola que acompañada y una puede ir con veinte personas a celebrar su cumpleaños o ir en una cita. Al cine una puede ir a ver ciertas películas o verlas todas. No hay centro de gravedad que construya una fuerza moralizante. Esa es la estructura del amor rizomático.

Ahora bien, ¿implica esto relativismo? ¿Desaparece lo bueno y lo malo? No, dice Nietzsche: «más allá del Bien y del Mal, esto al menos no quiere decir más allá de lo bueno y lo malo».[4] Lo que se abandona es la trascendencia, la creencia en un Bien eterno, inmutable, pero no desaparecen lo bueno o lo malo como criterios valorativos. ¡Si el ser humano es un animal valorativo! ¿Cómo podrían desaparecer? Poner en duda el sistema desde el que hasta ahora nos hemos relacionado no significa una destrucción que nos deje en un caos sin orientaciones. Por el contrario, supone abrir una brecha donde poder dibujar, un espacio desde donde poder construir. Así, Deleuze y Guattari en *Mil mesetas* apuntan que toda desterritorialización lleva consigo una reterritorialización.[5]

Pero, entonces, ¿cómo fundamentar los criterios sin recurrir a la trascendencia? En fin, ¿cómo movernos por el campo afectivo sin replicar la estructura moral que dicta que «hay que hacer esto porque esto es el Bien»? Pasemos a la siguiente meseta.

33
Potencialidades

¿Qué lenguaje es entonces el que vamos a usar para hablar de las relaciones? ¿Con qué herramientas epistémicas vamos a discernir entre las relaciones que potencian nuestra autonomía y las que nos aprisionan, las que nos dominan? ¿Cómo hablar en un paradigma descentrado? ¿Cómo hablar del amor cuando este se sabe siempre parcial, incompleto y tremendamente local en su saber, a pesar de su aparente universalidad?

Retrocedamos un poco en la historia de la filosofía. En la *Ética*, Spinoza define al individuo como un *conjunto de potencias*.[1] Este término es clave en nuestro amor rizomático y en torno a él gravitan todas las mesetas. A partir de las potencias vamos a ser capaces de andar por nuevos caminos. Pero ¿qué es una potencia? Heidegger lo llama parecido pero no igual: *posibilidades de la existencia*. ¿Qué quiere decir esto? ¿Qué implica una potencia?

Para poder explicarlo, es importante notar que los seres humanos no somos únicamente lo que somos en acto (es decir, lo que somos en el presente, ahora mismo), sino que también somos las posibilidades de nuestra vida, todas nuestras virtualidades, todas nuestras potencias. La mesa, por ejemplo, siempre es única y exclusivamente una mesa, pero el ser humano es también recuerdo (hacia el pasado) y proyección (hacia el futuro). Con cada decisión que tomamos, se abren nuevas posibilidades de vida y se cierran otras, y, mientras andamos, vamos sedimentando nuestra biografía, contando nuestra propia historia. Así, hay decisiones o momentos que aniquilan casi todas nuestras posibilidades de vida, toda nuestra potencialidad, todo futuro posible, como puede ser una enfermedad grave o la pobreza. Hay otras condiciones, en cambio, que multiplican nuestra potencialidad, que nos abren varios futuros, que nos permiten más posibilidades de vida. El ser humano, dice Heidegger en *Ser y tiempo*, no *es* únicamente, sino que también incluye el *poder-ser* que siempre nos rodea, que configura nuestro día a día. Las posibilidades de cada uno nunca son indefinidas o aleatorias, sino que son siempre contextuales y locales. Cuando las dos autoras de este libro nos juntamos, se nos abrieron nuevas posibilidades que antes eran insospechadas: podcast, libros, talleres, nuevos seguidores en redes sociales, conocer a nuevas personas, un mayor aprendizaje colectivo... Nuestra potencialidad aumentó exponencialmente, y nuestros encuentros nos abrían nuevos y variados futuros posibles. Futuros posibles que, antes de encontrarnos, nos permanecían cerrados. Ocurre también al escribir este libro en común, a cuatro manos, que multiplica nuestras posibilidades colectivamente: aprender del debate, de leernos, corregirnos, poder exponer diferentes puntos de vista o aporías a las que no hubiésemos llegado si hubiéramos escrito una sola. Ahora bien, y como decimos, las posibilidades no siempre son infinitas o aleatorias: por más que queramos, ninguna de las dos tenemos la posibilidad de ser astronautas[2] en la NASA.

Spinoza tematiza la potencialidad de los cuerpos desde la relación entre los cuerpos que se encuentran. Los cuerpos se *encuentran* entre ellos y, como consecuencia de la relación entre ellos, las potencialidades de cada uno aumenta o disminuye. Cuando no tengo dinero y voy hambriento caminando por la calle, encontrarme diez euros aumenta radicalmente mi potencialidad porque me abre nuevas posibilidades. Hambriento solo podía andar lento hacia casa soñando con comer algo, pero ahora, con el dinero, puedo comer (no una cosa, sino decidir incluso entre varias, elegir varios lugares) y, una vez comido, quizá pueda pasarme a ver a un amigo y terminar un recado. Mi potencialidad ha aumentado tras el encuentro con el otro cuerpo-dinero. Una enfermedad, en cambio, es un ejemplo claro de una disminución de nuestra potencia. Enfermos, nuestra vida posible se acorta, nuestras posibilidades disminuyen y nuestra potencia mengua hasta lo más mínimo: solo nos queda intentar curarnos y sobrevivir. Quizás y, en este ejemplo, el encuentro con un otro, que es cuerpo, pueda aumentar nuestras posibilidades: compartir tiempo con la persona que te acompaña o aumentar (literalmente) nuestras posibilidades de cura a través de su cuidado.

Spinoza creía, además, que el cuerpo tiene su propio saber sobre los encuentros que nos convienen (los que aumentan nuestra potencia) y sobre los que no nos convienen (los que lo disminuyen). Es decir, el cuerpo detecta la conveniencia de los encuentros y su capacidad de aumentar o disminuir nuestra potencia. Este conocimiento corporal es un conocimiento primario y reside en las *afecciones*. Cuando un encuentro aumenta nuestras posibilidades de vida, entonces nos recorren pasiones alegres, el cuerpo se siente vivo, se expande, y eso se siente como algo alegre. Por otro lado, cuando un encuentro disminuye nuestras posibilidades, nos recorren pasiones tristes por el cuerpo en cualquiera de sus modalidades.

El cambio de enfoque con los paradigmas clásicos es brutal y creemos que realmente se desatascan problemas que los estudios filosóficos en general (y los del amor en particular) vienen arrastrando desde tiempo atrás. Siguiendo la doctrina spinozista, no se trata ya de averiguar la esencia del amor o de «conocer su sustancia (o su esencia) y sus fundamentos, sino más bien de saber lo que puede»,[3] de saber los efectos en los cuerpos de los distintos encuentros. Cuando abandonamos la mirada clásica y nos ponemos las gafas spinozistas, de lo que se trata es de «buscar y probar las relaciones con las que me/nos componemos y huir de aquellas que me/nos destruyen».[4] Ya no estamos en el lenguaje de la moral (¡el poliamor es bueno, la monogamia es mala!), sino en el lenguaje de la ética, en el lenguaje de las posibilidades de los cuerpos. En palabras de Deleuze:

> La ética juzga los sentimientos, las conductas y las intenciones, relacionándolas no con valores trascendentes, sino con modos de existencia que suponen o implican [...] no hay Bien ni Mal en la Naturaleza, no hay oposición moral, pero hay una diferencia ética. [5]

El abandono del paradigma clásico se produce por su propio agotamiento. Después de Nietzsche sabemos que los conceptos trascendentes (la idea de Bien —en mayúscula—, la idea de Amor —en mayúscula—) no tienen una fácil justificación. No existen las ideas platónicas eternas que nos digan de una vez por todas qué es la realidad y que descubramos con nuestra razón. Ahora bien, como decía la cita de Nietzsche más arriba: más allá del Bien y del Mal, esto al menos no quiere decir más allá de lo bueno y lo malo. Las nuevas formas de conocimiento serán ya no trascendentes a todos los cuerpos y cuya verdad sea eterna e inmutable, sino será un conocimiento siempre parcial y situado, que no se sabe de antemano y tremendamente local a los cuerpos que concierne. No basta con decir que el amor romántico nos aprisiona y que en el poliamor se encuentra la verdadera libertad, porque una afirmación de ese carácter tan trascendente adolece de los mismos problemas teóricos que la defensa de la monogamia y es profundamente errada.

Pero volvamos a las potencias, la clave de bóveda del amor rizomático. El régimen de potencias que gobierna el encuentro entre dos cuerpos no es siempre el mismo, ni mucho menos. El régimen de potencias tienen un componente temporal muy fuerte y varía en su propio devenir. David Vercauteren, Olivier «Mouss» Crabbé y Thierry Müller, autores del libro *Micropolítica de los grupos*, lo explican de esta forma:

> Esto no es obligatoriamente un error, pues, como ya hemos visto, en este régimen de conocimiento, todo puede cambiar muy rápido. Por ejemplo, un grupo que prepara la ocupación de un edificio vacío se encuentra en un agenciamiento de «reuniones» que

> entristece. Pero la concreción del proyecto puede transformar radicalmente el agenciamiento y producir alegría. No lo podemos saber de antemano, hace falta hacerlo.[6]

Podemos ver esto mejor con otro ejemplo. Imaginemos una persona, por ejemplo, Emma, que se acaba de independizar de casa de sus padres. La moral clásica, que apela a valores trascendentes y eternos, afirma sentencias como «*hay que* visitar a nuestros padres porque *hay que* cuidarles». Pero este tipo de análisis basados en el deber e inmunes al tiempo no consiguen captar la mayoría de matices de nuestra realidad y se nos presentan como una losa que tenemos que cumplir (¡deber, deber, siempre deber!). Pongámonos nuestras gafas de las potencialidades. Imaginemos que Emma, nada más mudarse, decide ir a comer con sus padres todos los domingos. Ese encuentro aumenta exponencialmente la potencialidad de Emma: ya no discute con sus padres por las tareas del hogar o por los roces de una convivencia que se volvió complicada, empieza a recomponer la relación con ellos, puede verles en un momento distendido. El encuentro dominical con los padres hace que las posibilidades de vida de Emma aumenten: empieza a confiarles algunos secretos de su vida, les invita a pasar el fin de semana en la casa de su pareja y profundiza en la amistad con ellos... Emma se siente alegre con sus padres, le invaden las pasiones alegres, fruto de este encuentro positivo entre cuerpos que potencia ambas partes.

Puede ocurrir, sin embargo, que el régimen de potencias varíe, y que lo que antes aumentaba la potencia de Emma ahora la disminuya: ha rechazado varios planes de pasar el fin de semana con sus amigos en otra ciudad por mantener la tradición dominical, y algún domingo, después de una semana en la que ha trabajado todos los días, querría descansar en su casa y no quedar a comer. El encuentro con sus padres se le empieza a revelar a Emma como una imposición, como un deber que, además, cumple por la elección egoica de no sentirse mal consigo misma —ya ni siquiera es un acto genuino para con ellos—, por cumplir con una serie de reglas impuestas donde no hay espacio para el cambio comprometido, y no se atreve a moverlo. Se siente culpable, querría *ser buena persona* y tener ganas de ir, pero cada vez va con menos ilusión y eso afecta a la relación con sus padres.

Nosotros, con nuestro nuevo paradigma, podemos ver lo que ha pasado de una forma mucho más refinada: el mismo encuentro puede aumentar la potencia unas veces, pero disminuirla otras, especialmente cuando las dinámicas se rutinizan, se anquilosan, y los encuentros dejan de ser genuinos y pasan de atender a los cuerpos a obedecer a normas trascendentes impuestas por una moral rígida y estática. Entonces, Emma, que es una buena lectora de Spinoza, decide llamar a sus padres: les explica que la situación ha cambiado y que su cuerpo recibe de forma diferente esos encuentros. Como valora muy positivamente el espacio que han construido, les propone buscar nuevos encuentros, pero bajo una modalidad distinta: verse otro día de la semana, videollamarse si esa semana resulta complicado de organizar, quizá pasar alguna semana de las vacaciones juntos, poder llevar a esa comida familiar alguna amiga, etc.

Según Spinoza, o según la lectura que Deleuze hace de Spinoza, los cuerpos corretean por el mundo sin un conocimiento *a priori* de los encuentros. Nadie sabe cómo va a salir una relación antes de entrar en ella. Por eso, dice Spinoza: «nadie ha determinado lo que puede el cuerpo».[7] No lo sabemos porque las relaciones entre cuerpos no son relaciones matemáticas, no son relaciones que se puedan prever. Y, de hecho, una vez dentro de la relación, el primer conocimiento es vago, ligeramente impreciso, muy anclado a las afecciones que nos recorren:

> Únicamente sentimos que participar del grupo, ser parte de él, nos gusta o no: «acudo a la primera reunión y salgo contento». Disponemos en este estado de un primer criterio, básico: «mi cuerpo se compone con el grupo en algunos aspectos [...]. Seguimos estando

> en el primer régimen de conocimiento, ignoramos prácticamente todo acerca de aquello de lo que somos capaces y de lo que el grupo es capaz de hacer. Parece que por ciertas razones (desconocidas), el grupo «cuaja», a pesar de todo, es decir, que libera más afectos de alegría que afectos de tristeza.[8]

Una vez entramos en relación con los cuerpos, vamos tejiendo un conocimiento de la situación, un mapa de los encuentros, realizamos una cartografía de los cuerpos, y vamos trazando qué encuentros nos producen pasiones alegres y tristes. Es en este momento que nos formamos lo que Spinoza llama *nociones comunes* o *ideas adecuadas*, que consiste, básicamente, en descubrir la causa de nuestra pasiones, en descubrir los agenciamientos que liberaron en los cuerpos esas pasiones tristes o alegres. Me voy dando cuenta, por ejemplo, que permanecer en casa una tarde entera me apaga, me aletarga, me aburre, me enclaustra y me encierra; y que todos los encuentros que se producen bajo esta situación son tremendamente impotentes, que permanecer bajo esa situación me *cierra* más que me abre.

> Seleccionamos una o varias relaciones que se componen con una u otra de las nuestras, es decir, la experiencia nos lleva a averiguar cuáles son las situaciones en las que debemos meternos para agenciar afecciones alegres y sacar así las correspondientes consecuencias. Una de tales consecuencias es, por contra, huir al máximo de las relaciones que no nos convienen.[9]

O, en palabras de Deleuze:

> Partimos de pasiones alegres, aumento de la potencia de actuar; nos servimos de ellas para formar nociones comunes de un primer tipo, nociones de lo que hay en común entre un cuerpo que me afectaba de alegría y el mío, extendemos al máximo sus nociones comunes vivas y, luego, volvemos a descender hacia la tristeza. Pero esta vez, con las nociones comunes que

> hemos formado para comprender aquello que de un determinado cuerpo no conviene al nuestro.[10]

Bajo esta nueva visión, los cuerpos no saben de antemano lo que deben hacer (a diferencia de la moral impositiva clásica que establece máximas atemporales) o con quién deben relacionarse, sino que es necesario tantear, experimentar, encontrarse con los cuerpos para ver los espacios que producimos en esos encuentros y ver si esos espacios nos restan o nos suman potencia.

Pero, se pregunta Spinoza, ¿qué es lo que puede un cuerpo? Y no se refiere a un cuerpo en general, sino al mío, al tuyo, ¿de qué es capaz? Se trata de esta especie de experimentación de la capacidad. Intentar construirla al mismo tiempo que la experimentamos.[11]

Ahora bien, pensará la lectora, ¿qué tiene que ver todo esto con el amor? ¿Qué tiene que ver todo esto con el resto del libro? Fácil, querida lectora, el régimen de potencia nos va a permitir cartografiar nuestras relaciones y abordarlas de una forma muy particular. No diciendo *a priori* si tal modelo relacional (monogamia o poliamor) es bueno o malo, sino atendiendo a los cuerpos y viendo qué espacios relacionales nos permiten aumentar nuestras posibilidades de vida, nuestra potencialidad. La monogamia impone una estructura tan rígida que disminuye nuestra potencialidad, ya que esquilma nuestro deseo múltiple y plural, y encierra gran parte de nuestras posibilidades. Sin embargo, esto podría ocurrir también en relaciones no-monógamas en las que sentimos que estamos en un espacio que no es el nuestro, en el que nuestro cuerpo no acaba de encajar o simplemente si nos forzamos a avanzar hacia algo que sentimos que *debemos* hacer.

Como se puede observar, el paradigma de las potencias encaja perfectamente con nuestra tesis de *descentrar* el amor, de romper el molde establecido, de renunciar al trono de *la Buena Relación*. No hay una Buena Relación, sino buenas y malas relaciones particulares, buenas y malas prácticas en contextos determinados y en un encuentro temporal dado.

Quizá con un ejemplo lo vemos mejor. Actualmente, y bajo la monogamia, el cine es un espacio válido únicamente para parejas. Hay líos, hay cambios de sitio, algunas manos se deslizan a escondidas en la última fila; pero, cuando dan las luces, la pareja es la que entra o la que sale. No creemos que haya que cambiar la normatividad de la monogamia por otra: no se trata ahora de que no se *deba* ir con una pareja y se *deba* ir con varias. Hay que descentrar, derribar la norma: que cada cual vaya al cine con quien quiera. Hay quienes irán siempre solos, en grupos de amigos, quienes vayan todos los días o quieran ver solo ciencia ficción. Aspiramos a una vida amorosa no estructurada, como cuando vamos al cine. Pero ¿con quién ir?, ¿qué hacer?, ¿con quién sentarnos al cine y cuándo?, ¿qué modelo de pareja tener? Para eso, querida lectora, hemos recurrido a Spinoza y al régimen de las potencias: se tratará de escuchar al cuerpo en los encuentros, de ver qué agenciamientos nos producen alegría y nos abren posibilidades de vida y cuáles nos cierran, nos entristecen y nos encierran.

Dos críticas podrían aducirse en esta meseta. La primera es que pareciera que hemos andando un sendero de cientos de páginas para acabar en el mismo punto en el que empezamos porque ¿acaso no están todas las parejas en los espacios que más le convienen, que más potencias les abre? La segunda crítica, ligeramente ligada con la anterior, nos diría que atender al régimen de las potencias es tremendamente hedonista porque se basa únicamente en el placer que reciben los cuerpos en cada encuentro, es decir, solo se atiende a la búsqueda de las pasiones alegres, rechazando las pasiones tristes, y esto puede devenir tremendamente egoísta e individualista.

Respecto a la primera, donde se señala que todo este camino no abre ninguna nueva vía porque ya estamos ahí, porque ya elegimos (casi de forma espontánea o inconsciente) los espacios que más potencian nos abren, discrepamos profundamente. La mayoría de parejas monógamas experimentan la tensión neurótica de una estructura de pareja —que se nos impone socialmente— frente a un tiempo que todo lo cambia y un deseo plural y abierto que se resiste a encerrarse en la exclusividad romántica, afectiva y sexual. Al concebir la pareja como elemento central de la vida personal, como el único espacio posible de encuentro para la realización personal, las potencias están tremendamente disminuidas porque están obligadas a escoger entre querer y ser queridas (pero sin querer ni tener sexo o afectos por nadie más) o poder dar rienda suelta a su deseo en la soltería, pero sin ninguna estructura afectiva y de cuidados que sostenga ese deseo. Es decir, la estructura monógama, como imposición y modelo social, produce un deseo impotente en tanto nos obliga a elegir entre ser queridos o tener un deseo libre, sin imposiciones.

Asumir el régimen de las potencias nos obliga a practicar la imaginación, a experimentar con las situaciones, a pensar que no hay que salvar ningún modelo por encima de todo (como, por ejemplo, la pareja que se separa durante años a distancia, pero apuesta por seguir con el mismo modelo de relación porque este es *el modelo*). Pensar desde las potencialidades nos incita a buscar los espacios que nos expandan, sean ahora la soltería, ahora con más personas, ahora acompañando a mi pareja en su deseo hacia otras personas o, de la misma manera, entendiendo momentos en los que los diferentes espacios relacionales requieren de especial atención y cuidados que nos quitan de otras interacciones. Pensar desde las potencias supone, en fin, incluir al tiempo como horizonte de las relaciones, pensar a estas en su devenir y en no querer sepultar el cambio bajo la caduca imposición de un único y sempiterno modelo verdadero.

Y esto no es algo espontáneo, por supuesto, y mucho menos se basa en nuestro querer. Muchas veces queremos cosas (como el tabaco o relaciones tóxicas) que disminuyen nuestras posibilidades. Es decir, no creemos que baste con decir «yo quiero estar aquí» para justificar un espacio (por ejemplo, la pareja monógama) porque las más de las veces, y la historia de la humanidad es la historia de este defecto, no queremos las cosas que más nos convienen.

Respecto a la segunda crítica, respecto a la equiparación entre la potencialidad de los cuerpos y el hedonismo, es importante no equiparar la potencia de un cuerpo (y las correspondientes pasiones alegres) con el placer corporal. Con un ejemplo se verá fácil este error: las drogas son extremadamente placenteras. Sin embargo, no siempre —de hecho, apenas— aumentan nuestra potencialidad. Quizá puedan hacerlo una vez, en la que decidimos experimentar con unos amigos en un entorno de amistad íntima y espacio seguro. Pero, a la larga (y aunque sigan dando cierto placer corporal), las drogas disminuyen todas mis posibilidades de vida y restan casi toda la potencia de mi cuerpo. Estar enganchado a las drogas nos puede generar más placer corporal que nuestra rutinaria vida, pero sin duda la llenan de impotencia, nos restan posibilidades y nos condenamos a un único camino. Dejamos nuestros planes, perdemos frescura, y nos distanciamos de muchas personas. Lo mismo ocurre con muchas parejas monógamas: que reciban placer de su modelo actual de relación no quiere decir que ese espacio expanda sus posibilidades de vida. De hecho, ese placer bien podría derivarse de la gratificación moral que tenemos los individuos al pensar que hacemos lo correcto, lo que se espera. O quizá sea un placer fruto del miedo a la soledad. No importa su procedencia, lo importante es notar que hay situaciones altamente placenteras que pueden sostener un modelo impositivo de deseo, una vida altamente impotente, uniformada con las demás, sin apenas posibilidades entre las que escoger y crear.

De la misma forma puede ocurrir lo contrario, a veces algunos caminos que nos liberan posibilidades de vida son relativamente incómodos para el que los transita. Así, a una persona que le dé vergüenza o inseguridad dirigirse a personas desconocidas, enfrentarse a esa situación puede serle ciertamente incómodo. Pero huelga decir que no andar ese camino, por incómodo que sea, le resta múltiples posibilidades, le resta potencialidad en su acción.

Pero ¿es que acaso no hemos dicho que los aumentos de potencia los experimenta el cuerpo como pasiones alegres y los encuentros que no nos convienen los experimenta como pasiones tristes? Así es, pero pasiones tristes no quiere decir *literalmente* sentimientos negativos o que nos desagradan. Cuando Spinoza habla de pasiones tristes o alegres, se refiere al tono vital, al color que adquiere nuestra vida cuando decidimos andar un camino, se refiere al aroma que empezamos a respirar y cómo percibimos una situación determinada. No estamos tanto ante una dictadura del placer o de los sentimientos positivos, sino en la inclusión del cuerpo como agente legítimo del conocimiento. El cuerpo nos avisa, nos informa, nos dice que nuestra vida se llena de alegría o se va llenando de resentimiento. Es por eso que debemos escuchar al cuerpo porque podemos estar convencidas de que esa persona realmente vale la pena, pero estamos en un espacio que nos aprisiona, y eso el cuerpo lo sabe. Se tratará entonces de escuchar y fijarse en el cuerpo de uno, en cómo reacciona, y preguntarse: ¿este espacio me abre nuevas posibilidades? ¿Potencia mis capacidades o, en cambio, mi cuerpo tiene la sensación de que la libertad corretea por fuera de este espacio, por fuera de esta relación? ¿Gano libertad de acción con este encuentro o me la quita, me impone un sacrificio que me vuelve impotente para actuar en otros ámbitos de mi vida? ¿Las posibilidades se reducen en este encuentro y siento que mi vida se achica o, por el contrario, se amplía y aparecen posibilidades inimaginables fuera de este encuentro? Estas son las preguntas que debemos hacernos cuando pensamos desde las potencias.

Por último, nos gustaría destacar el hecho de que pensar desde las potencias las relaciones en general, pero las sexoafectivas en particular, supone incluir al tiempo como horizonte de la acción humana y de nuestra biografía. Los encuentros son claramente cambiantes y su devenir es incierto siempre para los cuerpos que se encuentran. Las relaciones no permanecerán siempre iguales, sino que están sometidas a los mismos cambios que el resto de entes que nos rodean. Esto no implica sostener algún tipo de visión catastrofista o pesimista sobre las relaciones, como si pensáramos que todas las relaciones contienen el germen de su destrucción. Lo que quiere decir es que es errado pensar las leyes del encuentro entre dos cuerpos bajo el mismo paradigma objetivo con que sabemos que el color azul y el amarillo dan siempre el color verde. La situación se asemeja más a dos cuerpos que navegan por un escenario cambiante, con sus propias necesidades, y que luchan por mantenerse juntos. Parte del éxito estará, sin duda, en notar las estrategias que son impotentes y que, a pesar de que dieron buen éxito al principio de la relación, quizá ya no estén funcionando. Esto implica un cuestionamiento radical y una imaginación activa para componer estrategias y artificios que se adecuen a la nueva situación. ¿O es que es útil pensar en usar el mismo tipo de ropa para distintos climas?

Además, y en último lugar, pensar la apertura de nuestras posibilidades en las relaciones ha de atender al otro, a los otros y llevar cuidado de no caer en un encerramiento que atiende solo al cuerpo propio, sin atender al cuerpo otro, al cuerpo social, comunitario.

34
Ni tú ni yo, sino todo lo contrario

Nos sumergimos en el lenguaje de las potencias, pero descubrimos multitud de vericuetos, senderos derivados de senderos. Huele a rosas, pero se atisba maleza que nos araña cuando pasamos. Nos preguntamos: ¿es por aquí por donde queremos ir? Se bifurcan las opciones y aparecen horizontes diversos y múltiples. ¿Hacia dónde nadar? ¿Qué peligros nos asoman?

El régimen de las potencias nos ha permitido abandonar un lenguaje basado en el individuo. Pero el régimen de las potencias también tiene sus trampantojos y no casa bien con el amor hasta que no se sitúa la huella del otro, el eterno vacío del otro, en el centro de las mismas. ¿Cómo hacerlo? ¿Cómo anudar dos ausencias (mis potencias y *el otro*) en el presente irrenunciable en el que se da el amor? ¿Cómo encajar un espacio que supere potencialmente a lo que mis propias potencias, en tanto individuo, sugieren? En otras palabras, ¿cómo crear un espacio potente que no se base únicamente en las potencias de uno mismo cayendo en la trampa del individualismo? En fin, ¿cómo incluir al *otro*, a los otros?

Pensar un amor rizomático es pensar de forma múltiple, pensar tanto en las potencias de los individuos que entran a formar parte del espacio-rizoma como pensar las propias potencias del espacio. ¡Y es que los espacios con los otros también caen bajo el régimen de las potencias! Así, no solo hablamos de potencias de las personas, sino también de los espacios, de las dinámicas, de los lenguajes o de las ciudades. Hay espacios más potentes, que nos permiten pensar posibilidades con las que ni siquiera habíamos soñado, y hay espacios cuyas dinámicas son demasiado rígidas, cuyas dinámicas nos aprisionan. Construir un amor rizomático consistirá, entonces, en guiarse bajo la triple potencialidad: las de mis potencias como cuerpo, la(s) de mi(s) amada(s) y las del espacio como práctica y conjunción de nuestros cuerpos. Dice Erich Fromm a este respecto en *El arte de amar*: «Si una persona ama solo a otra y es indiferente al resto de sus semejantes, su amor no es amor, sino una relación simbiótica, o un egoismo ampliado».[1] Pero ¿cómo no caer en una relación egoica, ya sea considerando solo mis potencias, ya sea en una relación que devora al otro asimilándolo a mi yo y olvidando al resto de *otros*?

Apostamos por dar un paso más y focalizarnos en la potencialidad de los espacios y subsumir a los individuos en los resultados de sus dinámicas. Así, las potencias de los cuerpos serán el resultado de la potencialidad de los espacios en los que estén inmersos. No hay esencialismo alguno, no hay destino individual en el amor, sino que son el juego y las dinámicas afectivas las que aumentan o disminuyen nuestras potencias como individuos. Dos personas, por tanto, pueden ver sus potencialidades aumentadas en una dinámica y disminuida en otra. No hay flechazo, no hay destino, tan solo espacios que nos construyen, que se construyen: «[...] el amor es un desafío constante; no un lugar de reposo, sino un moverse, crecer, trabajar juntos».[2]

Nuestra tarea será la de pensar un espacio (el del amor rizomático) que sea potente para los cuerpos que lo habiten. No solo para mí en tanto individuo, sino para todas las personas que estemos involucradas en ese espacio. El amor rizomático se constituye de esta manera como la búsqueda perenne de una fórmula flexible, puntual y siempre cambiante, a saber, la del ajuste de unos cuerpos que buscan amarse y que permanecen atentos de los gestos, situaciones e intensidades. Centrarse solo en el aumento de las potencialidades individuales puede hacer que confundamos el amor con la dominación, con el poder, con el aprovechamiento o con la simple conveniencia. Pero el amor (rizomático) excede siempre al encuentro conveniente y busca asentar un espacio autónomo que gobierne las potencias de los cuerpos, expandiéndolas hasta su máximo local.

Centrarse en el espacio como estructura que vertebra las potencias de los cuerpos que los habitan nos ayuda a no caer en el individualismo que reina en muchas propuestas no-monógamas. Algunas de estas buscan fundamentar la práctica amorosa en el yo: buscan complacer al deseo de uno, es la guía para actuar en las relaciones y las relaciones sanas son las que permiten a este deseo andar libremente y, por tanto, caen en puro hedonismo. Por poner un ejemplo, sirva la entrada «'From 'we' to 'I': debating couple-centrism», del sitio web *polyamory.com*:

> Esa fue la primera vez que sentí que si él, o cualquier otra persona en mi vida, me pidiera que eligiera, no elegiría a otra persona en particular, me elegiría a MÍ, incluso si eso significara perder una o más relaciones con otros. Creo que cada vez más, siento que la poligamia, para mí, no se trata realmente de múltiples amores y la relación con ellos, se trata de mi relación conmigo mismo. Siento que se está convirtiendo en una especie de filosofía de vida que se está extendiendo a todas las áreas de mi vida, amistades, trabajo, mi familia.

Pero nada más lejos de nuestra postura. Cuando pensamos en el amor rizomático, no pensamos en ningún tipo de estrategia o fórmula para satisfacer a un yo enterrado bajo la centralidad de la pareja o un yo hedonista centrado en su complacencia individual. Ni mucho menos. Pensamos en una forma de acercarnos y comprender los espacios afectivos que habitamos que ponga en el centro nuestra constitución espacial e interdependiente. En otras palabras, nuestras potencias son derivadas de los espacios que habitamos y por eso debemos poner el foco en él. Pero no debemos ponerlo únicamente para que repercuta sobre nosotros algún tipo de aprovechamiento o mejora, o por mero interés. Las potencias del otro son puestas también en un primer plano. ¡Tanto que definirán la calidad de nuestro espacio común! ¿Se produce un aumento colectivo de las potencias cuando construimos este espacio lleno de amor y caricias, de atención y de afectos, de cuidados y de goce? Sí, pues adelante. No, pues hay que repensarlo.

Así todo, el amor rizomático debe construir espacios que aumenten las potencias colectivas no por deseo o capricho, sino porque en el centro de su concepción se encuentra la *interdependencia* de los seres humanos. La activista Maka Makarrita escribe a este respecto:

> Vivimos, queramos o no, en un mundo en común, aunque pataleemos exhibiendo nuestros actos de autosuficiencia, vivimos comprometidas: por lo que hacen, comen, respiran, deshacen o roban los demás. Vivimos en manos de otros. Y aunque la lectura negativa nos lleve al «no hay nada que hacer», deberíamos centrarnos en que en la resistencia somos mucho más potentes, porque somos eslabones unidos de una cadena y nodos interconectados de múltiples redes.[3]

Es decir, no pensamos en el otro porque sea algún tipo de deber moral (este lenguaje es demasiado clásico), sino porque encontramos falsa la separación entre un individuo y las personas que lo rodean. Siempre somos con otros —como bien descubrió Heidegger—, somos «alma que se dispersa en otras almas» como reza el verso de Borges del poema «La Recoleta». Incluso leemos en la Biblia: «En verdad os digo que en cuanto lo hicisteis a uno de estos hermanos míos, *aun a* los más pequeños, a mí lo hicisteis».[4] No hay hombre aislado o niño-lobo. El ser humano es humano en tanto está inmerso en un mundo —su mundo— que habitan otras personas —su gente—. Resuenan las palabras de Beauvoir: «Un amor auténtico debería asumir la contingencia del otro, es decir, sus carencias, sus limitaciones y su gratuidad original; no pretendería ser una salvación, sino una relación interhumana».[5]

En fin, la distancia o separación entre yo y el otro es equívoca porque, en términos de Jean-Luc Nancy, somos seres en común, es decir, comparecemos en común ante el mundo y por eso compadecemos en común. No estoy con el otro porque lo necesito, sino que inevitablemente soy con el otro y, así, construimos espacios que nos emancipen desde nuestra dependencia común. El diálogo entre las partes, desde este punto de vista, no es un diálogo, sino un pensamiento colectivo. No se basa en la negociación, sino en la creación conjunta y radical de herramientas que permitan abrir espacios y dinámicas no pensadas. ¿Cómo construir este espacio? ¿Con qué herramientas hacerlo? Eso lo veremos en la meseta de la ecología de las relaciones rizomáticas.[6]

Una vez que asumimos esto se resuelve el dilema sobre dónde poner el foco (si en nosotros o en nuestra[s] amada[s]): esa separación es falsa. El aumento de las posibilidades de vida de las personas de mi alrededor enriquece mi vida y esto, a su vez, repercute positivamente en las personas de mi alrededor. Esto solo es posible cuando entre mi cuerpo y los demás media un espacio fértil en el que enraizar los futuros posibles que nacen de nuestros encuentros y que dan lugar a la posibilidad de encuentros futuros.[7] Un espacio basado en nuestra vulnerabilidad compartida: «Si queremos vidas que puedan ser habitadas debemos asumirnos como vulnerables y poner en el centro la necesidad que tenemos de que nos sostengan y de ser cuidados, de cuidar y de sostener».[8]

Por último, y con relación a la construcción de espacios que pongan en el centro el cuidado del otro, nos parece importante hablar de los *metamores*. En la literatura no-monógama, se ha llamado metamores a las relaciones que existen entre una persona y las personas que se relacionen con su pareja, es decir, si mi pareja se relaciona con otra persona, mi metamor será esa tercera persona. De esta manera, ya no basta con amar a la persona que yo he elegido y con la que elijo todos los días encontrarme, sino abrirme a aquellas personas que mi pareja ama, ya sean amistades, ya sean otras parejas románticas o sexuales. Así cuenta Girasol, en una entrevista, su experiencia con el tema:

> Sabiendo que estamos en una relación poliamorosa querría saber cómo era su relación [la de Gespa y Gris]. No sé, qué hacían, si salían, si iban de excursión, si había alguna cosa que hubieran hablado que les preocupaba sobre esto... Sabía que era una persona importante para él y simplemente me preocupaba por las personas a quien él también quiere.[9]

Creemos que, dado que la construcción de los espacios no-monógamos es una construcción difícil y que enfrenta múltiples obstáculos (muchas veces de nuestro presente regido y construido monógamente) no solo en el ámbito del amor de pareja, el cuidado de los metamores es una bonita resistencia a este mundo en crisis. También en la amistad, pues los celos no suceden exclusivamente en la pareja. Por esta razón, apoyarnos en nuestros metamores es una forma bonita de poner por encima la cooperación y el cuidado y de tejer redes donde apoyarnos. Así lo cuenta Alex:

> Un día, Sua me dijo que Sam estaba muy en la mierda y que estaban discutiendo un montón por todo esto y decidí hablarle por mensaje directo. «Fue un joder, no quiero tener rivalidad contigo ni que nos odiemos». Decidimos empezar a hablar de las cosas que nos hacían sentirnos inseguros y a compartírnoslas, y nos dimos cuenta de que tampoco nos diferenciábamos tanto. La comunicación entre nosotros dos era diaria y eso nos facilitó a ambos la gestión de las inseguridades que nos atacaban cuando estábamos mal emocionalmente. Era una forma de convertir lo que estábamos viviendo en algo más sostenible y sano.[10]

35
El dilema del umbral

Lo que ocurre con las relaciones no-monógamas es que, si se rodean de una alta cantidad de espacios románticos, monógamos, pueden sufrir mucho más que si no lo hacen, esto es, el rizoma múltiple enraíza mejor cuando se rodea de otros rizomas con los que puede hacer red, cuerpos con los que tejer comunidad desde los mismos términos y valores. A este problema le hemos llamado el *dilema del umbral.*

Para entender el dilema del umbral, necesitamos pensar dos situaciones hipotéticas y extremas. La primera de ellas, a la que llamaremos situación A, consiste en un espacio con una única pareja no-monógama. El resto del entorno de esta pareja tiene relaciones tradicionales basadas en la monogamia y, en algunos casos, aspirando al amor romántico. Es una situación de mínimos porque contamos con tan solo una pareja no-monógama en un entorno particular. La otra situación (B) de nuestro experimento mental, y con la que vamos a comparar la situación A, es una situación de máximos, una situación en la que todas las personas de un ecosistema social determinado tienen relaciones no-monógamas.

¿Qué ocurre en la situación A? Pongamos, por ejemplo, el caso de una pareja en la que una de las dos tiene una amante. Si todo el entorno de la amante se relaciona únicamente de forma no-monógama, experimentará la situación como frustrante. A su lado, todos los proyectos basados en la centralidad de la pareja (hijos, casa, vacaciones) seguirán adelante y la empujarán (si no quiere quedarse *atrás*) a buscar una pareja. Pero ella ya tiene una relación afectivo-sexual, lo único que no como pareja. Experimentará constantemente la falta, la angustia, el quiero pero no. Ella es un esqueje de un rizoma muy corto que no encuentra otros rizomas en los que sostenerse. Además, le faltará esa comunidad en la que apoyarse, donde sienta un espacio que no resulte ser secundario porque la pareja ocupa el lugar central. Si todo el mundo se plantea vivir a futuro con su pareja, ¿con quién vivirá ella?

En la situación B, en cambio, todas esas faltas y esas tensiones quedan suplidas por una red afectiva rizomática que sostiene a esa persona, quedan suplidas por una comunidad. La amante tiene la capacidad de relacionarse sexoafectivamente (o no) con otras personas (que tienen pareja o no), pero ya está inserta en una red horizontal afectiva, que no está formada por un solo esqueje. En esta situación, sostenida por una multiplicidad, sin un centro claro, es capaz de sobreponerse a la centralidad de la pareja en caso de que no termine de desaparecer porque tiene múltiples puntos de apoyo y múltiples espacios afectivos.[1]

El dilema del umbral, entonces, consiste en que dado un determinado ecosistema social de personas, cuerpos, hábitats y relaciones, las relaciones no-monógamas únicamente serán verdaderamente potentes *para todas las partes* en la medida en que en ese ecosistema social el porcentaje total de las relaciones no monógamas supere un determinado umbral. Por debajo de ese umbral, las personas (normalmente aquellas que se relacionan por fuera de una pareja, en caso de haberla) sufrirán la centralidad de la pareja y la tensión de la sociedad monógama sin la red afectiva necesaria para poder sostenerse. Frente a la tensión de lo arbóreo, de lo jerárquico, de la reclusión en pareja como espacio único para sobrevivir, está lo rizomático y lo múltiple, pero lo rizomático y lo múltiple siempre y cuando encuentren otras multiplicidades descentradas en las que anudarse, con las que sostenerse, con las que hacer fuerza. ¿Puede darse tal cosa? ¿cómo construir estos espacios horizontales en una sociedad cuyo horizonte es irse a vivir con su pareja y compartir los espacios más íntimos con ella? Dice Brigitte Vasallo:

> Romper ese vínculo sexoafectivo (único, exclusivo y jerárquico) sin abrir otras perspectivas comunitarias también es aventurarse a una soledad que es real en un mundo igualmente real, en ese territorio de desamparo que habitamos [...]. En esa realidad sin poética alguna, la pareja cumple una función de soporte necesario. Lleno de violencias, claro, de miserias, claro, de carencias.[2]

Y añade en las siguientes páginas:

> Si hemos definido la monogamia a partir de tres características, la jerarquía, la exclusión y la confrontación, la creación de redes afectivas tendrá que ver con la dinamitación de esos tres elementos. No sé cómo. De hecho, no quiero saber cómo porque no quiero pensar que hay una manera y, mucho menos aún, que yo he encontrado la fórmula.[3]

El amor rizomático no va de fórmulas ni de recetas *a priori* que encajan en todos los encuentros de la misma manera. En su lugar, el amor rizomático sabe detectar qué situaciones, actos, contextos reman hacia su dirección y cuáles se alejan siquiera de lo que es el amor. No queremos ocultar una realidad que nos atraviesa: no es una tarea fácil ni un camino de rosas, como quien dice, pero buscar lugares alternativos es una manera de salvarnos de la soledad, el individualismo y la competición sangrante a la que se nos empuja.

El dilema del umbral abre al amor rizomático a una perspectiva sistémica y sitúa la práctica amorosa como un amor militante, que aspira no solo a un espacio cómodo y de aumento de potencias individuales, sino que entiende que los distintos espacios de las personas que nos relacionamos se relacionan entre sí y que tanto más autónomos y emancipadores son los espacios de esas otras personas tanto más puede serlo el mío. El amor rizomático no es una dulce y cómoda opción de vida, sino que se conecta con la vida de mis amigas, mis conocidas, mis amantes, mis vecinas, mis compañeras de trabajo, mis otras parejas o quizás aquellas personas que no sabes en qué categoría o etiqueta colocar. El amor rizomático sabe que necesita que otros espacios sean múltiples y descentrados para poder germinar y sabe que ha de confrontar hábitos que se han sellado a nuestra piel. Reconoce esa necesidad y aspira a tejer una red sin principio ni fin y sin, por supuesto, centro. Aspira a preguntarse, por ejemplo: «¿Por qué vivir con mi pareja y no con mis amigas?». El amor rizomático no es una opción individual, sino un enfoque sistémico. No es, y nunca pretenderá serlo, el discreto encanto de la burguesía.

36
El discreto encanto de la burguesía

Amar es hacer. No es elemento pasivo, sino polo activo: dar y recibir. El amor es una práctica, abrir un espacio por el que discurren ríos con multitud de flujos, orillas, a veces resecas, a veces llenas de vida, montañas que pueblan deseos y fantasmas, árboles donde los pájaros cantan un lenguaje privado. El amor es espacio, y precisamente por eso también ocurre en el espacio, se inserta en una materialidad circundante. No hay huerto sin tierra, no hay pájaro sin árbol, no hay río sin meandros. ¿Cuáles son la tierra, los árboles o los meandros del amor? ¿Cuáles son sus condiciones *materiales* de posibilidad? ¿Cuál es el espacio del espacio (del amor)? Esta es, en nuestra opinión, una pregunta fundamental para cualquier tematización sobre el amor —y no exclusivamente tematizaciones no-monógamas, por supuesto—. Para alcanzar una comprensión adecuada respecto a las relaciones sexoafectivas, debemos pensar: ¿qué condiciones tienen que darse para que puedan crearse los espacios del amor? Sin duda, y esta es nuestra tesis, unas condiciones materiales determinadas, caracterizadas por cierto tiempo para incubar el deseo, y un espacio en el que los cuerpos se encuentren. Necesitamos espacios y tiempos de ocio para poder construir espacios afectivos y amorosos precisamente porque los ritmos de la práctica amorosa colapsan con los del capitalismo.

Pero ¿tiene esto sentido con la historia del amor? Estamos planteando aquí que se necesitan unas condiciones materiales muy concretas para un adecuado florecimiento del amor, de sus afectos y de sus deseos, pero ¿se han dado estas condiciones alguna vez? ¿Cómo ha sido posible el amor, entonces? ¿Cómo es que la historia del amor y las relaciones constituyen un vendaval que ha sido imparable durante su largo avance, a pesar de sus dificultades materiales? ¿Puede el amor libre nacer en la miseria? ¿Supone esto un contraejemplo para nuestra tesis acerca de la necesidad material del amor? No del todo.

Es históricamente cierto que las formas hegemónicas de relacionarse no nacían de la abundancia material (¡ni mucho menos!) y que eso no impedía su desarrollo. De alguna manera, estas formas hegemónicas (precisamente por su inserción en los sistemas de dominación) eran las salidas (precarias y del sistema) a la miseria que la propia realidad y su dominación producía. Así, la familia (a través de la continuación de los padres en los hijos) ha sido durante siglos la única garantía de poder vivir cuando uno se hacía mayor.

Por otro lado, para las clases dominantes, la familia ha sido, especialmente en la época capitalista, una estructura económica de herencia, es decir, una estructura que reproduce socialmente el estatus de los padres hacia sus hijos y que, por tanto, impide la posibilidad de una mayor movilidad de una clase social a otra, es decir, poder salir del pozo de la miseria y precariedad si provienes de una familia obrera. Entonces, las estructuras hegemónicas que cristalizaban el amor y las relaciones sexoafectivas han tenido históricamente un papel dual: mientras que para las clases dominantes son las formas de reproducción del sistema, para las clases empobrecidas es la única forma de sobrevivir a la miseria impuesta.

Un estudio interesante sobre el tema, aunque muy centrado en los relatos y no en las condiciones estructurales, lo realizó Orlandina de Oliveira[1] en el que entrevistó a 88 mujeres y les preguntó por sus motivos de casamiento. Una primera conclusión que extrae al analizar las respuestas y los datos es que las mujeres provenientes de familias empobrecidas tienen una edad de casamiento considerablemente menor que la de sus homólogas enriquecidas. Esta conclusión encaja con nuestra tesis, según la cual la clase dominante es la única que tiene tiempo para elegir en el amor, mientras que las mujeres proletarias o subalternas *necesitan* casarse cuanto antes para poder sobrevivir. Esto queda más patente si analizamos, además, los motivos de su casamiento. En el estudio de Oliveira, a la pregunta sobre por qué decidieron casarse, las mujeres empobrecidas muestran una respuesta unánime: para huir de los problemas de su hogar. Misma unanimidad en las mujeres de clase dominante, aunque con un motivo diametralmente opuesto: por amor. Así, parece que conquistar el amor resulta un privilegio de clase frente a la necesidad de otras de condiciones materiales que posibiliten atender a la construcción del espacio amoroso que requiere de tiempos pausados y amplitud de espacios.

A lo largo de la historia, las configuraciones en las que el amor ha cristalizado (pareja, matrimonio, familia) han tenido un carácter profundamente dual según la clase que participaba en ellas: necesidad y condena, por un lado; ocio y crecimiento, por el otro lado. La lección histórica es entonces evidente: aspirar a tener relaciones justas, libres, autónomas, que nos generen posibilidades múltiples de vida, en vez de encarcelarnos y condenarnos, necesita de unas condiciones materiales concretas.

Entonces, la pregunta es la siguiente: ¿qué condiciones materiales se necesitan para poder plantar no-monogamias? O trayendo la pregunta a nuestro presente, ¿es que acaso podemos plantear una alternativa al amor monógamo sin una estructura material fuerte que nos sostenga y que nos dé un poco de cancha? ¿Podemos aspirar a amar de una forma más libre y autónoma mientras exista un sistema de clases, el patriarcado, la opresión? Esta es la verdadera pregunta sobre el amor. Sin abordar esta cuestión, toda alternativa que se ponga encima de la mesa será un privilegio de clase.

Por estas razones, apostar por formas no-monógamas —rizomáticas o no— de relacionarse en un mundo capitalista y patriarcal no está exento de tensiones y riesgos. Así, y por poner un ejemplo, durante una serie de entrevistas que Bebel Ortega realizó a distintas personas con experiencias no-monógamas, uno de los problemas más recurrentes en sus respuestas fue el tiempo, la materialidad de la relación:

> Muchos de estos malestares y contradicciones surgen por uno de los grandes problemas señalados por las participantes, la gestión de tiempo y espacios. Sam está convencido de que «el tiempo es una de las cosas más complicadas de gestionar de toda esta historia». Primeramente, porque si estamos apostando por las relaciones, por cuidarlas, por tejer «una red de vínculos emocionales, ya no solo sexuales, hay que dedicarles tiempo y energía», hace explícito Alex.[2]

¿Cómo vamos a relacionarnos con más gente si gastamos dos horas al día en transporte público para ir al trabajo, ocho horas trabajando, otras dos comiendo, otras ocho durmiendo (en el mejor de los casos) e, injusta pero mayoritariamente, en el caso de las mujeres otro gran porcentaje de horas atendiendo a las cuestiones de cuidados y tareas reproductivas? ¿Cómo vamos a poder pintar espacios de afectos si todos los sábados por la mañana tenemos que hacer, porque no queda otro momento, la compra en el súper? ¿Cómo compaginar la apertura que suponen las no-monogamias con un sistema económico que nos precariza cada vez más y que nos obliga a hacer malabares para ver a nuestras amigas, no digamos ya a nuestras amantes? Con razón dice Laia Estrada que «Es importante, además de iniciar procesos para eliminar el absurdo ideario de amor romántico, identificar las condiciones materiales que posibilitarían llevar a cabo modelos de relaciones sexoafectivas no dependientes ni exclusivas».[3]

Desligar las luchas por otras formas de amar de las condiciones materiales que las posibilitan es una mirada tremendamente burguesa, una mirada que obvia las condiciones reales de la mayoría de las personas porque propone otras opciones solo accesibles a un sector de la población. ¿Cómo vamos a follar si ni siquiera podemos independizarnos de la casa de nuestros padres? ¿Cómo van a encontrarse los cuerpos si cada uno libra un día distinto de la semana? ¿Cómo vamos a crear recuerdos si solo nos da para una lata en un parque? ¿Cómo democratizar los afectos si después de una jornada laboral de 8 o 10 horas no tienes fuerzas para salir de casa y cuidar a tu comunidad? Este, y no otro, es el horizonte de la apuesta por un amor más rizomático. Una apuesta que no separe la lucha anticapitalista de la deconstrucción del amor. Como ya dijo Eric Fromm en *El arte de amar*:

> Si el hombre quiere ser capaz de amar, debe colocarse en su lugar supremo. La máquina económica debe servirlo, en lugar de ser él quien esté a su servicio. Debe capacitarse para compartir la experiencia, el trabajo, en vez de compartir, en el mejor de los casos, sus beneficios. La sociedad debe organizarse en tal forma que la naturaleza social y amorosa del hombre no esté separada de su existencia social, sino que se una a ella. Si es verdad, como he tratado de demostrar, que el amor es la única respuesta satisfactoria al problema de la existencia humana, entonces toda sociedad que excluya, relativamente, el desarrollo del amor, a la larga perece a causa de su propia contradicción con las necesidades básicas de la naturaleza del hombre. Hablar del amor no es «predicar», por la sencilla razón de que significa hablar de la necesidad fundamental y real de todo ser humano. Que esa necesidad haya sido oscurecida no significa que no exista. Analizar la naturaleza del amor es descubrir su ausencia general en el presente y criticar las condiciones sociales responsables de esa ausencia. Tener fe en la posibilidad del amor como un fenómeno social y no solo excepcional e individual, es tener una fe racional basada en la comprensión de la naturaleza misma del hombre.[4]

Poder salir de las lógicas exclusivistas que jerarquizan y colocan un amor por encima de todos los demás y que, además, podamos salir todas y no sea una cuestión de privilegio, pasa por democratizar el acceso de todas las personas a tiempo de ocio de calidad, es decir, tiempo en el que no estemos trabajando ni en la oficina ni en casa. Por esta razón, tener las necesidades básicas cubiertas y una serie de condiciones materiales propicias son condición necesaria para que se dé esto, pero no suficiente.

Así, podemos delinear dos tesis con sus correspondientes perversiones. Primero, hablamos de unas condiciones materiales propicias, pero esto no ha de llevarnos a pensar que para que se dé el espacio amoroso se necesitan lujos, consumo y grandes bienes materiales. De hecho, si observamos ciertas dinámicas de relaciones de amor que se dan en ambientes con mucho dinero, vemos cómo el espacio amoroso se vertebra alrededor del consumo: grandes viajes, cenas en lujosos restaurantes, regalos ostentosos, etc. Como si todos estos elementos revelasen un gran amor cuando, en realidad, revelan una buena posición socioeconómica, aunque en según qué círculos se haya podido constituir como una forma de demostrar ese amor. Segundo, desvincular el amor del hiperconsumo, del ansia por la acumulación o por demostrar el amor a través de los grandes lujos, de las grandes inversiones, no ha de llevarnos (ni creemos que lo haga) a —la segunda perversión— una romantización de la pobreza. No en pocas ocasiones hemos escuchado —o hemos podido pensar o verbalizar— esta manida sentencia del «blanquito salvador»: «Son tan felices con tan poco». Bien es cierto que las grandes riquezas, los lujos, los gastos desorbitados... no propician la creación de espacios amorosos; más bien, en muchas ocasiones la dificultan o pervierten. De la misma manera, se necesitan condiciones materiales propicias que nos provean de espacios y tiempos libres para poder dedicar parte de nuestro tiempo a la práctica amorosa.

La creación de estos espacios amorosos también tiene que ver con unos tiempos concretos o, mejor dicho, unos ritmos; es decir, *tempos* que desafían y confrontan aquellos en los que el capitalismo acostumbra a operar: ritmos frenéticos donde todo se convierte en efímero, rápido y líquido. En su lugar, para que se den estos espacios amorosos, que implican cuidados, necesitamos tiempos pausados, ritmos que puedan ser lentos, que no caigan en la vorágine y en la rueda que persigue la novedad diaria; ritmos que, además, nos permitan la pausa para entender y pensar los vínculos y los encuentros que se van tejiendo. Porque esto continúa dentro de la lógica del consumo y producción frenéticas, sin descanso y sin límites. Para esto, claro está, necesitamos disponer de ese tiempo y con ello, como hemos dicho, de una serie de condiciones materiales que nos permitan dedicar ese tiempo a otra cosa que no sea el trabajo.

Vemos en ciertas costumbres o dinámicas rurales líneas de fuga dentro del sistema que normativiza y controla en mayor grado las interacciones amorosas en las grandes urbes. Así pues, en lugar de que se imponga como imperativo el consumo como medio para la interacción amorosa (¿o acaso no se tiene un porcentaje alto de citas fuera de bares, restaurantes u otro tipo de espacios en los que se necesite gastar dinero?), el ámbito rural nos abre a otro tipo de posibilidades que, además, nos sitúan en espacios más pausados porque también hay una menor privatización de los espacios comunes. La plaza del pueblo, la montaña, un lago o un parque, son ejemplos de espacios comunitarios que en las grandes ciudades no somos capaces de encontrar. De encontrarlos, en mucha mayor medida han sido apropiados por empresas privadas y para acceder a ellos, en ocasiones, necesitas pagar por ello o resultan espacios tan gentrificados por el turismo que no son habitables o cómodos. La revalorización de la vida rural, la necesidad de invertir en otros puntos geográficos fuera de las grandes ciudades y que sean atendidos y no abandonados por las instituciones públicas, también es importante desde esta necesidad de espacios que fomenten la comunidad y su cuidado y nos aleje de las lógicas y ritmos que puedan pervertirlos.

37
Ecología de las relaciones rizomáticas

Transitar la senda del amor rizomático en aras de distanciarnos de aquel llamado *amor romántico* pasa por entender que el amor no trata de un mero sentimiento, una pasión que nos inunda, nos paraliza y transforma nuestro interior sin que podamos decidir sobre ello. El amor conlleva sentimientos y emociones, afectos que nos mueven a la acción, pero no se puede quedar solo en eso. Esta idea del amor como meramente sentimiento que nos sobreviene nos conduce a una visión de la realidad donde no tenemos espacio para la libertad, para la acción de la voluntad, y nos dirige a cierto determinismo de las emociones. Esto nutre mitos como la idea de que el amor se inicia con un flechazo o que el amor se acaba cuando no sientes las mariposas del estómago. De esta manera, recogemos las siguientes palabras de Esteban:

> Para mí, el amor romántico es un amor donde el sentimiento prima por encima de todo absolutamente. Eso por un lado. Y, por el otro, es la rajadura. Un día estás en el infierno y el otro día estás en el cielo. Ese amor de telenovela, de «te quiero hasta la muerte», y mañana estamos sufriendo por cualquier bobada a la que le das una dimensión desorbitada...[1]

Ya describimos en la primera parte del libro cuando nos preguntamos «¿Por qué el amor?», qué importancia tiene una investigación tal, la manera en la que Erich Fromm entiende el amor como práctica, acción, es decir, «preocupación activa por la vida y el crecimiento de lo que amamos».[2]

Entender el amor como una práctica nos lleva a tomar responsabilidad de los espacios que construimos con las personas con las que nos involucramos e interactuamos afectivo-sexualmente. El amor como acción se asienta sobre cuatro pilares: el respeto hacia la otra persona, su autonomía y sus decisiones; la responsabilidad para con el vínculo que se está conformando; el cuidado y el conocimiento mutuos. Además, la constitución de los espacios amorosos requiere de ritmos más pausados que los que nos impone tanto el enamoramiento, el amor como sentimiento o pasión incontrolable, chispa de fuego que se enciende y hace arder los alrededores, como el libre mercado. De la misma forma, pensar el amor como práctica nos ayuda a detectar qué lógicas o tendencias dentro de según qué prácticas son positivas, deseables y emancipadoras, y cuáles son dominantes, violentas e indeseables, y, así, guiar nuestros actos amorosos hacia prácticas potencialmente emancipadoras. Fromm define la práctica amorosa como un arte, y como disciplina artística es necesario aprenderla. Así también, Bell Hooks, lectora de Fromm, en su obra *Todo sobre el amor* continúa alejándose de la idea del amor como instinto, como pulsión para entenderlo como acto de la voluntad que se va aprendiendo, en la misma línea que Fromm. Añade a los ingredientes cruciales de la práctica amorosa: la comunicación, el afecto, la atención, el reconocimiento, la confianza y la honestidad.[3] Así, entender el amor como una acción, y no como una emoción, nos lleva a tomar responsabilidad de la manera en la que llevamos a cabo ese acto y las lógicas que seguimos de forma más o menos consciente. Porque de los sentimientos no tenemos el control, no podemos decidir sobre ellos: a dónde se dirigen, la intensidad, etc., pero sí sobre las acciones que tomamos a partir de estos.

Dado que el amor es una práctica (o tiene más de práctica, de puesta en acción que de sentimiento, más de espacio que de ideas), queremos transitar por esta meseta algunas herramientas que creemos que nos pueden ayudar a atender mejor a una construcción sólida de un amor rizomático. No son herramientas que solo valgan para relaciones no-monógamas, ni mucho menos, sino herramientas transversales que, creemos, nos pueden ayudar a caminar por espacios más libres y donde la comunicación y el amor genuino se sitúen en el centro. De hecho, y como observará el lector, son herramientas que valen casi para cualquier tipo de espacios-relaciones, son herramientas que nos ayudan a surcar distintas llanuras y montañas sociales y, sobre todo, a analizar y construir espacios amorosos alejados de la idea de amor como pulsión que ensombrece una gran cantidad de violencias y que, en ocasiones, resulta la excusa perfecta para reproducir el consumo de personas, de cuerpos. Lo importante es abandonar este lenguaje sentimentalista que nos impone el paradigma del amor romántico, del que, además, se ha apropiado el capitalismo bajo la idea del consumo como *experiencia* (donde las emociones y los sentimientos que florecen es el motor del movimiento). Una vez derrotado ese deje romántico y emocional, la pregunta es clara: ¿cómo afrontamos la construcción de una (o varias) relación(es) afectiva?

Acontecimientos

En primer lugar, para pensar el amor fuera del lenguaje sentimental es importante pensar el *acontecimiento*. ¿Qué es un acontecimiento? «Los acontecimientos se efectúan en nosotros, nos esperan y nos aspiran, nos hacen señas», dice Deleuze.[4] Un acontecimiento no es un estado de cosas, un acontecimiento no es, por ejemplo, el anuncio que vemos mientras cenamos. El acontecimiento es lo que insiste por debajo de los hechos y, por lo tanto, subsiste entre las esquinas de la realidad. El acontecimiento corta la realidad, pliega al tiempo y es la fuente de sentido. El acontecimiento es ese momento en el que se abrió la grieta de nuestra relación, en el que la tendencia cambió. Todo fue aparentemente igual después, pero los movimientos de nuestros cuerpos cambiaron y se fue abriendo una brecha que no pudimos ver.

Y es que esto es algo muy común en los acontecimientos: normalmente no los vemos, no los sabemos interpretar. De hecho, los leemos bajo el marco habitual («ah, ese día no pasó nada, solo estábamos cansados»). Nos cuesta advertir la diferencia, las rupturas, los cambios sutiles y los interpretamos bajo ciertas herramientas de emergencia (estar cansado, discusiones normales, etc.). Le quitamos todo el sentido al acontecimiento cuando el acontecimiento es precisamente volteo del sentido, fuente que emana un nuevo rumbo. Por eso, un elemento fundamental para una nueva ecología de las prácticas afectivas es estar atentas a las señales, a los cambios, a las sutiles desviaciones. «Aquí es donde todo se complica, pues el encuentro con una señal se produce en la delgada línea entre lo que ya existe y lo que todavía no ha tenido lugar».[5]

Las señales necesitan de un intérprete que sepa trascender lo que ve, que sepa que esa situación, en realidad es síntoma de un nuevo desvío, de una nueva situación. Los acontecimientos, por tanto, necesitan que nos comprometamos con ellos, que les demos la importancia debida. El espacio afectivo tendrá que ser tal que permita esta crítica, este cuestionamiento, que permita atender a las señales y no darse cuenta de las brechas cuando estas son abismos. Así, las relaciones están lejos de ser paisajes monótonos, aplanados, como si las relaciones fueran un todo homogéneo. Al contrario, los espacios sexoafectivos están llenos de rupturas, de desvíos, de elevaciones, de descensos vertiginosos, de pliegues, de árboles salientes y simas profundas que nunca se tapan.

¿Cómo se manifiesta el acontecimiento en las relaciones sexoafectivas? «Éramos guapos y fuertes, estábamos llenos de amor y, de repente, todo eso comenzó a tambalearse, no entendíamos lo que nos sucedía, nosotros que éramos tan...».[6] Las cosas cambian y solo nos damos cuenta al final, cuando no hay vuelta atrás, cuando los efectos son tan fuertes que ya ni siquiera podemos plantear solución alguna. Pero todo eso comenzó en un momento (acontecimiento) silencioso y sutil en el que se produjo un giro que nunca se atendió. Desde ese momento, el acontecimiento se replica y multiplica de forma silenciosa. De forma paralela a la realidad que vemos, corre silente una «segunda historia, escrita en letra pequeña, la historia de una grieta silenciosa que atraviesa».[7]

La grieta es el grito silencioso de una realidad que se rompe sin poder gritar, porque nadie la atiende. La grieta va abriendo una sima más y más profunda. El acontecimiento multiplica sus efectos, pero seguimos sin escucharle («es que él no está pasando por una buena época», excusamos). Se multiplican las justificaciones que son, en realidad, interpretaciones sesgadas, que nos tranquilizan, que cierran la realidad y no la escuchan, que no se paran a tomarla en serio.

Es importante no confundir la grieta con los «accidentes ruidosos».[8] Estos son las manifestaciones de ese vacío que nos recorre. Los accidentes ruidosos son, por ejemplo, aquella discusión grave por ver qué hacíamos aquel día, la tarde que nos pasamos sin hablar porque estábamos desganadas, etc. Dice Deleuze en *Lógica del sentido*:

> [...] Todos estos accidentes ruidosos [...] no serían suficientes por sí mismos si no socavaran, si no profundizaran algo de una naturaleza muy diferente y que, sin embargo, estos no han puesto de manifiesto sino a distancia y cuando ya es demasiado tarde: la grieta silenciosa. «¿Por qué hemos perdido la paz, el amor, la salud, una cosa tras otra?».[9]

El amor requiere entonces de una capacidad de escucha muy alta, no solo hacia la persona o personas amadas, sino hacia la misma realidad, hacia el espacio mismo que estamos construyendo. Requiere estar atento a la salud del espacio.

Esta atención brilla por su ausencia en el paradigma romántico, que confía la salud de la relación a la presencia de los sentimientos. Pero sabemos que no basta con eso, nuestra experiencia nos muestra que las relaciones son espacios con sus propias lógicas, con sus propias dinámicas, que se parecen más a un barco en altamar que a una plácida lectura.

¿Qué hacemos entonces? ¿Cómo cabalgar el acontecimiento? ¿Qué hacer cuando hemos captado el quiebre, la falla, el nuevo devenir de la relación? Vercauteren, Crabbé y Müller proponen varias formas.

Una de ellas es la «línea».[10] Trazar líneas significa abandonar la pregunta «¿Qué me ha pasado?» y sustituirla por «¿Cómo proseguir, llevar a cabo, devenir el hijo de este acontecimiento?», es decir, no detenernos en buscar causas desconocidas o culpables, sino atender a las líneas que abre el acontecimiento: ¿a dónde nos lleva?, ¿qué quiere decir?, ¿hacia dónde nos inclina? Entender una relación y cartografiarla supone saber trazar las líneas que las atraviesan: la del deseo menguante por parte de alguien de la pareja, la del miedo a la soledad por parte de otro, etc. Se trata, repetimos, no tanto de rastrear en un pasado infinito esas líneas, sino de adelantarnos a sus cruces y a sus desvíos. Se trata de estar a la altura del momento y generar espacios que nos permitan protagonizar el cambio, dirigir nuestra muda antes de que la situación se haga tan insoportable y la grieta tan grande que tengamos que abandonarlo. Esto es lo que llamamos *cabalgar la línea*. En palabras de Deleuze:

> Que en todo acontecimiento esté mi desgracia, pero también un esplendor y un estallido que seca la desgracia. O bien la moral no tiene ningún sentido, o bien es esto lo que quiere decir, no tiene otra cosa que decir: no ser indigno de lo que nos sucede. Al contrario, captar lo que sucede como injusto y no merecido (siempre es por culpa de alguien), he aquí lo que convierte nuestras llagas en repugnantes, el resentimiento en persona, el resentimiento contra el acontecimiento.[11]

Artificio

Dado que el amor es una práctica, los elementos principales (pero no únicos) que la componen son los *artificios*. El amor, ese espacio que nos abre un nuevo mundo, es un espacio que se hace y, por tanto, resulta mucho más fructífero pensarlo como una técnica social específica (muy específica) que como una amalgama de sentimientos.

El artificio no es una técnica repetida, una receta seriada, sino que consiste en un hacer contextual. Un artificio es una creación para un determinado momento y ante un determinado momento que busca desatascar unas dinámicas que empiezan a convertirse en algo rígido.

El artificio es antes que nada uno entre dos, una forma siempre singular de responder a los problemas encontrados. Es una invención de procedimientos y de usos que constriñen al grupo a la vez a modificar algunos hábitos y a abrirse a nuevas potencialidades. Su terreno predilecto se sitúa entre lo que somos o lo que ya hemos dejado de ser y lo que estamos deviniendo.[12]

Nos mudamos con una persona con la que tenemos una relación sexoafectiva. Al principio todo va bien y en las cenas que hacemos las dos nos mostramos locuaces, despreocupadas, ilusionadas por compartir lo que nos ha ocurrido en el día. Con el paso del tiempo, nuestras ganas empiezan a disminuir, el régimen de potencias ha cambiado y ahora ya no tenemos la energía para sostener eso. Sin pararnos a pensar mucho, nos entregamos inconscientes a esos nuevos flujos agrios y secos que nos atraviesan: decidimos empezar a ver una serie mientras cenamos. Una noche, semanas después de esa decisión, nos sentimos extrañas: apenas hemos hablado en todo el día. Echamos la vista atrás y descubrimos el acontecimiento, vislumbramos la grieta y nos vemos a nosotras ahí, en medio de esa falla que cada vez se hace más grande. Vemos cómo ese espacio nocturno cambió y cómo nos entregamos a la desgana de nuestro cuerpo. Decidimos entonces cambiar, hacer algo al respecto, agenciarnos de nuestras propias posibilidades, decimos: «queremos hacer *algo* para revertir esta tendencia». Andamos en busca de *algo*, de una técnica, de un hacer, un artificio.

> [El artificio] trata de provocar la huida de los agenciamientos que, en una situación dada, bloquean, aprisionan las capacidades de actuar. Si su primera pregunta

> parece ser «¿cómo descomponer los segmentos duros que estrían el cuerpo de un grupo (rutina, burocracia, poder, fijación de los roles y del lenguaje)?», solo lo es en virtud de otro interrogante, más exigente y más importante a la vez: «¿cómo construir y afirmar nuevos modos de existencia colectiva?».[13]

¿Cómo construir nuevos modos de existencia colectiva? Esta es la pregunta del artificio y la que nunca puede olvidar cualquier persona que ame. Romper los segmentos duros que estrían nuestras relaciones y que las resecan. ¿Cómo? Haciendo, inventando nuevas formas de hacer y de hacer en común. «¿Y si —pensamos entonces— jugamos a una *app* de preguntas para conocernos mejor?», piensa de repente una de las dos. «O, quizá, podemos ver fotos juntas de cuando empezamos», dice otra. «Me encantaría que la cena fuese un rato para leernos poesía». De repente todo ebulle, nuevas formas de ser que nos prometen posibilidades de vida antes insospechadas. En esto consiste la creación de artificios.

Vercauteren, Crabbé y Müller,[14] en su estudio sobre los artificios, destacan varios componentes fundamentales y tres peligros que los acechan. De los primeros, y pensando en nuestro horizonte afectivo, queremos destacar cuatro elementos:

- Los artificios generan una cultura determinada (en nuestro caso la cultura amorosa) y forman parte de una cultura, en nuestro caso el patriarcado y el capitalismo. Respecto a lo primero, la riqueza de un espacio amoroso vendrá dado, visto de esta forma, como la capacidad de sus integrantes de modificar las tendencias rígidas que amenazan con aprisionarles. Respecto a lo segundo, los artificios deben ir siempre acompañados de un examen crítico. Quizá lo que pensamos que es un artificio para vivir otras formas de vida es, en realidad, hija del sistema que nos oprime. «Quizá la *app* mejor no», decimos, «aunque puede ayudarnos para lo que queremos, ya nos pasamos todo el día con el móvil como para hacerlo también otro ratito más».

- El artificio en las relaciones humanas no es un objeto particular, sino una acción que se piensa necesariamente como un hábito, una forma de hacerlo sostenible en el tiempo. No es una intervención de urgencia, sino una herramienta que esperamos adquirir para usarla en diferentes ocasiones. Por este motivo, solucionar las crisis afectivas con medidas excepcionales (hijos, viajes o similares) da buena cuenta de la falta de imaginación del espacio afectivo y de sus enormes problemas para encontrar otras formas de vida.
- No existe la ciencia del artificio. Nunca sabemos de antemano si va a funcionar o no. Quizás, después de leer poesía un par de noches, notamos que tampoco nos gusta tanto ese género o que estamos demasiado cansadas para concentrarnos. No lo sabemos. Pero esto no es un problema, sino una característica elemental del artificio: su incertidumbre.

> Se trata de creer en su fuerza para ver, por un lado, si esta abre nuevos agenciamientos y, por otro, si, con la práctica, estos nos convienen. Por lo tanto, la cuestión no reside en creer en el artificio en cuanto tal, en si es una idea teórica verdadera o justa, sino en si «hace nacer posibilidades para nuestra acción futura», en la práctica.[15]

- Por este motivo, resulta absurdo negar la capacidad transformadora de un artificio por las dudas que genera («no lo tengo claro»), porque uno nunca sabe cómo va a resultar el acoplamiento de los cuerpos con una nueva técnica.
- Los artificios solo pueden darse en espacios de experimentación. La riqueza de una relación sexoafectiva se podrá medir (entre otros factores) por el margen de experimentación que permiten. Los artificios tienen un claro componente de invención y, por eso, necesitan de un

espacio de improvisación, si no ni siquiera pueden nacer. Ahora bien, experimentar no es, como a veces se cree, libre arbitrio, hacer lo que uno quiere. El que experimenta busca, ante todo, probar una hipótesis (cómo generar un espacio común durante la cena) o cambiar una situación (no distanciarnos en casa). Para ello, el experimento-artificio deberá ir acompañado de una reflexión previa pero mantenida: ¿qué queremos cambiar?, después del artificio ¿ha cambiado algo?, ¿qué efectos ha producido?, ¿cómo nos hemos sentido?, ¿qué modifica?, ¿qué mantiene?, etc.

Sin embargo, los artificios no son panaceas. Como todo conjunto de fuerzas, en su interior habitan varios devenires, algunos de los cuales debemos tenerlos presentes si no queremos quedar atrapados por ellos. En otras palabras, los artificios también tienen senderos peligrosos por los que, si no estamos atentas, podemos deslizar sin darnos cuenta. De entre sus múltiples derivas, nosotras queremos rescatar dos:

- El primero de los peligros que describen Vercauteren, Crabbé y Müller es enamorarse de la forma. Cuando nos enamoramos de la forma, «los artificios se convierten entonces en otra costumbre rutinaria y no cuestionada». Olvidarnos de los efectos de los artificios: este es el primer peligro que nos acecha. El artificio lo inventamos para desencallar una situación, no por él mismo. Debemos mantener la misma flexibilidad e inventiva en todo momento. Quizá, a los pocos días leer poesía por las noches se nos muestre impotente (no tenemos tantos libros de poesía y perdemos, por ejemplo, mucho tiempo en buscar nuevos poemas). No pasa nada, no debemos mantener el invento a toda costa.
- El segundo peligro es el moralismo. El artificio pierde su fuerza si lo incluimos en el campo de la moral (*debemos* hacer esto, *debemos* leer poesía por las noches porque nos hace más cultos o porque creemos que así debe ser). Vercauteren, Crabbé y Müller ponen un ejemplo muy

común en espacios de militancia política: la necesidad de pedir turnos para hablar. Quizá este artificio arregle y solucione muchas dinámicas que sin él serían puro caos, pero mantenerlo a toda costa, porque así *debe ser*, independientemente de la situación, puede ser impotente:

> En el caso de las rondas de palabra o en el de ese procedimiento que obliga a apuntarse en una lista de espera para poder hablar «cada uno a su turno». Si estos artificios se convierten en una forma de regulación de la palabra que se ejerce por principio, «en nombre del derecho de cada uno a poder expresarse (libremente) y del deber de cada uno de respetar la (libre) palabra del otro», es bastante probable que haya más palabras que pensamiento colectivo.[16]

En fin, pensar las relaciones sexoafectivas en particular, y las relaciones personales en general, bajo el prisma de los artificios es tremendamente útil.

> Experimentar elementos de tránsito, darse referencias y formas de hacer colectivo, expresa la voluntad de ejercer los gestos y el pensamiento propios en nuevas formas de vivir y de sentir. La aspiración de los artificios se sitúa ahí, no en sí mismos, sino en el movimiento que nos obligan a tomar, en los desajustes que nos obligan a producir, en la búsqueda que nos fuerzan a realizar.[17]

Fantasmas

Las relaciones están llenas de fantasmas. Los fantasmas son huellas de un pasado que no ha pasado, son rastros marcados en nuestra piel: voces, palabras, hechos... Los fantasmas están presentes como una ausencia marcada, como un vacío con gravedad propia. Aunque nos gustaría que fuera de otra manera, los fantasmas conviven con nosotros en nuestras relaciones (a veces más, a veces menos).

> Lo que nos interesa en esta entrada es subrayar las relaciones entre el grupo y sus fantasmas: ¿cuáles son las conexiones entre los múltiples acontecimientos (políticos, sociales, psíquicos...) que hemos atravesado, que nos han hecho tambalearnos, pero que, al mismo tiempo, han creado contingencias singulares (lenguajes, mímicas, roles, estilos de organización...), y bajo qué formas se las convoca cotidianamente en nuestras actividades colectivas?[18]

Para una ecología de las prácticas amorosas, será fundamental el estudio de los fantasmas. ¿Qué no somos capaces de pronunciar? ¿Qué escenarios imaginarios nos perturban tanto que marcan nuestro ritmo sin darnos cuenta? ¿Qué acontecimientos en nuestras relaciones sexoafectivas dejan una huella tan larga que nos condiciona el futuro? A veces los fantasmas obedecen simplemente a una lectura cronológica: se empieza a hablar de la «etapa rosa» de la pareja, aquella etapa dulce inicial en la que todo iba bien. Se idealiza y nos colocamos, inevitablemente, en la decadencia («nunca volveremos a estar como entonces»). Los fantasmas crecen y pueblan nuestro espacio. Nada es como era y nunca lo volverá a ser, pensamos. ¿Por qué seguir? ¿Ha sido siempre así? Los fantasmas nos asfixian.

A veces los fantasmas tienen la forma de un acontecimiento. Una mentira, un engaño, una traición. El acontecimiento queda en el pasado, pero persiste en la relación como un fantasma sempiterno. Siempre presente, siempre subyacente a lo que decimos. Todavía se debe pagar esa traición, todavía se debe reparar ese daño. Los roles cambian: una, la engañada; la otra, la traidora. Los espacios se modifican y se pliegan al fantasma: no tenemos suficiente confianza como para afrontar esto de esta manera. El fantasma, en momentos de discusiones fuertes, sale y se enuncia: «¡Todo empezó ahí!». El acontecimiento-fantasma organiza todo un estilo de la relación, toda una serie de discusiones, de temas, de miedos, de acciones. Puebla, gobierna y ocupa un centro vacío.

> Nuestro problema pasa, pues, por interrogarnos sobre una de las relaciones que existen entre los acontecimientos pasados (tanto recientes como lejanos) y nuestra actualidad e intentar comprender bajo qué formas, hoy en día, los estamos prolongando.[19]

Será muestra de la riqueza de un espacio sexoafectivo su propia capacidad para construir su imagen y huir de los gritos de los fantasmas y sus prisiones. Para ello es fundamental localizar el fantasma, hallar el vacío exacto a donde nos llevan todas las conexiones, descubrir el acontecimiento-fantasma que acorta nuestras posibilidades como espacio sexoafectivo, localizar el fantasma-miedo o el fantasma-grito que gobierna a los integrantes. Se tratará, entonces, de localizar su mensaje, de ver qué nos impide, cuáles son las imposibilidades que nos transmite, cómo nos ata, qué no nos permite hacer y, por encima de todo, cómo nos gobierna, cómo es su ley de gravedad, cómo organiza las fuerzas que rodean a los cuerpos.

> Hace falta en primer lugar poder localizar los fantasmas que circulan, esas fuerzas extrañas que habitan los lugares de las reuniones, nuestro lenguaje, nuestras costumbres colectivas [...]. De hecho, muchas veces son parte integrante del tipo de humor o de los insultos que se usan en el grupo, o de ciertos ritornelos y actitudes que lo caracterizan. Los nuevos integrantes de un grupo pueden tener miradas «reveladoras» en este sentido. Y con doble razón. Al «entrar» a una cultura que no es la suya, están en un lugar privilegiado para estar al acecho de esos fenómenos extraños que son los fantasmas.[20]

Las integrantes del espacio sexoafectivo tratarán, artificios mediante, de localizar las heridas del espacio, las fisuras que emanan pus y sangre, los dolores que alimentan el fantasma. Rastrearán los reproches recurrentes, los miedos callados, los problemas constantes. ¿Qué tienen en común?, se preguntarán. Todos estos fenómenos ruidosos, todo este conjunto de imposibilidades, todas estas ganas que no pueden, que no pueden porque hay algo que se lo impide, ¿alrededor de qué ausencia orbitan? ¿Qué fantasma alimentan?

La solución pasará, en el caso de los fantasmas-acontecimientos, por construir otra genealogía («acuérdate de esto otro que nunca lo decimos», «¡hacía mucho que no recordábamos esto!»). Una genealogía que quite el centro y el peso al acontecimiento-traición o acontecimiento-engaño, en fin, al fantasma. Se tratará de rechazar la genealogía que nos impone el fantasma («después de esto, nada importante pasó» o «todo iba bien, pero ahí se torció todo para siempre»), y construir otras que nos abra diversas posibilidades y nos permita habitar otros presentes caracterizados por más posibles y sin la asfixia de la impotencia.

En el caso de los fantasmas-miedo o los fantasmas-grito, el desatascamiento pasará por crear artificios que permitan convivir con esos miedos y gritos internos, darles espacio, generar comodidad a su alrededor sin rendirse a ellos, pero tampoco condenándolos. Artificios que pongan en el centro, precisamente, esos fantasmas.

Así, es fundamental para la calidad de nuestras relaciones darnos cuenta de que los fantasmas no son eternos, sino que hay que agenciarse de ellos para que puedan irse, escuchar las heridas de las que manan para que puedan dejar de chillar y supurar.

> La apuesta y el interés de estas diferentes modalidades de exploración se sitúa ahí: por un lado, percibir los hilos que nos mantienen atados a los fantasmas que actúan en nosotros, para unirnos a las fuerzas de vida que nos procuran, y, por otro, liberarnos de las fuerzas que nos ahogan, que nos separan de lo que somos capaces hoy en día.[21]

Silencio y palabras

En la práctica del amor, una de las llanuras principales es la del lenguaje. Construir un espacio sexoafectivo con alguien significa crear un lenguaje privado que dote de estructura a una realidad afectiva. Pero ¿es que acaso importan las palabras? Las palabras, se decía, son una simple representación de la realidad. «No porque creamos que tú eres blanco, eres blanco en efecto, sino porque eres en efecto blanco, y al decir nosotros que lo eres, decimos la verdad», dice Aristóteles en el libro IX de la *Metafísica*. Las palabras nos guían por la realidad, pero —o eso decían los antiguos y no tan antiguos— es la realidad, al fin y al cabo, de la que debemos ocuparnos. Las palabras, según esta visión, son meras representaciones.

Pero esta forma de concebir el lenguaje no es del todo exacta. Las palabras no solo representan la realidad cual retrato fidedigno, sino que también la cortan, la moldean, la segmentan y la organizan en flujos, corrientes y tramos, a la par que van cooperando en su constitución. «¡Basta ya! ¡No quiero seguir contigo!», y la realidad se rompe, se retuerce. Esas palabras no representan nada, pillan a la realidad desprevenida y la modifican por completo. «Entonces, ¿ya no estamos juntas?». La realidad no sabe, espera impaciente las palabras que codifiquen su devenir.[22] «¡No!». Y ya es tarde, ya es tarde incluso para la realidad misma. El lenguaje no es un mero objeto representativo, sino que su capacidad performativa nos permite *realizar* sus posibilidades (como cuando decimos: «Te apuesto dos euros a que gana mi equipo»).

Y hay más. El lenguaje no es únicamente referencia, sino también sentido y, por tanto, formas de vida, existencias colectivas y posibilidades contenidas en múltiples devenires. Nombramos las cosas de distintas maneras porque nos acercamos a ellas de diferente forma, y en este acercamiento se nos abren nuevos mundos. ¡Solo un científico inepto pensaría que su descripción física de la amapola y la de un poeta son iguales porque se refieren al mismo ente! Las palabras visten sentidos y dibujan nuevos caminos, aunque se refieran continuamente a los mismos objetos. Pensar las palabras como herramientas clave en los espacios sociales en general, y en los espacios sexoafectivos en particular, supone «abrirse a los agenciamientos de una palabra, al movimiento en el que se insinúa y al contexto en el que surge».[23] ¿Cómo hablamos de lo que hablamos cuando amamos?

Nunca hablamos por primera vez. Siempre nacemos en una lengua, es el lenguaje el que nos habla. Nosotras, apenas sin darnos cuenta, andamos por sus senderos. Siempre estamos, y esto es crucial, en el medio del lenguaje: nunca en el principio ni en su final, siempre estamos en mitad de una lengua ya inventada, pero nunca cerrada. Así, dibujamos el amor con palabras ya usadas, manidas, viciadas, para describir y descubrir algo nuevo y poderoso: celos, amigos, pareja, aniversario, follamigo, lío, crisis, enamorar... Las palabras marcan sus propios senderos y andan presas de sus propias lógicas, las tradiciones y los mitos se cuelan por sus esquinas y nosotras, ¡ay, nosotras!, nos vemos cada vez más imposibilitadas para buscar rutas posibles que permitan otras formas de vida.

Se tratará, entonces, de reconocer los baches que nos produzca el lenguaje y sus propias imposibilidades. Las violencias que impone a los devenires de nuestro amor, los caminos que nos obliga a tomar («No, no es exactamente mi amigo, pero tampoco es una pareja», «No es una crisis, es otra cosa»). La inventiva del amor consiste en enriquecer el lenguaje privado, centrarse en crear nuevas palabras que vayan por delante de la realidad, palabras cuyo sentido nos venga dado como pura posibilidad. Desarrollar con las personas amadas la capacidad para inventarnos, para crear palabras que vayan a morir esta noche, pero que capten toda la posibilidad que esta noche encierra. Enriquecer nuestro lenguaje privado para no depender de una tradición anquilosada. Construir recetas, probar palabras, jugar con ellas. Se trata de desordenar y observar los cambios de mareas que ocurren en este desordenamiento:

> Pero, en este plano, la cuestión tal vez consista menos en saber identificar la composición de esta lengua dominante que en inventar las formas en las que el

> grupo intentará desordenarla [...]. La cuestión se sitúa entonces en las capacidades de un grupo para hacer huir su propia lengua mayor e inventar nuevas palabras capaces de arrastrarlo a un devenir bastardo, extraño a su propia cultura lingüística.[24]

Vista la dimensión creadora del lenguaje y su capacidad de (in)sumisión a la realidad, se tratará también de vigilar todas las tentativas del lenguaje de enmudecer los cuerpos, de no escucharlos. A veces, cuando las potencias disminuyen y los afectos tristes nos recorren, la boca se niega a escuchar al cuerpo y las palabras se deslindan de él: «Estamos bien, simplemente hay días y días». Las palabras se independizan del cuerpo y dejan de significar. Se convierten vacíos automatismos, en el lenguaje del *uno*, en términos de Heidegger. Las palabras vuelan y el lenguaje discurre sin tocarnos, no sabe cómo estamos, él sigue a lo suyo: «Seguimos bien, no hay de qué preocuparse, es todo cosa de voluntad». La misma impropiedad que cuando saludamos al vecino y mantenemos una conversación anónima con él.

> De esta suerte, puede tender a despegar el cuerpo y la palabra uno del otro: «Todo va bien y todo irá bien, no es más que una cuestión de tiempo y de voluntad», cuando «dentro» las cosas no dejan de chirriar, de agrietarse. Por el contrario, la articulación cuerpo-palabra puede llevar a ambos términos, a ambos polos, a reunirse, a converger, tal y como el primer «te quiero» en la efusión de dos cuerpos que se entrelazan. Por último, la articulación puede producir una interferencia en la percepción, como en el caso del enunciado: «Nosotros funcionamos de manera autogestionada», cuando en realidad el cuerpo está estratificado y jerarquizado.[25]

Enriquecer el espacio afectivo pasará por estar atentas a esta independencia de las palabras del cuerpo, de no darlas un automatismo peligroso. Se tratará de no normalizarlas, de examinarlas siempre, de sentirnos extranjeras respecto al lenguaje que usamos con nuestras amantes. No tanto para escapar del lenguaje, pues es la piedra angular del espacio y sus colinas, sino para ser capaz de desordenarlo, manejarlo, mantenerlo unido a la piel y de examinar sus efectos. Ser conscientes de que el lenguaje arrastra y tiene sus dinámicas:

> Se trata de desarrollar una prudencia relativa frente a los/las órdenes que damos a la vida. ¿De qué manera solemos hablar de algo? ¿Cuáles son los efectos prácticos de esa consigna sobre nuestro cuerpo y sobre nuestro devenir? Referirse por ejemplo a un proceso con palabras del tipo «cometimos un fallo muy grave» o «lo que vivimos no fue más que una ilusión» seguramente tendrá como efecto producir culpabilidad o alguna forma de estado depresivo. Usar la palabra «equivocación» en lugar de «fallo» y la expresión «hemos vivido una experiencia ambivalente» en lugar de «no fue más que una ilusión» puede producir otra relación con lo que se está viviendo y con lo que tendrá lugar en el futuro. Preferimos, entonces, las palabras que se agencian con el cuerpo y se componen con él dando pie a nuevas formas de hablar y bailar, en lugar de mandar callar a la vida, menospreciarse o morir.[26]

Dejarlo

Amor, amor, mucho amor. ¡Apologetas del amor! ¡Ojalá más amor! Escribir un libro sobre amor para más y mejor amor. Todo amor, amor. Pero ¿y luego qué? Está bien por un rato, pero ¿qué pasa luego? ¿Por qué no hablar del después? ¿Por qué tantos discursos alternativos a la monogamia persisten en el vicio romántico de no hablar del final? ¿No es acaso este deje la manía sempiterna de fingir que el tiempo no existe? ¿Por qué no articular la resistencia al amor romántico y los caminos alternativos desde la visibilización de la ruptura, la finitud y los procesos de decadencia? ¿Por qué no entender el amor *incluyendo* estas fases?

Este es un punto central para la teoría y la práctica de un amor rizomático, un amor que se sabe siempre finito y en constante cambio. ¿Quiere decir eso que estemos condenados a la soledad, que vayamos a morir en el absoluto abandono o algo por el estilo? No, para nada. Simplemente se trata de notar que nuestros lazos son cambiantes y que pasan por distintas fases. Algunas veces esta fase significa la separación definitiva con una persona determinada (otras veces no), pero estamos inmersos en otras redes y sucederán nuevos encuentros. Cuando hablamos de la finitud y la ruptura, hablamos de un lazo concreto a lo largo del tiempo.

Pensar el final de los espacios (románticos o de otro tipo) es una de las claves de su salud, es decir, aquel espacio o red afectiva que es capaz de tematizar su disolución es, creemos, un espacio más flexible a su propio devenir. Obviar este desenlace es lo que produce que muchas líneas se segmenten en estratos fijos y sólidos de la realidad, complicando más aún el movimiento. Persistir con tal de retroceder a un inicio que nunca va a volver, quizá sea esta la mayor neurosis del amor que se cree infinito. Resume esto mucho mejor Guattari cuando dice en *Psicoanálisis y transversalidad*:

> El criterio de un buen grupo consiste en no soñarse único, inmortal y significante [...], sino en conectarse con un afuera que lo confronte con sus posibilidades de sinsentido, de muerte o de fragmentación, por la misma razón de su apertura a los demás grupos.[27]

Se trataría entonces de pensar las relaciones sexoafectivas como destellos de pura casualidad, como instantes en un tiempo inmensos, no lamentándose tanto por lo que no pudo ser, sino por las maravillas de robarle al tiempo infinitas posibilidades en un instante. En vez de estirar el acontecimiento hasta una eternidad imposible, intentar concentrar en ese instante-acontecimiento la eternidad inmensa, dotarlo de un sentido pleno. Vivirlo de tal forma que pudiéramos vivir una vez sí y otra también. ¿No es este el eterno retorno del amor?

Dice Guattari: «conectarse con un afuera que lo confronte con sus posibilidades de sinsentido, de muerte o de fragmentación», es decir, ser capaces en tanto amantes de tematizar el afuera, de vislumbrar las condiciones de imposibilidad de nuestro amor: la distancia, los distintos intereses, los posibles devenires de la convivencia... Ser capaces, en fin, de pre-sentir la ruptura, de conocer los cuerpos y saber las condiciones bajo las que los encuentros quedarían impotentes, insatisfechos, frustrados. Eso implica conocer las casualidades que hacen que los encuentros funcionen en este preciso instante.

Abandonamos, entonces, todo lenguaje sentimentalista («basta con quererle, lo dejaremos cuando no sintamos lo mismo») o espontaneista («la magia surgió y así, de la nada, también puede no surgir») para entrar en la cartografía de los mundos que nos componen, de los encuentros que nos conforman, de los cruces que se van constituyendo. Se trata de ser capaces de dibujar las líneas que nos unen y notar su contingencia, descubrir su aleatoriedad y perseguir sus efectos; rastrear sus peligros, atisbar enquistamientos y pelear nuevos caminos. Esto implica, casi necesariamente, tematizarse siempre dentro de un mundo social particular («por la misma razón de su apertura a los demás grupos», dice Guattari). Es decir, es necesario pensar los flujos sociales que atraviesan los distintos cuerpos, sus dinámicas y sus inercias (tanto centrípetas como centrífugas) para ser capaces de delimitar la imposibilidad del propio espacio.

Pero ¿cuál es el estatuto ontológico de la ruptura, de la disolución? ¿Cómo pensarlo? ¿Cómo tematizarlo? Al igual que Heidegger en su análisis sobre la muerte en *Ser y tiempo*, erraríamos si pensásemos en la ruptura como un punto definido en la línea temporal, como una fecha marcada que va a llegar. Uno nunca sabe cuándo se va a romper la relación. La ruptura no tiene un día programado. La ruptura es una posibilidad más, otro devenir de la relación, pero con una diferencia clara: es su devenir más propio e incluso inevitable si consideramos la condición finita de nuestra existencia. No porque sea el más probable, sino el más propio en sentido heideggeriano: es la posibilidad que enfrenta a la relación a sí misma, que le obliga a ponerse frente a un espejo, a averiguar sus rincones y sus esquinas, a vislumbrar su genealogía y su historia. En el resto de posibilidades, puede haber cierta impropiedad (ir a cenar al Tagliatella o veranear en la playa), pero la ruptura siempre es *nuestra*, nunca es nadie más, nunca puede explicarse por nada ajeno a la misma. Así pues, pensar la ruptura (es decir, de pensarla en tanto posibilidad, no real, sino posibilidad misma) es ser capaz de pensar el espacio, de cartografiarlo.

Tematizar la ruptura dentro de nuestros espacios afectivos sirve, además, para quitarnos todo el peso innecesario de la eternidad, para evitar un compromiso eterno imposible (una suerte de promesa al aire), para evitar anclarnos a un lugar que ya no es, para no limitar nuestras posibilidades cuando estas sucumben a un juramento imposible («me da miedo dejarlo», «aunque estamos mal, no sé qué haría sin esta persona»).

Esto no implica, no se nos malinterprete, apostar por la ruptura frente a cualquier opción, ni mucho menos. Tematizar la ruptura nos ayuda a darnos cuenta de derivas indeseadas, de cambios en los regímenes de potencias, de disminuciones de las posibilidades de vida. Sabíamos que podía pasar y detectamos la grieta cuando surge. Se tratará en estos momentos de buscar nuevos agenciamientos, de ver los cambios y modificar las estructuras. Y todo esto sin miedo al cambio o a la incertidumbre, pues se ha perdido el miedo a la disolución del espacio amoroso. Tematizar la ruptura nos hace, paradójicamente, más libres. Nos hace construir no desde el miedo a la pérdida o la desaparición (desde la negación), sino desde el deseo y la apertura (desde la afirmación). Nos dice: «cambiando esto quizá no funcione, pero hemos detectado una tendencia que, de no atajarla, se consolidará en pura imposibilidad». En otras palabras:

> La clausura es un momento del proceso que permite recomenzar a partir de nuevos agenciamientos. Se halla en el medio o en los medios del recorrido, funciona como un dispositivo de localización de los límites, atolladeros y posibilidades que nos abre el camino.[28]

Vercauteren, Crabbé y Müller hablan así de tránsito o «muda»:

> Desde este punto de vista, también se plantea la cuestión de la clausura. Pero solo se aborda a partir de lo que se está haciendo. Así, pues, si se estima que el proceso emprendido se está desecando, que está afectando de forma triste la práctica, nos detenemos para tomarnos el tiempo de sacar una conclusión provisional: las cosas ya no funcionan o no funcionan demasiado bien por este camino, conectémoslo entonces con uno nuevo y veamos lo que esto produce. Lo que se busca, en definitiva, es crear tránsitos poco a poco.[29]

¿Qué pasa en la muda? ¿Cómo es el tránsito? «Durante la muda, el lagarto cambia algunas veces su comportamiento de forma radical y, mientras el color de su ropaje se modifica, él se vuelve irascible». El cambio nos violenta, altera los ritmos y nos implica esfuerzos. Los tránsitos atraen también miedos y pueden desempolvar fantasmas, requieren un exceso de energía y suponen, además, un momento de clara vulnerabilidad. Sin embargo, «una vez terminada la muda, tras deshacerse de su antigua piel, el lagarto se siente más ligero y recupera el apetito». El tránsito es, desde este punto de vista, un salto de fe, pura experimentación.

Para devenir-reptil y poder vivir el amor en el tiempo y no ahistóricamente, como los dioses o en los cuentos, necesitamos sabernos cambiantes. Alguien dice: «Yo soy así y siempre he sido así y no me ha ido tan mal» o se reprocha el cambio: «Tú antes no eras así» o «Esta no eres tú», y de repente el proceso se enquista y se condena.

Con este tipo de presupuestos, podemos estar seguros de que el primero que comience a desear un poco otra cosa, el primero que mude, en definitiva, será desterrado. En estas condiciones, no resulta sorprendente que el grupo solo pueda abordar su propia transformación en forma de «clausura» y, por lo tanto, de ruptura, de escisión o de descuajeringamiento general, bloqueado como está entre una imagen, una «representación», de lo que es (o era), y otra de lo que querría o debería ser. No hay medio, no hay proceso, no hay devenir, solo hay puntos fijos por franquear para alcanzar la realización última, el sueño anhelado.[30]

Así, la ruptura o el cierre aparece como posibilidad ineludible en tres momentos específicos:

- Cuando el grupo se enquista y se aferra a sus líneas históricas («Yo soy así», «Siempre hemos hecho esto»). En este caso, persiste la idea de que los afectos negativos que empiezan a recorrer el espacio son momentáneos o contingentes, frutos de una «mala época». Nada hay que hacer, dicen, porque nada pasa y lo que pasa no está en nuestras manos. En este caso, el grupo se pelea contra su propio devenir y el espacio insiste en su declive: todas las posibilidades se cierran para convertirse en sombra de lo que un día fueron.
- Cuando la imaginación se agota y la capacidad inventiva disminuye. En este caso, la ruptura es por agotamiento, por falta de nuevos métodos, por la ausencia de nuevos caminos que no nos aten y que nos permitan amarnos. El diagnóstico es compartido, pero la grieta ha invadido los cuerpos y estos andan cansados, en deriva, y solo pueden soñar con dejarlo, con hacer ese último esfuerzo.
- Cuando no se aterriza en acuerdos comunes, esto es, cuando el lenguaje común que habíamos construido no se entiende para una de las partes (o para todas). Entonces la comunicación y el entendimiento se paralizan, no permiten avanzar.

Y es que al final de lo que se tratará es de examinar el régimen de potencias bajo los distintos agenciamientos. Desde este punto de vista, la clausura no es tanto un acontecimiento que hemos de desear o buscar por sí mismo, sino que puede vivirse como un destino o como un agenciamiento que se lleva a cabo, como una decisión a la altura de los acontecimientos:

> Si abre pistas inéditas y reconfigura viejos agenciamientos, devolviéndoles un poco de aliento, entonces, adelante con ella. Pero si la clausura no clausura nada y se limita, por ejemplo, a perpetuar el lastre del pasado bajo nuevas formas, mejor buscar otra cosa. [...] Lo cual no quita que, como puede deducirse, prefiramos el «movimiento» y las «mutaciones» a la «clausura». Recomenzar si el camino se agota, volver a experimentar allí donde nos detuvimos: el grupo huele a cerrado, la cosa peta regularmente, no hay ganas de venir —y otros tantos motivos—, entonces, probemos de otro modo. Diciéndonos que no es una catástrofe, que nos podemos equivocar y que decírnoslo, reconocérnoslo y tenerlo en cuenta constituyen las mejores condiciones para querer recomenzar, pero no desde el principio ni desde el final, sino a partir del medio, allí donde la vida está en movimiento...[31]

No en vano, y a propósito de todo esto que venimos comentando, escribe Erich Fromm, en su ya citada obra: «[...] el amor es un desafío constante; no un lugar de reposo, sino un moverse, crecer, trabajar juntos».[32] Por eso, para saber hacia dónde movernos, en qué dirección construir y en cuáles no, necesitamos pistas, guías que nos puedan ayudar a trazar caminos y a localizar pozos oscuros en esta travesía a través de los espacios y prácticas amorosas.

38

No es mi culpa, no es mi culpa, no es mi gran culpa

Todo lo dicho hasta aquí está muy bien, es incluso bastante interesante. Cualquiera que tenga un interés en el tema se marcha con un recorrido histórico básico sobre las formas de amar, con una serie de paralelismos entre las relaciones monógamas y el capitalismo, por un lado, y el patriarcado, por el otro. Acaba el libro, además, con unas luces que indican algo nuevo, algo *allende*, un más allá que no es ninguna trascendencia, sino una inmanencia, un *más acá*. Una termina un libro de estas características y se deja afectar (o eso esperamos). Recordamos la cita que introducía el libro de Foucault: ¿de qué vale la adquisición de conocimiento si no hubiera de extraviar a aquel que conoce? Cuando hablamos de superar la monogamia, no lo hacemos por algún tipo de disputa escolástica o disquisición filosófica, sino para cambiar nuestras propias vidas, para transformar el mundo en el que vivimos, no solo para pensar sobre él. Hablar y reflexionar sobre la superación de la monogamia, trascender el paradigma es, en última instancia, trascender un modo de habitar el cuerpo. Desde nuestros cuerpos. Y poner el cuerpo, descolocarlo, moverlo a coordenadas nuevas, tensionar sus límites o sus zonas de confort. Así pues, seguir las luces que alumbran algo más acá de lo conocido, puede ser profundamente doloroso.[1]

Queríamos acabar este ensayo sobre el amor con un apartado que hablara sobre la realidad corporal de cualquier cambio, sobre las dificultades reales que experimenta una cuando decide adueñarse de su vida y situarse a contracorriente. Desde nuestra experiencia personal, en la mayoría de textos que encontramos sobre alternativas a la vida monógama, hemos echado en falta usualmente una voz que hable desde el cuerpo, desde las entrañas que reconocen contradicciones y límites, una voz que diga «Chicas, chicos, no se pasa bien. Es incómodo, trastoca, implica esfuerzo y es un gasto de energía extra. Además, hay mucha labor en el proceso de construir espacios emancipadores». El silencio de una voz así puede confundirnos y hacernos pensar que es fácil o que basta con ponerse para conseguirlo. Este hecho puede situar nuestras expectativas en un lugar que, de no cumplirse, podemos sentirnos tremendamente culpables. ¿Cómo sentirnos sabiendo que nos relacionamos de una forma que alimenta las subjetividades patriarcales y capitalistas, pero no teniendo la agencia suficiente para cambiarlo?

Solo tenemos un cuerpo. Y un cuerpo sintiente, además. Un cuerpo que sufre cuando se le descoloca, cuando lo azota frío viento que habita fuera de la norma. Por eso, dada la corporalidad inherente al tema y la precariedad de un mundo que se viene abajo, queríamos acabar el libro con un apartado que supusiera una voz *realista*: no siempre podemos permitirnos el desgaste mental de poner el cuerpo para formar otras formas de vida para las que el sistema no solo no está preparado o interesando, sino que las repele activamente.[2] Evidentemente, hay condiciones materiales y mentales más propicias que otras de romper la normalidad y habitar esa grieta. Una grieta dura, dolorosa muchas veces. No siempre, en fin, podemos permitirnos el desgaste que supone afrontar un cambio en nuestras relaciones sexoafectivas o la turbulencia de cambios sobre dinámicas que están muy insertas y asimiladas en nuestros cuerpos. Este apartado tiene como único fin decirte que está bien, que no siempre podemos poner el cuerpo.

En la investigación que realizó Berbel Ortega sobre relaciones no-monógamas, y que hemos citado más veces en esta cuarta parte, las dificultades de materializar una práctica que se presentaba teóricamente coherente era una de las «quejas» más repetidas. Así, una de las entrevistadas, dice:

> Me ha quitado mucha energía tener que empezar prácticamente de cero cada vez [...]. Si yo me compro un móvil nuevo con un sistema operativo diferente al de la mayoría de gente, no compatible con ellas, ¿de qué me sirve tener ese móvil si la mayoría de funciones del móvil sirven para comunicarse con el resto?[3]

Ahora bien, el reconocimiento de la imposibilidad emocional de sostener un proceso de por sí difícil no puede significar abandonar ante cualquier signo de incomodidad. Como dijimos respecto al régimen de potencia, el placer y el dolor no son *necesariamente* indicadores de los encuentros que nos abren más o menos potencias: existen encuentros, como salir la noche antes de una oposición, que pueden generarme más placer, pero que pueden —a su vez— suponer una disminución de la potencia de nuestros cuerpos. Para entender de qué forma planteamos aquí *lo bueno,* hemos de alejarnos de la idea hedonista de que *lo bueno* es únicamente lo que nos reporta placer de primeras.

Así, si queremos cambiar el rumbo de nuestra subjetividad, si queremos dejarnos afectar por lo leído en este libro, si queremos agenciarnos sobre las posibilidades de nuestras relaciones sexoafectivas, entonces hemos de saber que la incomodidad y el desgaste son (al menos en buena parte del proceso) una parte constitutiva del nado a contracorriente. Sara Ahmed lo expresó de una forma mucho más acertada:

> La comodidad es el efecto de los cuerpos que pueden «acomodarse» en espacios que ya tienen su forma [...]. La incomodidad no es simplemente una elección o una decisión —«Esto o lo otro me hace sentir incómoda/o»—, sino un efecto de cuerpos que habitan espacios que no tienen ni «extienden» su forma [...]. Definir una familia como *queer* es interrumpir una imagen ideal de la familia, basada en la unión heterosexual, la procreación y el vínculo biológico.[4]

Ni la culpa por la impotencia en un determinado momento ni la frustración por la idealización de vivir fuera de la norma. Esta situación paradójica (el hecho de que aspirar a relaciones sexoafectivas más autónomas implique procesos dolorosos o emocionalmente complejos) es lo que ha llevado a algunas autoras, como, por ejemplo Enciso,[5] a plantear la acción no-monógama como un horizonte, como un devenir, como una constante aspiración. La razón es que ser no-monógamo hoy no puede significar más que eso: un proceso transitorio y contradictorio, una decisión profunda[6] de abandonar lo establecido a través de tanteos utópicos de ensayo y error. De esta forma, no es tanto un estado o una esencia —algo así como que existe gente no-monógama que le resulta más sencillo y transitable este camino—, sino una senda que se transita con sus bifurcaciones, sus luces y sus sombras, sus adelantamientos y retrocesos, sus miedos y sus guías. Es una intención, una marca, una salida constante, en fin, un devenir-otro, un agenciamiento siempre abierto. Es un proceso de trabajo constante, de autoconocimiento y de examinación exhaustiva de los segmentos del sistema que cortan nuestra subjetividad. Volviendo a las entrevistas de Berbel, leemos en otra entrevistada:

> La teoría es relativamente fácil de aprender y es muy sencillo soltar el discurso feminista no monógamo, pero llevarlo a la práctica es mucho más complicado. Te equivocas constantemente contigo misma y te encuentras llena de contradicciones, te saltan mil alarmas internas que te dicen «Hey, esto te lo vas a tener que trabajar» y te tienes que dedicar espacio y tiempo a ti misma para mirarte con un pequeño espejo qué es lo que se te está removiendo por ahí dentro.[7]

La decisión de habitar la grieta implica entonces el agenciamiento del afecto,[8] a otros lugares, el deseo consciente de habitar espacios que nos induzcan nuevos caminos del deseo, que arrastren nuestro cuerpos a mares diversos, donde nadar a contracorriente no sea extenuante y donde se acondicione a vivir utopías locales.

Pensar nuevas sendas en el amor que ir marcando y dirigiendo no puede pasar por imponer un modelo único y exclusivo que, además, no tenga en cuenta la desigualdad de clase, género, raza, por decir algunas. Ya señalamos que, para poder dedicar tiempo a tu vida personal, a tu ocio, a tu formación, necesitamos tiempo de calidad tras la jornada laboral y las labores de cuidados y reproducción. Si no aseguramos estos espacios, entonces no solo será ardua la tarea de cuidar nuestros vínculos personales, sino que será un privilegio pensar otras formas en las prácticas amorosas y en nuevas maneras de crear comunidad. Así, necesitamos hacernos conscientes de esta realidad para abandonar este señalamiento en forma de mandato moralista tanto con nosotras mismas como con las personas que nos rodean.

Además y encarnando estos procesos, entendemos cómo hay posiciones, situaciones o roles que pueden ser más complicados, incómodos y cansados de sostener que otros. Así, relacionarte por fuera de la norma en ambientes o con personas que continúan construyendo sus vínculos dentro de ella resulta más costoso y doloroso. También, y por añadir otro ejemplo, una persona que tenga pareja y que desee confrontar los modos de darse de la pareja monógama y transitar por otros lugares que le resulten más emancipadores (no solo individual, sino colectivamente) creemos que partirá desde una posición de mayor privilegio y, quizás, un espacio más seguro para poder hacerlo que otra persona que no esté en pareja. Esto sucede porque el proceso de deshacernos de esta centralidad de la pareja de la que hablábamos, y que impera en nuestra sociedad, sigue siendo una característica a tener en cuenta.

Es por esto que necesitábamos decir, tal vez más a nosotras mismas que a vosotras, que «está bien», que no necesitamos estar continuamente incomodándonos o violentándonos, y que es normal buscar espacios de calma y estabilidad en ocasiones, sobre todo mientras fuera la sociedad parece mandar alertas de colapso constante: económico, ecológico y social. Es por eso que pensamos que lo más importante que podemos hacer para comenzar a dirigirnos a otros lugares es revalorizar la amistad, la comunidad de amigas, esa red de afectos, cuidados y responsabilidad donde, en ocasiones, resulta más fácil construir espacios justos y libres. Aunque prestando atención siempre a no replicar prácticas, comportamientos o actos —aquellos de los que hemos hablado a lo largo de todo este ensayo: competencia, exclusividad, obligaciones...—, que aunque son más comunes en la pareja pueden estar presentes en la amistad. Por esta razón, no podíamos terminar sin pensar en nuestras amigas, aquellas que nos sostienen, quienes nos acompañan en la mayor parte de los procesos —tanto alegres y placenteros como tristes y sufrientes— y con quienes más deseamos construir en común.

Agradecimientos

Nos gustaría reconocer nuestras deudas con todas las personas que, de una forma u otra, están presentes en el subtexto de este libro. Todo lo escrito aquí nace de la experiencia y diálogo múltiple, variado y plural que componen nuestras relaciones sexoafectivas. Y es a ellas, a las personas que componen nuestra red, a las que queremos agradecer en primer lugar. Sería imposible reconocer todas las contribuciones que nos han ayudado a surcar estos mares de la utopía, pero en esta constelación infinita hay ciertas estrellas cuyo brillo nos han guiado en momentos clave de nuestra experiencia y que, por una cosa u otra, deben ser mencionadas y a las cuales queremos agradecer.

Y no podríamos empezar por otra persona, este libro hubiera sido impensable (¡impensable!) sin Amanda. A ella le debemos el ejemplo de toda una vida de resistencias amorosas, toda una historia de luchas afectivas y una constancia asombrosa a la hora de poner el cuerpo para (de)mostrarnos a todas que otros mundos son posibles. Aun cuando no teníamos lápices, ella nos ha dibujado a todas las personas de su alrededor otros futuros posibles, sacudiendo nuestras biografías y despertándonos del sueño romántico. A ella le debemos, pues, el trozo de futuro por el que soñamos en el presente. Sin ella, no habría libro.

No podemos dejar de agradecer el abrazo de la amistad, el de Patri. ¡Qué importante es el calor de la amistad: su calma y unión total! Gracias por enseñarnos la importancia de las amigas, su cuidado y atención desde un amor que desborda toda jerarquía y se multiplica en ese rebosar.

Gracias también a Paula, sin cuya experiencia y diálogo no nos hubiéramos atrevido a escribir la última parte de este libro. A Marta, a quien debemos la idea de que la amistad es el modelo y que todas las respuestas a nuestras preguntas se hallan ahí. Por último, también a Julieta, por caminar sin miedo por esa isla de la utopía recién descubierta y, sobre todo, por mostrar que la isla existe *aquí y ahora*.

Escribiendo este libro, nos dimos cuenta, además, de que no podemos transformar ni un diminuto aspecto de nuestra realidad si no es a través de la comunidad, que es la que nos sostiene, donde nos dolemos, amamos y nos organizamos. Gracias a Tere, Borja, Javi e Ignacio por querer encontrar esa forma de organizarnos, querernos y cuidarnos. Gracias también a Cande, Virgi y Nata por ser red, apoyo y comunidad de amigas donde simplemente ser. A Sil, por querer siempre pensar juntas sobre el amor, por ser espacio de compartir y pregunta, por la ternura, por buscar siempre la comunidad. A Bego por leernos en voz alta, por abrazarnos en el llanto, por preguntarnos juntas y desaprender ataduras y heridas. A Marta por la hermandad entre las mujeres. Y a Celia por enseñarme otras formas de amor y amistad

Por último, gracias a Irene, por encarnar mejor que nadie aquello que dice la canción: que las mejores amigas son las que besan. Por desjerarquizar y jugar a borrar todas las fronteras de la amistad.

En fin, a todas las personas que nos cuidan, nos quieren y se relacionan con nosotras de formas no-hegemónicas: este libro es por vosotras.

Palabras finales

Para nuestras amigas

No hubiéramos llegado hasta aquí sin la infinidad de brazos que sujetaron nuestra fatiga durante estos casi tres años de escritura, en los que hemos estado atravesadas por dudas, diálogos, debates, experiencias en nuestras propias carnes, fracasos, etc.

A todas nuestras amigas, portadoras de esos (a)brazos: gracias.

Hemos incluido estas palabras finales porque no queríamos acabar un libro sobre el amor sin una declaración de amor hacia vosotras, hacia todo el sustento y el apoyo que nos habéis dado.

Porque lo rizomático no ha sido una invención alegremente original, sino el hallazgo de una estructura fraternal en nuestras relaciones de amistad, en la comunidad de amigas que es esa red de apoyo, de cuidados, de compromiso y responsabilidad de la que tanto hablamos y que tanto necesitamos para poder pensar otros mundos posibles fuera del capitalismo.

Por ese descubrimiento y este espacio: gracias.

Gracias también por leernos hasta la saciedad, desde los escritos en las notas del móvil, los primeros artículos que brotaban de pequeñas intuiciones caóticas hasta los silencios de nuestros gestos, nuestras miradas o nuestros cuerpos cuando necesitaban lugares de reposo y cariño.

Gracias por ampliar nuestras posibilidades hasta formar corazones en las nubes y horizontes nuevos.

Por querer caminar por otros lugares, por enseñarnos que en la amistad es donde se fragua un amor genuino, emancipador y justo que puede contagiar el resto de espacios de nuestras vidas.

Porque la amistad no es una y única, sino que se despliega en sus diversas formas, momentos y lugares, es diversa y nos hace comprender y acoger nuestra vulnerabilidad, la necesidad de *los otros*, de vosotras sin querer atrapar, domesticar ni encerrar en jerarquías y exclusividad que nos ponen a competir.

Porque si el capitalismo atenta contra nuestras vidas, solo podremos confrontarlo desde la organización en espacios comunes donde la amistad esté en el centro.

A todas vosotras: gracias.

Bibliografía

AGUIRRE, R. (2009): *Del movimiento de Jesús a la Iglesia cristiana. Ensayo de la exégesis sociológica del cristianismo primitivo*, Navarra, Editorial Verbo Divino.

AHMED, S. (2014): *The Cultural Politics of Emotion*, Edinburgh, Edinburgh University Press.

ALTHUSSER, L. (2003): *Ideología y aparatos ideológicos del Estado*, Buenos Aires, Nueva visión.

ARENDT, H. (2009): *La condición humana*, Madrid, Paidós.

BARBIJAPUTA (25 de marzo de 2019): «La presión a las mujeres para mantener relaciones sexuales en pareja», *Eldiario.es*. Disponible en: https://www.eldiario.es/barbijaputa/radiojaputa-presion-mantener-relaciones-sexuales_132_1631450.html

BAUMAN, Z. (2005): *Amor líquido*, Buenos Aires, Fondo de Cultura Económica.

BENERÍA, L. (1981): «Reproducción, producción y división sexual del trabajo», *Mientras tanto*, (6), pp. 47-84.

BERBEL ORTEGA, A. (2019): *Cuerpos no monógamos: género, agencia y prácticas de resistencia feminista* [Trabajo de máster]. Disponible en: https://addi.ehu.es/bitstream/handle/10810/30723/2017-2018-Berbel-Anna%20(ADDI).pdf?sequence=1

BORSCHEID, P. (1986): «Romantic love or material interest: Choosing partners in nineteenth-century Germany», *Journal of Family History*, 11(2), pp. 157-168.

BOURDIEU, P. (2000): *La dominación masculina*, Madrid, Anagrama.

—(2007): *El sentido práctico*, Buenos Aires, Siglo XXI Editores.

Bourdieu, P. y L. Wacquant (2008): *Una invitación a la sociología reflexiva*, Buenos Aires, Siglo XXI Editores.

Brown, P. (1993): *El cuerpo y la sociedad. Los cristianos y la renuncia sexual*, Barcelona, Muchnik Editores.

Brucker, G. (1991): *Giovanni y Lusanna*, San Sebastián, Editorial Nerea.

Candiard, A. (2022): *La libertad cristiana. De Pablo a Filemón*, Madrid, Ediciones Encuentro.

Chaudhuri, S. (2006): *Feminist film theorists. Laura Mulvey, Kaja Silverman, Teresa de Lauretis, Barbara Creed*, Nueva York, Routledge.

Comisiones obreras (febrero de 2022): «Por la igualdad real. Contra la brecha salarial», Gaceta sindical, 473. Disponible en: https://www.ccoo.es/4695d7a06a5cce04151d-fd13c6e1014d000001.pdf

Cohn-Bendit, D. (2008): *Forget 68*, París, Seuil.

Coontz, S. (2006): *Historia del matrimonio. Cómo el amor conquistó el mundo*, Barcelona, Gedisa.

Coppolecchia, F. y L. Vacca (2012): «Una crítica feminista al derecho a partir de la noción de "biopoder" de Foucault», *Páginas de filosofía*, 13(16), pp. 60-75.

Dall'Orto, G. (1989): «"Socratic Love" as a Disguise for Same-Sex Love in the Italian Renaissance», *Journal of Homosexuality*, (16), pp. 33-65.

De Beauvoir, S. (2015): *El segundo sexo*, Madrid, Cátedra.

Debord, G. (2002): *La sociedad del espectáculo*, Valencia, Pre-Textos.

De Eleizalde, J. L. B. (2001): «La reflexión teológica sobre la virginidad de Santa María en el siglo XX», *Scripta theologica*, 33(2), pp. 365-395.

De la Huerga, J. (1 de agosto de 2021): «La familia es el único patrimonio que merece la pena», *Diario de Sevilla.* Disponible en: https://www.diariodesevilla.es/ocio/feria-ana-iris-simon-entrevista_0_1596142294.html

Deleuze, G. (1981). «Spinoza, Cours à Vincennes, 20-01-81». Disponible en: https://www.webdeleuze.com/

—(1995): *Conversaciones,* Valencia, Pre-Textos.

—(1996): *Spinoza y el problema de la expresión,* Barcelona, Muchnik Editores.

—(2005): *Lógica del sentido,* Barcelona, Paidós.

Deleuze, G. y F. Guattari (1985): *El Anti-Edipo. Capitalismo y esquizofrenia,* Barcelona, Paidós.

—(2010): *Mil mesetas,* Valencia, Pre-Textos.

Del Pozo, D., Romaní, M. y V. Villaplana (2012): *Abecedario Anagramático. Subtramas.* Disponible en: http://subtramas.museoreinasofia.es/es

De Oliveira, O. (1995): «Experiencias matrimoniales en el México urbano: la importancia de la familia de origen», *Estudios sociológicos,* pp. 283-308.

Despentes, V. (2018): *Teoría King Kong,* Madrid, Penguin Random House.

Duby, G. (1988): *Mâle Moyen Âge,* Paris, Flammarion.

Heras, M. Á. D. (1988): «Hogares y familias: dos conceptos en busca de definición», *Las familias monoparentales: Seminario hispano francés, celebrado en Madrid, diciembre de 1987* (pp. 11-22), Instituto de la Mujer.

Duval, E. (2021): *Después de lo trans. Sexo y género entre la izquierda y lo identitario,* Valencia, La Caja Books.

Enciso, G. (2015): *Una travesía de las emociones al afecto en las prácticas del poliamor. O lo que las palabras callaban sobre el cuerpo* [Tesis doctoral]. Universitat Autònoma de Barcelona.

Engels, F. (2017): *El origen de la familia, la propiedad privada y el Estado.* Edición digital del Archivo Marx-Engels de la Sección en Español del Marxists Internet Archive (www.marxists.org).

Ernaux, A. (2021): *Perderse,* Madrid, Cabaret Voltaire.

Esteban, M. L. (2011): *Crítica del pensamiento amoroso,* Madrid, Ediciones Bellaterra.

Estrada, L. (2013): «Relacions sexoafectives: present, passat i futur... una història per construir», *En defensa d'Afrodita. Contra la cultura de la monogàmia,* Cultura21.

Falcón, L. (21 de mayo de 1984): «Entrevista a Kate Millet», *El País.* Disponible en: https://elpais.com/diario/1984/05/21/sociedad/453938405_850215.html

Federici, S. (2013): *Revolución en punto cero. Trabajo doméstico, reproducción y luchas feministas,* Madrid, Traficantes de Sueños.

—(2018): *Patriarcado del salario. Críticas feministas al marxismo,* Buenos Aires, Tinta Limón.

—(2019): *Calibán y la bruja. Mujeres, cuerpos y acumulación originaria,* Madrid, Traficantes de Sueños.

Fein, E. y S. Schneider (1995): *The Rules(TM): Time-Tested Secrets for Capturing the Heart of Mr. Right,* Nueva York, Grand Central Publishing.

Firestone, S. (1976): *La dialéctica del sexo: en defensa de la revolución feminista,* Barcelona, Editorial Kairós.

Forbes México (5 de noviembre de 2019): «Emma Watson ha creado un nuevo estado civil: self-partnered (y a los expertos les encanta)», *Forbes.* Disponible en: https://www.forbes.com.mx/emma-watson-se-definio-auto-acompanada-en-lugar-de-decir-que-es-soltera/

Forcades, T. (2011a): *Teología feminista en la historia,* Barcelona, Fragmenta Editorial.

Foucault, M. (1984): «L'éthique du souci de soi comme pratique de la liberté» (entrevista con Becker, R. Fornet-Betancourt, A. Gomez-Müller del 20 de enero), *Concordia*, (6) pp. 99-116. Disponible en: http://1libertaire.free.fr/MFoucault212.html.

—(1994): *La hermenéutica del sujeto*, Madrid, Ediciones La Piqueta.

—(2019a): *Historia de la sexualidad. El uso de los placeres* (vol. 2), Madrid, Siglo XXI Editores.

—(2019b): *El cuidado de sí* (Vol. 3), Madrid, Siglo XXI Editores.

—(2019c): *Las confesiones de la carne* (Vol. 4), Madrid, Siglo XXI Editores.

Freud, S. (1927): *El fetichismo*. Disponible en: https://psicopatologia1unlp.com.ar/bibliografia/tp/perversion/Freud_1927_Fetichismo.pdf.

Friedan, B. (2009): *La mística de la feminidad*, Valencia, Cátedra.

Fromm, E. (1980). *El arte de amar*, Barcelona, Paidós

—(1980): *El miedo a la libertad*, Barcelona, Paidós.

Garcés, M. (2013): *Un mundo común*, Barcelona, Bellaterra.

Gerli, M. (1980): «Eros y Ágape: el sincretismo del amor cortés en la literatura de la baja Edad Media castellana», en *Actas del Sexto Congreso Internacional de Hispanistas* (pp. 316-319). Toronto, University of Toronto.

Gimeno, B. (2003): «Una aproximación política al lesbianismo», *(De) Construcción social de la sexualidad. Revista de Servicios Sociales y Política Social* del Consejo General de Colegios oficiales de diplomados en Trabajo Social, (70) 2, pp. 39-60.

Gómez, L. F. (2022): «Feminismo del goce: reivindicamos nuestro derecho al placer», *Revista Bacánika*. Disponible en: https://www.bacanika.com/seccion-bienestar/derecho-al-placer.html.

Gómez Urzaiz, B. (10 de diciembre de 2020): «Por qué es más fácil imaginarse el fin del mundo que el fin de la familia tradicional», *El País.* Disponible en: https://smoda.elpais.com/feminismo/abolir-la-familia-sophie-lewis-feminismo

Guattari, F. (1970): *Psychanalyse et transversalité,* París, Maspero.

—(2006): *Micropolítica: cartografías del deseo,* Madrid, Traficantes de Sueños.

—(2017): *Revolución molecular,* Madrid, Errata Naturae.

Guattari, F. y S. Rolnik (2006): *Micropolítica. Cartografías del deseo,* Madrid, Traficantes de Sueños.

Gutiu, S. (2012): *Sex Robots and Roboticization of Consent.* We Robot Law Conference Miami. Disponible en: https://robots.law.miami.edu/wp-content/uploads/2012/01/Gutiu-Roboticization_of_Consent.pdf.

Hanisch, C. (1970): *The personal is political. Notes from the Second Year: Women's Liberation.* Disponible en: http://www.carolhanisch.org/CHwritings/PIP.html.

Heidegger, M. (1998): *Ser y tiempo,* Santiago de Chile, Editorial Universitaria.

Hekma, G. y A. Giami (2014): *Sexual revolution: An introduction.* En Hekma, G. y Giami, A. (eds), *Sexual revolutions* (pp. 1-20), Palgrave Macmillan.

Herrero, Y. (2014): «Perspectivas ecofeministas para la construcción de una economía compatible con una vida buena», *Sostenibilidad de la vida. Aportaciones desde la Economía Solidaria Feminista y Ecologista* (pp. 55-61), Bilbao, Reas Euskadi.

Hidalgo de la Vega, M. J. (1993): «Mujeres, carisma y castidad en el cristianismo primitivo», *Gerión,* (11), pp. 229-244.

Hume, D. (2005): *Tratado de la naturaleza humana,* Madrid, Tecnos.

Hooks, B. (2000): *Todo sobre el amor,* Buenos Aires, Ediciones B.

Illouz, E. (2007): *Intimidades congeladas: las emociones en el capitalismo,* Buenos Aires, Katz.

—(2009): *El consumo de la utopía romántica,* Buenos Aires, Katz.

Illouz, E. y D. Kaplan (2020): *El capital sexual en la Modernidad tardía,* Barcelona, Herder.

Iris Simón, A. (4 de septiembre de 2021a): «Vicente y el amor», *El País.* Disponible en: https://elpais.com/opinion/2021-09-04/vicente-y-el-amor.html.

—(12 de octubre de 2021b): «Juli y Tamara», *El País.* Disponible en: https://elpais.com/opinion/2021-10-16/juli-y-tamara.html.

Jana del Bosco (4 de julio de 2022). Disponible en: https://twitter.com/JanaDelBosco/status/1544053069956120579?t=J8fN4-xofToYbr7L8NlnbQ&s=08

Jónasdóttir, A. G., Bryson, V., y K. B. Jones (Eds.) (2010): *Sexuality, gender and power: Intersectional and transnational perspectives,* Nueva York, Routledge.

Judith (6 de mayo de 2021). Disponible en: https://comunidad.bodas.net/debates/precios-de-los-menus-por-persona-t762827.

Kant, I (2012): *Fundamentación de la metafísica de las costumbres,* Madrid, Alianza Editorial.

Lacan, J. (2009): *Escritos,* Madrid, Siglo XXI Editores.

Land, N. (2017): «Crítica al miserabilismo trascendental». En Avanessian, A. y Reiss, M. (comps.), *Aceleracionismo: Estrategias para una transición hacia el postcapitalismo,* Buenos Aires, Caja Negra.

Langford, W. (1999): *Revolutions of the Heart. Gender, power and the delusions of love,* Nueva York, Routledge.

La Sexta (24 de marzo de 2022): *El papel de la mujer en la sociedad.* Disponible en: https://www.lasexta.com/programas/encuentros-inesperados/mala-rodriguez-evolucion-mujer-ahora-somos-nosotras-nuestras-propias-proxenetas_20220324623ced66b436ab00016d7492.html.

Lechuga, V. (2019): «El negocio del amor», *La Información.* Disponible en: https://www.lainformacion.com/empresas/el-negocio-del-amor-san-valentin-mueve-cerca-de-1-500-millones-en-espana/6491668.

Lerner, G. (1990): *La creación del patriarcado,* Barcelona, Editorial Crítica.

Lewis, S. (2019): *Full Subrogacy Now. Feminism against family,* London, New York, Verso Books.

Lindholm, Ch. (2007): «Amor y estructura», *Apuntes de Investigación del CECYP,* (12), pp. 19-41.

Lings, R. (2021): *Amores bíblicos bajo censura. Sexualidad, género y traducciones erróneas,* Madrid, Editorial Dykinson.

Llopis, A. (2022): «Datos reales: cuánto cuesta una boda en España de media», *Bodas.net.* Disponible en: https://www.bodas.net/articulos/cuanto-cuesta-casarse--c841.

López Lalola, L. (24 de abril de 2020): «Sexualidad patriarcal», *Tribuna feminista.* Disponible en: https://tribunafeminista.org/2020/04/sexualidad-patriarcal.

López Mateo, M. (2021): «Palimpsesto hacia el desarraigo. Una vuelta a la ontología weiliana de la obligación», *Por una posmodernidad alternativa: desplazando al neoliberalismo* (4). Disponible en: https://www.catedradehermeneutica.org/por-una-postmodernidad-alternativa-04.

—(2022): «Luz de gas: el camino hacia la nueva histeria», *El Salto diario.* Disponible en: https://www.elsaltodiario.com/opinion/luz-de-gas-el-camino-hacia-la-nueva-histeria.

Luri, G. (11 de noviembre de 2021): «Lo real es lo improbable», *The objective*. Disponible en: https://theobjective.com/elsubjetivo/opinion/2021-11-11/real-improbable-incel.

Makarrita, M. (2017): «No quiero ser fuerte, quiero ser vulnerable», *El Topo*. Disponible en: http://eltopo.org/no-quiero-ser-fuerte-quiero-ser-vulnerable.

Martín Plaza, A. (26 de mayo de 2022): «La prostitución en España: cuántos hombres pagan por sexo y qué zonas concentran una "oferta" cada vez más digital», *RTVE*. Disponible en: https://www.rtve.es/noticias/20220526/radiografia-prostitucion-espana/2351461.html.

Martínez Cano, S. (2021): «La vida trinitaria de las mujeres. La subversión de la realidad». En Escribano Cárcel, M. (ed.), *Trinidad, deseo y subversión. La vida trinitaria de las mujeres*, Navarra, Editorial Verbo Divino.

Marx, K. (2007): *El capital*, México, Fondo de Cultura Económica.

Marx, K. y F. Engels (2008): *Manifiesto comunista*, Buenos Aires, Ediciones Herramienta.

Médicos del mundo (diciembre de 2020): «La prostitución como forma de violencia de género. La percepción de las mujeres en situación de prostitución», *Médicos del mundo*. Disponible en: https://www.medicosdelmundo.org/sites/default/files/la_prostitucion_como_forma_de_violencia_de_genero.pdf.

Méndez-Montoya, A. F. (2019): «El amor en los últimos tiempos: La inscripción escatológica en cuerpos afines a un deseo infinitamente cuir», *Concilium: Revista internacional de teología*, (383), pp. 737-746.

Millet, K. (1995): *Política sexual*, Madrid, Cátedra.

Ministerio de Igualdad (19 de mayo de 2021): *XII Informe anual del observatorio estatal de violencia sobre la mujer*. Disponible en: https://violenciagenero.igualdad.gob.es/

violenciaEnCifras/observatorio/informesEjecutivos/docs/Resumen_ejecutivo_2018_sep06.pdf.

MÜLLER, T., MOUSS CRABBÉ, O. Y D. VERCAUTEREN (2010): *Micropolíticas de los grupos para una ecología de las prácticas colectivas*, Madrid, Traficantes de Sueños.

NIETZSCHE, F. (1975): *La genealogía de la moral*, Madrid, Alianza Editorial.

—(2008): *Fragmentos póstumos (vol. IV)*, Madrid, Tecnos.

NORDGREN, A. (2006): *Breve manifiesto instructivo para la anarquía relacional.* Disponible en: https://mirror.anarhija.net/es.theanarchistlibrary.org/mirror/a/an/andie-nordgren-breve-manifiesto-instructivo-para-la-anarquia-relacional.c109.pdf.

NÚÑEZ, A. (2019): *Gilles Deleuze. Una estética del espacio para una ontología menor*, Madrid, Arena Libros.

OLEA, A. (11 de mayo de 2018): «Para las mujeres, Mayo del 68 empezó en junio», *Pikara.* Disponible en: https://www.pikaramagazine.com/2018/05/para-las-mujeres-mayo-del-68-empezo-en-junio.

ORTEGA, I. Y O. BELMONTE (2021): «Vida precaria y sexualidad. Elementos para una ética sexual», *Isegoría*, (64), e05.

PACHECO, D. (2012): «Cuerpo y sexualidad desde una teología crítica y emancipadora», *Revista Espiga*, 10(23), pp. 245-275.

PAGÉS, A. (2018): *Cenar con Diotima. Filosofía y feminidad*, Barcelona, Herder.

PALAZUELOS, E. (2015): *Economía política mundial*, Madrid, Akal.

PASTOR, J. (2008): «Mayo 68, de la revuelta estudiantil a la huelga general. Su impacto en la sociedad francesa y en el mundo», *Dossiers feministes*, pp. 31-47.

PEKER, L. (2018): *Putita golosa. Por un feminismo del goce*, Buenos Aires, Galerna.

Piñero, A. *et. al* (1995): *Cristianismo primitivo y religiones mistéricas,* Madrid, Cátedra.

Pinto, R. (1996): *La figura de la falsa modestia en Gaspara Stampa.* En M. Segarra y À. Carabí (eds.), *Amor e identidad,* Barcelona, PPU-Promociones y Publicaciones Universitarias.

Platón (2014): *El banquete,* Madrid, Taurus.

Prearo, M. (2011): «The 1970s Moment in Sexual Politics». En *May 68,* London, Palgrave Macmillan.

Rebreyend, A. C. (2011): «May 68 and the Changes in Private Life: A 'Sexual Liberation'?». En *May 68* (pp. 148-160), London, Palgrave Macmillan.

Reguera, I. (2019): «"Y tú, ¿ya tienes novio?". Así es cómo la sociedad sigue presionándonos para encontrar pareja», *Trendencias.* Disponible en: https://www.trendencias.com/sexo-y-relaciones/tu-tienes-novio-asi-como-sociedad-sigue-presionandonos-para-encontrar-pareja.

Requena Aguilar, A. (28 de enero de 2018). «Tu pareja también puede ser tu violador: "Para el resto de la gente, él era alguien que me trataba bien"». *Eldiario.es.* Disponible en: https://www.eldiario.es/sociedad/primera-violaciones-parejas-reflejada-podia_1_2826143.html.

Rincón, B. (2020). «Los solteros generan dinero: Tinder gana más de mil millones de euros», *elEconomista.es.* Disponible en: https://www.eleconomista.es/tecnologia/noticias/10340826/02/20/Los-solteros-generan-dinero-Tinder-gana-mas-de-mil-millones-de-euros-.html.

Rodríguez, A. J. (2020): *La nueva masculinidad de siempre: capitalismo, deseo y falofobias,* Madrid, Anagrama.

Rodríguez, M. y J. Correa (15 de junio de 2020): «Micropolítica del amor en los tiempos del capital (1/3)». La Trivial. Disponible en: https://latrivial.org/micropolitica-del-amor-en-los-tiempos-del-capital-1-3.

—(2020): «Cómo hacer justicia con palabras: libertad positiva de expresión, violencia simbólica y luchas de emancipación», *Fragmentos de filosofía,* (18), pp. 43-64.

Rodríguez del Real, M. (22 de julio de 2022): «La violencia de la mirada patriarcal sobre el cuerpo de la mujer», *Público.* Disponible en: https://blogs.publico.es/otras-miradas/62034/la-violencia-de-la-mirada-patriarcal-sobre-el-cuerpo-de-la-mujer.

Rubin, G. (1989): «Reflexionando sobre el sexo: notas para una teoría radical de la sexualidad». En Vance, C. S. (comp.), *Placer y peligro. Explorando la sexualidad femenina* (pp. 113-199), Madrid, Talasa.

Sáez, J. (2012): «El amor es heterosexual», *Las disidentes.* Disponible en: https://lasdisidentes.com/2012/04/19/el-amor-es-heterosexual.

Sagaspe, F. (2018): «La diferencia entre las escuelas de Alejandría y Antioquía», *Persona,* 2(4), pp. 121-128.

Sánchez-Prieto, J. M. (2001): «La historia imposible del Mayo francés», *Revista de estudios políticos,* (112), pp. 109-133.

Save The Children (junio de 2020): «(Des)información sexual: Pornografía y adolescencia». Disponible en: https://www.savethechildren.es/sites/default/files/2020-11/Informe_Desinformacion_sexual-Pornografia_y_adolescencia.pdf.

Serra, C. (2018): «Deseo y consentimiento no siempre coinciden», *Ctxt.* Disponible en: https://ctxt.es/es/20180718/Firmas/20900/Clara-Serra-tribuna-feminismo-consentimiento-violencia-machista.html.

Shakespeare, W. (2003): *Romeo and Juliet,* Londres, Cambridge University Press.

Sharp, E. A. y L. Ganong (2007): «Living in the gray: Women's experiences of missing the marital transition», *Journal of Marriage and Family,* 69(3), pp. 831-844.

Solnit, R. (2018): «A broken idea of sex is flourishing. Blame capitalism», *The Guardian*. Disponible en: www.theguardian.com/commentisfree/2018/may/12/sex-capitalism-incel-movement-misogyny-feminism.

Spinoza, B. (2019): *Ética demostrada según el orden geométrico*, Madrid, Alianza Editorial.

Teixeira, N. (22 de marzo de 2017): «Yo no soy tu enemiga», *Afroféminas*. Disponible en: https://afrofeminas.com/2017/03/22/yo-no-soy-tu-enemiga.

Tenenbaum, T. (2021): *El fin del amor. Amar y follar en el siglo XXI*, Barcelona, Seix Barral.

Tesoro, P. (2021): «Dejar ir a Mark Fisher. Sobre fantasmas, nostalgia y duelo», *IECCS*. Disponible en: https://www.ieccs.es/post/dejar-ir-a-mark-fisher-sobre-fantasmas-nostalgia-y-duelo.

Vaillancourt, T. (2013): «Do human females use indirect aggression as an intrasexual competition strategy?», *Philosophical Transactions of the Royal Society B: Biological Sciences*, 368(1631).

Vasallo, B. (2018): *Pensamiento monógamo, terror poliamoroso*, Brasilia, La Oveja Roja.

VV. AA. (2011): *Tenían veinte años y estaban locos*, Madrid, La Bella Varsovia.

Walum, H. *et. al* (2008): «Genetic variation in the vasopressin receptor 1a gene (AVPR1A) associates with pair-bonding behavior in humans», *Proceedings of the National Academy of Sciences*, 105(37), 14153-14156.

Watkins, S. J. y S. D. Boon (2016): «Expectations regarding partner fidelity in dating relationships», *Journal of social and personal relationships*, 33(2), pp. 237-256.

Weil, S. (1996): *Echar raíces*, Madrid, Trotta.

Winston, M. (2005): «Medicine, marriage, and human degeneration in the French enlightenment», *Eighteenth-Century Studies*, 263-281.

Wuwei, N. (8 de mayo de 2018): «Memorias de una C (II–la monogamia como estructura de poder)», *Estructura Difractada.* Disponible en: https://estructuradifractada.com/es/memorias-de-una-c-ii-la-monogamia-como-estructura-de-poder.

You Gov (junio de 2021): «YouGov Survey Results». Disponible en: https://docs.cdn.yougov.com/9h799xz93s/LGBT%20support%20survey.pdf.

Žižek, S. (2004): *Órganos sin cuerpo,* Valencia, Pre-Textos.

—(1 de mayo de 2008): «Mayo del 68 visto con los ojos de hoy», *El País.* Disponible en: https://elpais.com/diario/2008/05/01/opinion/1209592812_850215.html.

Archivo de vídeo

Castro, E. [Ernesto Castro] (15 de enero de 2021). *Sobre monogamia y poliamor* [Archivo de vídeo]. YouTube. https://www.youtube.com/watch?v=Kz68lZmBwyY&t=189s.

Castro, E. [Ernesto Castro] (17 de abril de 2020). *Íñigo Errejón en diálogo con Ernesto Castro* [Archivo de vídeo]. YouTube. https://www.youtube.com/watch?v=qBO3ZJhhw_g.

Forcades, T. [CRISMHOM] (8 de julio de 2013). *Orientación sexual, identidad de género e imagen de Dios* [Archivo de vídeo]. YouTube. https://www.youtube.com/watch?v=-vEntk7JRIqI&t=613s.

Forcades, T. [Fragmenta] (27 de octubre de 2011b). *Presentación del libro «La teología feminista en la historia» de Teresa Forcades* [Archivo de vídeo]. Vimeo. https://vimeo.com/31186840

Miguel, L. [Luna Miguel] (24 de marzo de 2022). *Deseo, consentimiento y poliamor* [Archivo de vídeo]. YouTube. https://www.youtube.com/watch?v=Ks5J2vO4A3U.

Notas

I. Arqueología del amor

1. ¿Por qué el amor?

1 Foucault, 2019a: 11-12.

2 Hooks, 2000: 11.

3 Esteban, 2011: 15.

4 Sáez, 2018.

5 Esteban, 2011: 19.

6 *Ibidem*, 23.

7 Langford, 1999: xii.

8 Walum, 2008.

9 Heidegger, 1995: §12.

10 Fromm, 1980: 31.

2. ¿Qué es esto de la micropolítica?

1 Definición de «micropolitics» de Oxford University Press en Lexico.com.

2 Del Pozo, Romaní & Villaplana, 2012.

3 Ernesto Castro, 2020: min 60.

4 Guattari, 2006: 149.

5 «Se diría que, de las dos direcciones de la física, la dirección molar que va hacia los grandes números y los fenómenos de masa, y la dirección molecular que, al contrario, se hunde en las singularidades, sus interacciones y sus vinculaciones a distancia o de diferentes órdenes» (Deleuze & Guattari, 1985: 289).

6 Este paréntesis [(algunas)], que puede parecer nimio, determina nuestra postura intermedia ante la pregunta del millón: ¿puede acabarse con el capitalismo a través de acciones moleculares? ¿Es lo molecular el medio privilegiado de reproducción social o, en cambio, hay otros medios

molares que garantizan su supervivencia? Como veremos más adelante, nuestra postura no es tan radical como la de Guattari y su revolución molecular, pero tampoco desdeña las acciones moleculares al estilo del marxismo más clásico.

7 Deleuze & Guattari, 1985: 299.

8 Bourdieu, 2007: 86.

9 *Ibidem*: 89-90.

10 Bourdieu & Wacquant, 2008: 174.

11 La crítica que, en ocasiones, se hace a esta alternativa es que acaba cayendo en una consideración más individual que colectiva. Esta interpretación yerra al entender las nociones de singularidad y subjetividad como sinónimo de individuo. Las singularidades, que son flujos múltiples, nos atraviesan tanto individual como colectivamente, no dirigen solo al individuo.

12 Foucault, 1984: 126-127.

3. Arqueología del amor

1 Nietzsche, 1975: 23.

2 Foucault, 2019a: 8.

3 Esteban, 2011: 42.

4. El amor en la Grecia Antigua

1 Foucault, 2019a: 16. Aunque, por supuesto, se han consultado otras obras, para este apartado —y para el siguiente (el amor en el cristianismo)— se utilizará como referencia principal los últimos tres tomos (II, III y IV) de la *Historia de la sexualidad* de Michel Foucault.

2 Esta lectura cae en la visión esencialista que comentamos más arriba: cree en un amor libre transhistórico que no se habría manifestado durante gran parte de la historia de Occidente por la represión cristiana, pero que, ahora, en el proceso de secularización, empezaría a asomar de forma similar a como se manifestaba en la época precristiana.

3 Foucault, 2019a: 17-22.

4 *Ibidem*: 22.

5 *Ibidem*: 23.

6 *Ibidem*: 33.

7 Puede esto verse, por ejemplo, en *La reproducción de los animales* de Aristóteles (libro I, 729b), en la sección *El papel del macho en la reproducción* y en la correspondiente a la mujer, donde Aristóteles dice: «Entonces, si el macho es una especie de motor y agente, y la hembra, en cuanto hembra, paciente».

8 Es interesante notar cómo esta distinción ha vuelto a cobrar cierta relevancia en las relaciones homosexuales donde la desaparición de los polos hombre/mujer clásicos no ha supuesto la superación de la polaridad en las relaciones sexuales, sino que ha derivado en una vuelta a los polos de la Grecia Antigua: el polo pasivo y el polo activo. Una distinción que recogen, como reflejo de nuestro enquistado pensamiento polar, las aplicaciones de cita.

9 Dice Aristóteles en su *Ética a Nicómaco* (Libro VIII, 14, 1154a): «Ahora bien, existe un exceso de bienes corporales y el vicioso lo es por perseguir el exceso, no los placeres necesarios: que todo el mundo se complace con la comida, el vino y el sexo, pero en la medida de lo conveniente».

10 Platón menciona en sus *Leyes* la dificultad de vencer y controlar los placeres sin un ejercicio previo y, por eso, para hablar de la moral era muy común usar la analogía del atleta. Desde esta perspectiva griega, carece de sentido la común afirmación de muchas personas cuando son cuestionadas en sus modelos sexoafectivos. Es común que, cuando alguien se ha dado cuenta de que otras formas de amar son posibles (e incluso deseables), descarte la idea por imposible bajo el manido: «Yo no podría». Para los griegos, esta respuesta sería tan absurda como si a alguien que se le pregunta por qué no corre tres kilómetros dijese que no podría. Desde el pensamiento griego, se requiere de ejercicio, de esfuerzo y de un entrenamiento del alma para alcanzar los objetivos morales o físicos. Por otro lado, y además de lo dicho, era muy importante en los griegos la relación de la práctica con el conocimiento (*logos*) y es que no había templanza, dominio de uno mismo, libertad para controlar las pasiones, sin conocimiento.

11 Foucault, 2019a: 66.

12 Sócrates en el *Económico* de Jenofonte, X,1.

13 Nótese que, para los griegos, la feminidad del hombre no viene dada por sus deseos hacia otro hombre —pues no carecía de sentido la distinción contemporánea entre el hombre homosexual y el heterosexual—, sino que su feminidad venía dada por su incapacidad para ejercer el dominio de sí, el autocontrol. Mientras que, en la época moderna y contemporánea (y derivado de la sociedad patriarcal en su forma actual), un hombre que se acuesta con muchas mujeres es *muy hombre*, en la Grecia

clásica mostraba una incontinencia y una falta de dominio que era propia —según su visión— de la inferioridad femenina.

14 Foucault, 2019a: 118.

15 Hipócrates, *De la generación,* IX, 3.

16 Foucault, 2019a: 130.

17 Demóstenes, *Contra Neerea,* 122.

18 *Ibidem*: 148.

19 Un marco moral similar han adoptado algunas «relaciones abiertas» en la actualidad. Bien sea como estadio intermedio hacia el poliamor, bien sea como práctica definitiva, algunas parejas que buscan romper con la monogamia han optado por romper con la exclusividad sexual, pero mantener intacta la exclusividad afectiva, el orden de los derechos. Así, y como en el matrimonio de la Antigua Grecia, la falta no yace en el acto sexual, sino en el agravio de preferir a la amante respecto a la mujer. En palabras de Foucault (2019a: 149): «concierne al mantenimiento de la posición de esposa, de sus privilegios, de su preeminencia sobre las demás mujeres».

20 Nicocles, 29.

21 Foucault, 2019a: 131-132.

22 Discurso I: 33.

23 Asimetría que continúa en las tareas del hogar. La mujer debía encargarse de la casa y el lugar del hombre era la plaza, el exterior. Esta distinción público/privado asociada al binomio masculino/femenino ha sido una constante a lo largo de la historia del patriarcado en Occidente y en la Antigua Grecia —al igual que durante el resto de épocas incluso la actual— se justificaba aludiendo a las supuestas diferencias de la naturaleza en los dos sexos. Así leemos en el *Económico* de Jenofonte (VII, 22) que, por su fuerza física, los hombres deben arar, sembrar y encargarse de los animales mientras que las mujeres deben quedarse en el hogar por tener cuerpos menos resistentes. Esto es porque «la divinidad adaptó, desde el principio, la naturaleza de la mujer a los trabajos y a los cuidados del interior, la del hombre a los del exterior».

24 VII, 11.

25 Foucault, 2019a: 167.

26 Este es el caso por ejemplo de Critóbul, que alaba a su compañero Clinias, al cual conoce desde la escuela en estos términos: «Porque yo ahora disfruto más contemplando a Clinias que a todas las demás bellezas del mundo. Antes preferiría quedarme ciego para todo lo demás que

para Clinias aun siendo uno solo. Estoy incluso molesto con la noche y con el sueño porque no le veo a él, pero me siento muy agradecido con el día y con el sol porque me permiten ver a Clinias» (en el *Banquete* de Jenofonte, III, 12).

27 Así cuenta Foucault el ejemplo de Timarco que, siendo muchacho, disfrutó en exceso con esa posición de pasividad: buscó este placer pasivo y sacó provecho de él. Esta es la acusación que le lanza Esquines para declararle incompatible con las responsabilidades civiles. Lo que era intolerable para los atenienses era ser gobernado no por un «homosexual» (pues ya hemos comentado demasiadas veces que es un anacronismo), sino por alguien que disfruta siendo objeto de placer para otro, alguien que no se domina a sí mismo y que no se coloca a sí mismo en una posición superior; esto es, alguien que no es dueño de sí, sino objeto para otros.

28 Foucault, 2019a: 192-193.

29 De hecho, en el tomo III de la *Historia de la sexualidad* (2019b: 28), Foucault señala la equivalencia semántica en el griego antiguo entre los vocablos poseer y penetrar.

30 Foucault, 2019b: 30.

31 *Ibidem*, 41.

32 *Ibidem*, 69-70.

33 *Ibidem*, 72.

34 Foucault, 2019b: 148. La idea de que la unión marital supone la formación de una unidad en sí mismo es una idea que ha sido reformulada a lo largo de nuestra historia de forma diversa y en marcos completamente distintos. Ya en el *Banquete* de Platón, Aristófanes basa su discurso en el mito de seres humanos primitivos que fueron escindidos en dos por los dioses y que, estando incompletos como se hallaban, debían buscar su otra mitad para sentirse completos. Una idea que, salvando las enormes distancias históricas y sin obviar las evidentes modificaciones, ha sobrevivido hasta nuestros días bajo el mito de la media naranja.

35 Estas nuevas obligaciones no se asumieron sin resistencia. Las mujeres no dejaron de ser consideradas un objeto, sino que simplemente el marido tenía ahora que mostrar otro tipo de virtudes si quería ser un buen marido y estas venían dadas por el mantenimiento del placer dentro del matrimonio. Sin embargo, aparecía lo que se llamó el «problema de la criada», esto es, cómo es que siendo la esclava o la criada propiedad de un hombre no podía ser objeto también de placeres para el mismo (Foucault, 2019b: 158).

36 Epicteto, Libro III, 7-19/20.

37 Citados en Foucault, 2019b: 102-115.

38 Es importante notar la visión según la cual el hombre es el animal simiente por naturaleza, el que tiene la semilla de la vida en su interior. Esto contrasta con la visión moderna, cuyo protagonista del nacimiento de la vida es la mujer (pues su cuerpo ha quedado relegado a la biología y su papel en la sociedad pasó a ser considerado solo como reproductivo).

39 Los regímenes de abstinencia pasaron a verse desde otra óptica. No era tanto por el dominio de uno mismo (como en los siglos V y IV a. C.), sino que eran elogiados desde un punto de vista médico: el abstemio sexual no desperdicia esperma, que es la fuente de la vida, y, por tanto, posee mucha mayor vitalidad. Galeno describe el ejemplo de Areteo cuya acumulación «de ese "humor vivificante" que es el esperma —nos hace viriles, valientes, llenos de fuego, robustos, da un tono grave a nuestra voz y nos hace capaces de actuar con vigor—» (Foucault, 2019b: 113-114). Visiones ambas del abstemio que contrastan con la visión neoliberal actual donde el sexo es visto como un valor más dentro del individuo-empresa y las personas que no tienen relaciones sexuales son vistas como personas *incapaces* de alcanzar el «éxito sexual». Es importante señalar que esta visión positiva del abstemio en la Antigüedad no servía para las mujeres que eran vistas como social y fisiológicamente destinadas al matrimonio.

40 Foucault, 2019b: 131.

41 *Ibidem*: 168.

42 A este respecto dice Foucault (*Ibidem*: 170): «La conyugalización de las actividades sexuales que tiende a localizar la legitimidad solo en el matrimonio tiene evidentemente por consecuencia su restricción manifiesta (por lo menos en lo que se refiere al hombre, puesto que desde hace mucho tiempo se la requiere para la mujer casada). Además, la exigencia de una disociación entre el uso de esos placeres y la finalidad hedónica tenderá a una descalificación interna de esa actividad misma. Pero hay que comprender también que esas restricciones y esa descalificación van acompañadas de otro proceso: una intensificación del valor y del sentido de las relaciones sexuales en el interior del matrimonio. Por un lado, en efecto, las relaciones sexuales interconyugales no son ya allí simplemente consecuencia y manifestación *de un derecho*; es preciso que tengan lugar en el interior de un haz de relaciones que son las del afecto, del apego y de la reciprocidad». [La cursiva es nuestra].

43 *Ibidem*: 180.

44 Similar dualismo opera hoy en algunas concepciones de las «relaciones abiertas» para justificar la jerarquización de las relaciones: por un lado estarían las amantes que participarían del amor más vulgar, del puramente sexual y, por tanto, no entrarían en *competencia* con la pareja, con la que se tiene un amor noble, puro, no basado en el sexo. Así, estas concepciones entienden que, mientras que se puede des-exclusivizar el amor puramente sexual, no es así con el amor afectivo o noble, que se presupone el más profundo e íntimo. La pareja pierde los privilegios sexuales, pero a costa de reafirmar su amor como superior al de todas las amantes posibles que solo podrán optar al amor sexual.

45 Foucault, 2019b: 190.

46 Citado en Foucault, 2019b: 205.

47 Foucault, 2019b: 210.

48 La virginidad en nuestra época secular sigue teniendo una importancia capital. Tanto para los chicos como para las chicas sigue siendo un rito de iniciación a la adultez y un hito fundamental en sus narrativas autobiográficas, aunque no de la misma forma. Para el hombre, la virginidad se envuelve en su incapacidad (hombre-sujeto) para haber *cazado* alguna mujer: tanto más tiempo es el hombre virgen, tanto menos viril, menos hombre y, por ende, menos válido es. Para la mujer, en cambio, la pérdida de la virginidad puede suponer un estigma (mujer-objeto), puede marcarla como una mujer fácil, profanada ya por otro hombre y con menos valor que una mujer virgen. Pensemos en la expresión popular «soltera y entera» que deja entrever que perder la virginidad te despoja de una parte de ti que ya nunca se recupera. En la sociedad secular, estamos en un marco distinto al que había en el cristianismo y en la modernidad, pero en el mismo patriarcado de fondo.

5. El amor durante el cristianismo

1 Un ejemplo de prejuicio o error interpretativo ocurre respecto al matrimonio y la imposibilidad cristiana de divorciarse. Este prejuicio ocurre porque no se analiza el pensamiento en su contexto histórico. En cuanto al divorcio en la sociedad judía, leemos en Deuteronomio 24, 1-4, que el divorcio estaba permitido, pero solo para los hombres; las mujeres, por su parte, no podían separarse de sus maridos. Por esta razón, Jesús proclamará en Marcos 10, 9: «Pues lo que Dios ha unido que no lo separe el hombre», con la intención no de establecer una ley, sino señalar una situación injusta de discriminación a la mujer y denunciarla, promoviendo así una relación entre iguales. El punto es que ha sedimentado una visión punitivista de la separación de la pareja, del divorcio, antes que entender

la potencia del mensaje de Jesucristo como una llamada de atención a la desigualdad proveniente de darle al hombre (varón) un poder que solo pertenece a Dios, como leemos en la cita bíblica de Marcos.

2 Por este motivo no solo resulta problemático pensar que la Biblia no requiere una exégesis y que toda interpretación está empapada de una subjetividad, esto es, que «los evangelistas no fueron simples compiladores, sino que dejaron en sus obras su visión personal, dentro del ambiente en que vivían, y le dieron una personalidad» (Piñero *et al.*, 1995), sino que es importante darnos cuenta del gran peso que tuvo en la doctrina cristiana la Sagrada Tradición constituida por la doctrina de los Padres de la iglesia, escolástica, etc. Este aspecto esclarece cierta deriva que tomó la Iglesia en sus inicios respecto a determinados temas, entre ellos la concepción del cuerpo-alma y de la sexualidad. Respecto a la exégesis, Rafael Aguirre, en su libro *Del movimiento de Jesús a la Iglesia cristiana*, lo explica bajo la expresión terminológica «exégesis sociológica», según la cual al tiempo de interpretar la verdad bíblica no solo hemos de considerar «la intención teológica» del manuscrito, sino también «los factores, intereses y consecuencias» que encontramos debajo de este mismo y que hay que tener en cuenta para comprender el texto de forma real y completa. Esto es, no se puede considerar la verdad teológica sin entender la realidad social y ponerlas en diálogo para comprender la verdad última. Es por estas razones, dirá Forcades, por lo que los textos sagrados han de ser interpretados.

3 Sagaspe, 2018: 122-123.

4 Sobre el matrimonio, añade Renato Lings, doctor en teología y traductor, en *Amores bíblicos bajo censura. Sexualidad, género y traducciones erróneas* como en la Biblia, concretamente en los cuatro evangelios, se deja claro que para Jesús el matrimonio no es más deseable que la soltería. De hecho, tanto Cristo como algunos de sus discípulos son solteros. Añade: «la familia biológica ya no tiene prioridad sino que el mayor compromiso de los creyentes debe ser con la comunidad de fe» (Lings, 2021: 34). También, resalta a pie de página Lings que los mismos que asentaron la doctrina sobre el matrimonio y su significado eran varones célibes.

5 Sería más correcto hablar de cristianismos, sobre todo en sus inicios.

6 Rafael Aguirre hace uso de la expresión «movimiento de Jesús» (Aguirre, 2009: 212) para denominar a estas comunidades de primeros cristianos que posteriormente se institucionalizaría y daría lugar a la Iglesia cristiana.

7 Es interesante notar que no se tiene información oficial sobre la vida sexual de Jesucristo (al menos, de fuentes consideradas oficiales por la

Iglesia), aunque si tenemos conocimiento de la importancia que tiene en el cristianismo la figura de María y su virginidad, esto es, que la concepción de Jesucristo se produjo sin relaciones sexuales. En los evangelios encontramos este extracto que ilustra la concepción de Jesús en María: «No tengas miedo, María, porque has encontrado gracia ante Dios. ¡Escúchame! concebirás y darás a luz un hijo al que pondrás por nombre Jesús. Tu hijo será grande, y llamado Hijo del Altísimo; el Señor le dará el trono, como a su antepasado David. Reinará por los siglos sobre la casa de Jacob y su reinado no tendrá fin. Entonces María le dijo al ángel: —¿Cómo será esto si no conozco varón? El ángel le contestó: —El Espíritu Santo vendrá sobre ti y el poder del Altísimo te cubrirá con su sombra. Por eso el niño que nazca será santo y llamado Hijo de Dios» (Lc 1, 26-38).

8 Piñero *et al.*, 1995: 95.

9 *Ibidem*: 103.

10 *Ibidem*: 114.

11 Aguirre, 2009: 48.

12 El propio Friedrich Engels en las primeras páginas de su *Contribución a la historia del cristianismo primitivo* califica a las primeras comunidades de cristianos como «movimiento de los oprimidos», «la religión de los esclavos», «de los pobres y los hombres privados de derechos, de los pueblos sometidos».

13 Aguirre, 2009: 144.

14 Pacheco, 2012: 256-257.

15 Es ante este paradigma donde la teología feminista aparece como forma de hermenéutica crítica ante una narración y lectura de la historia de la salvación que, en ocasiones, resulta contradictoria en su contenido y cuya figura central protagonista es el hombre. Así, la teología feminista trata de señalar las discriminaciones cometidas desde interpretaciones patriarcales. Estas discriminaciones que atiende la teología feminista no solo atentan contra la mujer, sino también, dice Teresa Forcades en su obra *Teología feminista en la historia*, contra la persona migrante, contra la persona con una sexualidad diferente a la heterosexual, el pobre, la persona racializada, etc. La teología feminista se enmarca dentro de lo que se conocerá como teología crítica y pone el foco en cuestiones que pueden entrar en confrontación con las lecturas más canónicas y ortodoxas con el objetivo de repensar determinados mensajes y hermenéuticas que se han realizado.

16 Sara Coakley señala a este respecto que la primera resistencia a la teología sistemática reside en la crítica filosófica de la llamada «ontoteología»:

afirma que la teología sistemática convierte falsa e idolátricamente a Dios en un objeto de conocimiento humano. La segunda resistencia surge de la crítica moral o política de la llamada «hegemonía»: considera que la teología sistemática (entre otros discursos que proporcionan cualquier visión supuestamente completa de un paisaje intelectual) es inapropiadamente totalizadora, y, por lo tanto, necesariamente supresora de las voces y perspectivas de las personas marginadas. La tercera resistencia es una crítica feminista, que surge de un tipo particular de pensamiento psicoanalítico francés, post-freudiano. Acusa al pensamiento sistemático (de cualquier tipo) de ser «falocéntrico», es decir, ordenado según el modo de pensamiento «simbólico», «masculino», que busca aclarar, controlar y dominar.

17 Pero ¿qué podría ser hacer una lectura femenina del cristianismo? ¿Tiene que ver con que realicen la exégesis solo pensadoras? Al respecto, dice Anna Pagés, filósofa, escritora e investigadora, en su libro Cenar con Diotima: «Plantear el problema de la enunciación femenina implica preguntar cómo mantener una conversación con ellos, es decir, con un saber depositado del lado masculino. [...] la enunciación del lado femenino resquebraja un poquito la robustez del edificio. [...] Si tomamos lo femenino como una enunciación alternativa [...], una forma de incorporar lo extraño preservando al mismo tiempo la diferencia inasimilable» (Pagés, 2018: 95-96).

18 Foucault, 2019c: 58.

19 Algunas voces contemporáneas, en contraposición a esta idea desarrollada en los albores de la institucionalización del cristianismo del ascetismo como ideal de vida, piensan la sexualidad como el lugar, el medio, desde el que experimentar la Gracia divina, entendiendo la Gracia como el sabernos mirados y contemplados con agrado por Dios. Es la tesis de Iván Ortega y Olga Belmonte quienes, de la mano de autores como Nagel o Rowan Williams, nos proponen que al sentirnos deseados por otra persona, mirados con agrado por un otro, con ese amor genuino, podemos experimentar la Gracia divina. Así, «Lejos de las desconfianzas hacia el sexo que han poblado buena parte de la tradición cristiana, Williams cree que la experiencia de ser gustados sexualmente da idea de en qué consiste eso de ser agradables a ojos de Dios» (Belmonte & Ortega, 2012: 6-7).

20 Foucault, 2019c: 168.

21 Lo indica san Ambrosio al principio de su obra *De virginibus* distinguiéndolo así de la idea de virginidad pagana como prohibición.

22 Foucault, 2019c: 179.

23 Metodio de Olimpo, *El banquete de las diez vírgenes,* tercer discurso, IV.

24 De Eleizalde, 2001: 367-368.

25 Por otra parte, la vinculación entre el matrimonio —como sacramento, signo del amor de Dios— parece estar históricamente unido a la procreación, a la creación de vida. Tal como Dios nos crea como acto de amor, el matrimonio en su sacramentalidad ha de engendrar vida. Ante esto, podemos establecer dos problemas: (i) el primero es que a las personas infértiles no se les niega la posibilidad de la unión sacramental y, (ii) en segundo lugar, ¿la no-donación de vida encarnada en cuerpos humanos supone que esa unión, ese amor, no esté creando vida? Quizás, crear vida, reproducir la vida, también pasa por atender y cuidar la vida ya existente: el cuidado de la comunidad, de las respectivas familias, la militancia en movimientos sociales que lucha por encontrar modelos de vida y sistemas más compatibles con la propia vida y con una vida justa. Si esa unión, ese amor, precisamente, alienta a las personas de ese vínculo a potenciar la vida a través de su cuidado, atención y respeto, ¿no es eso signo de apertura a la vida y creación de vida (en contraposición con la creación de muerte)?

26 Foucault, 2019c: 39.

27 Sin embargo, la encarnación de Dios en la figura de Cristo podría sernos útil para realizar una lectura diferente de este período del cristianismo. Puesto que, si Dios se hizo carne en Jesús, fue precisamente para eliminar esa distancia que existía, en palabras de Hegel, entre lo infinito (Dios) y lo finito (el ser humano). Así que, para salvar la enorme distancia que separaba a Dios y al ser humano, Dios se hizo carne —«el verbo de Dios se hizo carne» (Jn 1, 1)— y, de esta manera, asume la condición humana: sufriente, finita y encarnada. La asunción por parte de Dios de la condición humana rompe, por una parte, la separación que existía y, además, conlleva la asunción de todas las dimensiones de la condición humana, entre ellas: la sexual.

28 Algunas teólogas feministas han señalado, y en referencia a la cuestión de la castidad, que en una sociedad donde se había establecido que la práctica sexual había de estar estrechamente vinculada a la reproducción, la abstinencia sexual parecía ser una suerte de postura que se revelaba contra la obligación de las mujeres de contraer matrimonio, reproducirse y dedicarse a los cuidados de los hijos y del hogar. Podía resultar una forma de recuperar la autonomía de su vida y de su propio cuerpo, aunque supusiera renunciar a algo tan natural como la dimensión sexual. Bien es cierto, por otra parte, que la correlación entre sexualidad y procreación encuentra explicación lógica en la necesidad de más nacimientos en un momento histórico donde la mortalidad era muy alta.

29 San Ambrosio, *De virginibus*, I, 8.

30 «En cierto modo, reciben la impregnación de su sexo corporal, se convierten en masculinas o femeninas y solo pueden acceder al amor del Dios incorpóreo si rompen con esas afecciones» (Foucault, 2019c: 212).

31 A pesar de la cristalización patriarcal del cristianismo institucional, es de suma importancia aquí señalar, también, cómo la vida y enseñanzas de Jesús (gran parte a través de sus acciones) estaban dirigidas a restituir la dignidad de las mujeres, que en su época estaban marginadas de la ley civil y religiosa (ejemplo de ello es la circuncisión como rito reservado para los hombres). En Lucas 13, 10-17, Jesús sana a la mujer encorvada y le dice: «Mujer, eres libre de tu enfermedad» y «puso las manos sobre ella; y ella se enderezó». Esta acción llevada a cabo por Jesús es símbolo de dignidad; la restitución de la dignidad de la mujer que a partir de ese momento es capaz de andar con la cabeza en alto, mirar a los ojos a la persona que tiene delante y desenvolverse con «rectitud». De esta forma, las mujeres en el movimiento de Jesús no solo tienen una presencia muy grande, sino que son figuras muy cercanas y protagonistas de la vida del hijo de Dios y del anuncio del reino de Dios a través de la resurrección de Cristo, ya que ellas fueron las primeras a las que fue anunciada la «buena nueva», las primeras confidentes.

32 Foucault, 2019c: 256.

33 Gregorio de Nacianzo, *Orationes*, XXXVII, 6. En Forcades, 2011a: 27.

34 Crisóstomo, XX, 6.

35 Foucault, 2019c: 268.

36 *Ibidem*: 269. La concupiscencia es el deseo de bienes materiales, pero sobre todo el deseo sexual exaltado.

37 Este punto podría resultar problemático, ya que la apropiación ajena de los cuerpos solo podría suceder si, acaso, estamos en posesión de nuestro cuerpo, pero desde la doctrina de la Iglesia se proclama aquello que aparece en 1 Corintios 6, 19: «¿O no sabéis que vuestro cuerpo es templo del Espíritu Santo, que está en vosotros, el cual tenéis de Dios, y que no sois vuestros?». Así que, nuestro cuerpo resultaría templo donde mora Dios, y que no es objeto de nuestra posesión, sino regalo y donación de Dios a nosotros, sus hijos.

38 San Agustín, *De bono conjugali*, VI, 6.

39 *Ibidem*, XVI, 18.

40 Foucault, 2019c: 307.

41 Foucault, 2019c: 194.

42 Pagés, 2008: 207.

43 Forcades [Fragmento], 2011b.

44 Comunión como común unión. El Dios cristiano son tres personas que se relacionan entre ellas y están en comunión. Y, desde ahí, se produce la donación infinita del amor de Dios a todas sus criaturas.

45 Aguirre, 2009: 214.

46 Hidalgo de la Vega, 1993: 232.

47 Candiard, 2022: 97.

48 *Ibidem*: 101.

49 Ernesto Castro, 2021, 1 m 51 s.

50 Méndez-Montoya, 2019: 742-743.

51 Lings, 2021: 39.

52 Martínez Cano, 2021: 185.

6. El amor en los albores de la modernidad

1 Gerli, 1980: 316-319.

2 Esteban, 2011: 56.

3 Gerli, 1980: 317.

4 Pinto, 1996.

5 Duby, 1988.

6 Dall'Orto, 1989.

7 A pesar de escapar a los objetivos de este libro, merece la pena mencionar que el objetivo de Dall'Orto es polemizar con la postura académica establecida que sostendría que la homosexualidad como categoría identitaria no apareció hasta 1800. Según el autor italiano, las prácticas homosexuales del Renacimiento sirvieron de base para una nueva identidad homosexual.

8 Sirva como ejemplo el Discurso XIV del libro sexto de su *Comentario al Banquete de Platón* en el que dice: «Por consiguiente, el cuerpo de los hombres es fecundo, según Platón, y también es fecundo el espíritu, y ambos son estimulados por los incentivos del amor a la procreación. Pero unos, bien a causa de su naturaleza, bien por educación son más aptos para la generación del espíritu que para la del cuerpo, otros, y estos son

los más numerosos, lo contrario. Aquellos siguen el amor celeste, estos el vulgar. Aquellos aman por su naturaleza más a los hombres, y sobre todo a aquellos que ya son casi adultos, que a las mujeres y los niños, porque en ellos domina mucho más la agudeza del intelecto que, por su excelente belleza, es mucho más apropiada para la disciplina que van a generar. Los otros, al contrario, por el placer del encuentro amoroso y la realización de la generación corporal. Pero como la capacidad generadora, que está en el alma, por carecer de conocimiento, no hace distinción entre ningún sexo, y por su naturaleza nos invita a generar tantas veces como juzgamos algún cuerpo bello, sucede que muchas veces aquellos que conversan con hombres, para calmar los estímulos de la parte generadora, se unen a ellos. Y esto sucede sobre todo en los nacidos cuando Venus se encuentra en un signo masculino y en conjunción con Saturno, en sus límites u opuesta a Saturno».

9 Brucker, 1991.

10 Winston, 2005.

11 Coontz, 2006: 16.

12 Huelga decir que debajo de esta historia hay algunos intentos de concebir el amor de forma distinta y las formas de relacionarse empiezan, tímida y residualmente, a ser desafiadas. En palabras de Ana Babel (2019: 16): «Voy a centrarme en el marco occidental tomando como punto de partida el siglo xviii. Un siglo que supuso un punto de inflexión socio-político con consecuencias en la mirada y la gestión de la sexualidad, el amor, la pareja y el matrimonio, entre otras cuestiones. Tomarlo como punto de partida nos da claves para entender las propuestas no monógamas de las sociedades posmodernas, tal y como se recoge en los siguientes apartados». Aquí, como es obvio, no podemos recoger todos esos cambios, pues nuestra historia es una historia de las sedimentaciones, no de las disputas.

13 El amor romántico no surge en el Romanticismo, sino que «encaja» perfectamente con este período histórico. Las primeras historias de amor tal y como las mentamos con el término de «marras» pueden rastrearse, por ejemplo, en el siglo xi con la historia de Abelardo y Eloísa.

14 Borscheid,1986.

15 Dice Borscheid en la página 166 de su libro: «Cuando, en 1844, un labrador testificó que sus bienes en el momento de su matrimonio ascendían a 300 florines mientras que su esposa no poseía nada, los jueces expresaron la opinión en su discusión privada del caso de que este hombre era claramente muy ingenuo o no estaba bien la cabeza».

16 Engels, 2017: iii-iv.

17 *Ibidem*: 26.

18 Para este autor la monogamia tiene un origen fundamentalmente económico. A este respecto dice más adelante: «El suelo cultivable se distribuyó entre las familias particulares; al principio de un modo temporal, y más tarde para siempre; el paso a la propiedad privada completa se realizó poco a poco, paralelamente al tránsito del matrimonio sindiásmico, a la monogamia. La familia individual empezó a convertirse en la unidad económica de la sociedad» (2017: 89).

19 Engels, 2017: 37.

20 Esteban, 2011: 77.

21 Lindholm, 2007.

7. La liberación sexual: Mayo del 68

1 Debord, 2002: §115.

2 Friedan, 2009.

3 Citada en Prearo, 2011.

4 Pastor, 2008: 49-50.

5 Prearo, 2011.

6 Sánchez-Prieto, 2001.

7 Citado en Prearo, 2011.

8 Fruto de la lucha, entre otras, del *Mouvement de Libération de la Femme* (MLF).

9 Rebreyend, 2011: 150.

10 Véase Hekma, 2014.

11 Citado en Olea, 2018.

12 Prearo, 2011: 137-147.

13 Traducción propia.

14 Citado en Prearo, 2011: 137-147.

15 Traducción propia.

16 Bourg, 2009: 85-113.

17 Traducción propia.

18 Citado en Žižek, 2008.

8. El amor hoy: declive del matrimonio, poliamor y cultura de masas

1 Resultados completos de *YouGov Survey* en https://docs.cdn.yougov.com/9h799xz93s/LGBT%20support%20survey.pdf.

2 Con el término *erocapitalista* queremos hacer referencia a todas las formas de relacionarse sexoafectivamente que se asemejan al capitalismo más asilvestrado: el no compromiso, la falta de cuidado, el consumo de cuerpos, la acumulación de ligues y ganancias en capital social, etc.

3 Citado en Žižek, 2008.

4 Deleuze, 1995: 268.

5 Recordando la distinción que hacen Deleuze y Guattari, y que explicamos al inicio de la sección entre molar/molecular y cómo los mecanismos del capitalismo se insertan en nuestros flujos de deseo y en la construcción de la subjetividad y que, de una forma interiorizada, replicamos: «En el nivel molecular [el de los flujos y singularidades] es mucho más difícil identificar al enemigo, ya que no se trata como en el nivel molar de un enemigo de clase que se encarna en uno u otro líder. El enemigo en ese caso es algo que se encarna en nuestros amigos, en nosotros mismos, en nuestras filas, cada vez que el problema remite a un agenciamiento de enunciación de otro tipo» (Guattari, 2006: 155).

6 Althusser, 2003.

7 Vasallo, 2018: 32.

8 *Ibidem*: 32.

9 Esto nos devuelve a esta idea de autoesclavismo y la autoexplotación de la que habla Žižek como el nuevo espíritu del capitalismo, donde la meta pasa a ser la acumulación de capital erótico.

La serie *Black mirror* representa en el capítulo 1 de la tercera temporada esta idea a la perfección, donde la protagonista está inmersa en un mundo de puntuaciones *online* que, en forma de capital social, dictamina el éxito social de una persona en función de cómo le califican los otros en sus comportamientos diarios. Es eso (la puntuación que va acumulando) lo que le permite acceder o tener el acceso denegado al mundo social.

10 Save The Children, 2020.

11 Citado en la página web de la Fundación de Ayuda contra la Drogadicción.

12 Durán, 1988.

13 Bauman, 2005.

14 Este aspecto dista de ser una especie de complot contra el amor y las relaciones amorosas. Más bien, es un espejo donde se reflejan las dinámicas a través de las que funcionan todos los mecanismos en la sociedad. Si nos metemos en X (antes Twitter), podemos observar cuánto se dan estos fenómenos. Consumimos noticias, libros, canciones, memes, etc., y, además, de una forma tan vertiginosamente rápida que asusta. Esta liquidez y consumo de relaciones, es una consecuencia más de la sociedad de consumo y de cómo las lógicas del libre mercado se han insertado en nuestras formas de relacionarnos con las personas y el mundo.

15 Bauman, 2005: 21.

16 *Ibidem*: 25.

17 Iris Simón, 2021a.

18 Iris Simón, 2021b.

19 De la Huerga, 2021.

20 Véase Firestone, 1976: 173-175.

21 Llamamos «poliamor neoliberal» a la forma no monógama de relacionarse caracterizada por la falta total de cuidados y responsabilidad afectiva. El poliamor neoliberal es un consumo de cuerpos.

22 Vasallo, 2018: 77,158.

23 *Ibidem*: 13.

9. Surcar las olas, girar el timón de la historia

1 Berbel Ortega, 2019: 12.

2 *Ibidem*: 11.

3 Berbel Ortega, 2019: 8-23.

II. Amor y capital

10. ¿Amor y capitalismo?

1 Libro I, sección 7.ª, capítulo 24, apartado 3.

2 Fromm, 1980: 86.

3 Debord, 2002: §42.

4 Illouz, 2007: 19-20.

5 Illouz, 2009: 199.

6 A pesar de que, como veremos más adelante, el amor presenta grandes problemas si se entiende como un sentimiento, esta ha sido la concepción popular más generalizada.

7 Federici acuñó la expresión «patriarcado del salario» en su obra *Patriarcado del salario. Críticas feministas al marxismo.* A partir de este concepto quiere expresar cómo «A través del salario se crea un nueva jerarquía, una nueva organización de la desigualdad: el varón tiene el poder del salario y se convierte en el supervisor del trabajo no pagado de la mujer. Y tiene también el poder de disciplinar. Esta organización del trabajo y del salario, que divide la familia en dos partes, una asalariada y otra no asalariada, crea una situación donde la violencia está siempre latente» (Federici, 2018: 13).

11. *Relaciones, contrato y falsa libertad*

1 Libro I, sección 2.ª, capítulo 4, apartado 3.

2 Libro I, sección 7.ª, capítulo 21.

3 Libro I, sección 2.ª, capítulo 4, apartado 3.

4 Ver Fromm, 1980: 83-86.

5 «Un ser humano tiene una raíz en virtud de su participación real, activa y natural en la existencia de una colectividad [...]. El ser humano tiene la necesidad de echar múltiples raíces, de recibir la totalidad de su vida moral, intelectual y espiritual en los medios de que forma parte naturalmente» (Weil, 1943: 49).

6 Illouz, 2009: 254.

12. *El intercambio como fin en sí mismo*

1 Recordemos los versos de Julieta en la obra de Shakespeare: «Mi generosidad es tan ilimitada como el mar, mi amor tan profundo; cuanto más te doy, más tengo, pues ambos son infinitos» (Shakespeare, 2003: 111).

2 Libro I, sección 2.ª, capítulo 4, apartado 1.

3 Aunque no es este el sitio para desarrollar la teoría marxista del plusvalor, el capitalista no gana dinero porque venda las mercancías más caras. Hemos de suponer que, si él las vende por encima del precio del mercado, otros comerciantes harán lo mismo para compensar el gasto extra derivado de esta decisión. En total, las ganancias del capitalista por vender su mercancía más cara serían compensadas al tener que comprar más caro a otros vendedores. El capitalista gana dinero, principalmente,

porque compra la fuerza de trabajo a un precio más barato que el de las ganancias que genera.

4 (Libro I, sección 2.ª, capítulo 4, apartado 1).

13. *Fetichización del amor*

1 Freud, 1927: 147-148

2 *El capital,* en Libro I, sección 1.ª, capítulo 1, apartado 4.

3 *Ibidem.*

4 Esta relación de explotación a la que hacemos mención a la relación entre el trabajador y empresario que se constituye a través del trabajo asalariado, donde el empresario expropia al trabajador el producto de su trabajo y lo vende a un precio superior al salario que recibe el trabajador por el tiempo dedicado a la producción de ese bien o servicio. Esto es: la plusvalía.

5 *El capital,* en Libro I, sección 1.ª, capítulo 1, apartado 4.

6 *Cfr.* Illouz, 2009: 200-201.

7 Shakespeare, 2003: acto II, escena III, p.117.

8 Berbel Ortega, 2019: 22.

14. *Propiedad de los cuerpos*

1 Natalia Wuwei escribe en «Memorias de una C (II – la monogamia como estructura de poder)»: «Nos relacionamos con las personas a través de una estructura, de un pensamiento, de unas ideas y unas normas que nos dicen cómo nos tenemos que relacionar. Estas normas sociales privilegian una forma concreta de relacionarse y generan cierto tipo de jerarquías y violencias, entre muchas otras cosas. A este sistema relacional lo podríamos llamar monogamia» (Wuwei, 2018a).

2 Vasallo, 2018: 31.

3 *El capital,* Libro I, sección 2.ª, capítulo 4, apartado 3. Sobre el proceso de desposesión de la clase trabajadora puede verse el estudio de Marx sobre los *enclosures* o cercamientos: *El capital,* Libro I, sección 7.ª, capítulo 24, apartados 1-4.

4 Como veremos más adelante, el proceso de desposesión del capitalismo encuentra su máximo paralelismo en las mujeres. Ellas se encuentran desposeídas de su cuerpo y, a cambio, no se convierten en poseedoras del cuerpo ajeno. En las relaciones sexoafectivas, al igual que en los sistemas sociales, capitalismo y patriarcado no se pueden explicar por separado.

En esta sección, consideraremos solo la estructura formal de las relaciones sin distinguir entre géneros.

5 Deleuze, 2005: 328.

15. Exclusividad sexual

1 VV. AA., 2011: 43.

2 Watkins & Boon, 2015.

3 La palabra *epitimia* ha designado tradicionalmente el deseo insatisfecho de la mujer en el embarazo. Aun sabiendo la enorme violencia médica que han supuesto para las mujeres términos como este, queremos utilizar este concepto para señalar la violencia que implica constreñir el deseo a la falta (i) de un único objeto (ii). Una violencia que conlleva, naturalmente, a la insatisfacción.

4 *El banquete*, 200a.

5 Lacan, 2009: 609.

6 *El banquete*, 190a-191a.

7 Esta forma de entendernos como seres incompletos a nosotros mismos pasa también por entender al otro desde lo que supone en la constitución de mi persona, es decir, el otro es en tanto que me termina de conformar y es una pieza clave de mi conformación. Esto se opone radicalmente a la consideración del otro desde su alteridad, fuera de mi yo y de los límites que pueda imponer mi mismidad.

8 Spinoza, 2019: parte III, proposición IX.

9 Land, 2017: 67.

10 Tesoro, 2021.

16. Obligatoriedad sexual

1 Explicitamos que el deseo sexual se puede dar de múltiples formas, intensidades y variedades, ya que no existe una sola y única forma de habitar el deseo, y más aún el deseo sexual. Esto es bastante señalado por la comunidad asexual como forma de apuntar hacia otras formas de amar o desear distintas de las normalizadas.

2 Federici, 2019: 191.

3 Datos de marzo de 2021.

17. Mercantilización de los cuerpos

1 Véase Llopis, 2022.

2 Véase Lechuga, 2019.

3 *El capital,* Libro I, sección 1.ª, capítulo 1, apartado 1.

4 Sí lo es, en cambio, la gigantesca acumulación de ellas que es la característica principal de las sociedades capitalistas.

5 En este punto nos gustaría hacer una puntualización de forma lateral. Aunque no queremos darle excesiva importancia, creemos necesario aclarar algunos puntos, dado que estamos haciendo en esta sección un análisis comparativo. Lo que resulta problemático no es tanto la idea de intercambio —como ya hemos comentado— ni la conversión de bienes en mercancías intercambiables, ya que el trueque (forma de intercambio primigenia) consiste en el intercambio de un bien (que no tiene valor de uso para nosotros) por otro bien (que sí posee ese valor de uso para nosotros), y viceversa. En este proceso de intercambio, los bienes devienen mercancía. Por eso, y al no ser esta forma de intercambio problemática, no toda forma mercancía es algo peyorativo en los objetos si no genera acumulación y plusvalía. Ahora bien, no son lo mismo los objetos que los cuerpos, donde todo intercambio y mercantilización es, de una u otra forma, problemático.

6 Kant, 2012, IV: 429.

7 El último Merleau-Ponty, en su obra *Lo visible y lo invisible,* utiliza la figura del quiasmo como representación de la figura «X». Designa el punto donde se cruzan dos estructuras o dos términos. Así, la relación quiasmática será una relación de entrecruzamiento.

8 En teoría de conjuntos, la intersección es una operación que consiste en la creación de un nuevo conjunto que comprende a los elementos comunes de dos conjuntos anteriores.

9 *Cfr.* Illouz, 2009: 65-67.

10 Illouz, 2009: 66.

11 Illouz, 2009: 115.

18. Capital erótico

1 Correa & Rodríguez, 2020.

2 Arendt, 2009: 182.

3 Entendiendo corporal no solo en lo referente al cuerpo físico, sino al conjunto heterogéneo que forman parte de una relación y que hunden sus raíces en el cuerpo: afectos, sentires, deseos, interés, etc.

4 Eva Illouz y Dana Kaplan en su libro *El capital sexual en la Modernidad tardía* exponen la definición que hace Catherine Hakim de capital erótico, siendo ella la primera teórica en hablar de ello. De esta manera, es «un activo personal (marcadamente femenino) que puede utilizarse en el mercado laboral [y añade en su versión inglesa] "y en las relaciones íntimas" [...] combina belleza, atractivo sexual, vivacidad, talento para vestirse bien, encanto, habilidades sociales y competencia sexual. Es una mezcla de atractivo físico y social» (Illouz & Kaplan, 2020: 9).

5 Fromm, 1980: 15.

6 En relación con lo que venimos comentando, escribe Eva Illouz en su libro *El consumo de la utopía romántica*: «El amor romántico y la belleza física [...] como ventajas en ese proceso constante que Erving Goffman ha denominado "la presentación de la persona" [...] el vínculo entre belleza y romance se hace extensivo también al deseo de expresarse, y el nuevo nexo entre esos tres elementos se ve impulsado, a su vez, por la cultura consumista. De esta manera, se utiliza el amor para reforzar una definición del yo centrada en los bienes que ofrecen juventud, belleza, encanto, *glamour* y poder de seducción» (Illouz, 2009: 63-64).

7 Illouz & Kaplan, 2020: 46.

8 Saez, 2021.

9 Oller Girona, 2021.

10 ISAPS, 2019.

11 Europa Press, 2019.

19. Competencia y lógica excluyente

1 *El capital*, Libro I, sección 7.ª, capítulo 22, apartado 3.

2 Illouz, 2009: 165

20. Primeros rizomas

1 En la sección hemos desechado también la tesis según la cual el capitalismo ha creado la monogamia y la estructura básica de nuestras relaciones contemporáneas. Rechazamos también, como consecuencia, la idea de que basta con que se acabe el capitalismo para que un amor más libre florezca. Según nuestro punto de vista, el capitalismo irrumpe en la

historia de las relaciones amorosas potenciando, creando, cohibiendo o dificultando un desempeño particular en el campo afectivo, pero nunca crea desde cero. La primera sección del libro, en particular la parte arqueológica, está destinada fundamentalmente a desterrar estos prejuicios.

2 Fromm, 1980: 88.

3 Señala además: «El principio sobre el que se basa la sociedad capitalista y el principio del amor son incompatibles [...]. La gente capaz de amar, en el sistema actual, constituye por fuerza la excepción» (Fromm, 1980: 127).

4 Nuestra propuesta, como veremos al final del libro, no es una receta. Pues proponer un sistema de puntos, normas o propuestas cerradas pecaría de seguir dentro de la misma dinámica que se critica a la estructura monógama, esto es, ser un sistema cerrado y obligatorio que las personas asumen sin un replanteamiento previo de las estructuras y condiciones que se esconden tras él y, por supuesto, acuerdos colectivos.

5 La distinción taxonómica de amor como placer o amor como labor ha sido tomada de la obra *Consumo de la utopía romántica* de Eva Illouz, que no el contenido de esa distinción. Solo nos hemos servido de esa distinción que hace entre estas dos formas de amor para desarrollar nuestra tesis (Illouz, 2009: 256).

6 Illouz, 2009: 244.

III. Amor y patriarcado

21. Por supuesto, amor y patriarcado

1 Esteban, 2011: 66.

2 Firestone, 1976: 159.

3 En esta sección nos centramos en el análisis de cómo esta alianza de capitalismo y amor se da de forma diferente en los hombres que en las mujeres en la relación heterosexual. Preferimos acotar el análisis a la pareja heterosexual porque es donde históricamente se ha dado la mayor parte de violencias hacia la mujer bajo el nombre del amor. Esto no quiere decir que no se puedan dar violencias, dominación y reproducción de los roles de género patriarcales en otro tipo de relaciones como las relaciones sáficas o las relaciones homosexuales entre dos hombres, por ejemplo.

4 Lerner, 1990: 25.

5 Así, el estudio micropolítico del capitalismo solo tiene sentido, o al menos solo tiene un sentido medianamente decente para la investigación, en su versión del neoliberalismo. La colonización del capitalismo de la esfera

privada y la promoción del «empresario de sí» corresponden más a un estadio concreto de este sistema de dominación que a su matriz esencial.

6 Coppolecchia & Vacca, 2012: 60-61.

7 «¿Qué tipo de poder es el "poder del amor"?», en Jónasdóttir, Bryson & Jones, 2010: 45.

8 Firestone, 1976: 160.

9 No es lo mismo que fundamentar. Apoyarse es «servirse de», «utilizar a tu favor». La necesaria implicación de las mujeres (cis) en la reproducción biológica de la especie no fundamenta su opresión. Como bien explica la cita, la reproducción biológica no fundamenta al patriarcado, sino que es secuestrada por el mismo.

10 Benería, 1981: 79. [La cursiva es nuestra].

11 Señala Federici entre comillas *transición* porque, en sus palabras: «Como sabemos, "la conquista, el sojuzgamiento, el homicidio motivado por el robo: en una palabra, la violencia" fueron los pilares de este proceso. Así, el concepto de "transición al capitalismo" es en muchos sentidos una ficción [...], el término sugiere un desarrollo gradual, lineal, mientras que el periodo que nombra fue uno de los más sangrientos y discontinuos de la historia mundial» (Federici, 2010: 87-88).

12 *Ibidem*: 90.

13 *Ibidem*: 112.

14 Falcon, 1984.

15 Esteban, 2011: 70.

22. *Amor y feminismos*

1 A pesar de esta problematización, algunas voces jóvenes reclaman la familia con nostalgia como bastión a defender frente a una supuesta posmodernidad líquida. Este es el caso, que ya comentamos en la introducción, del contenido de la escritura de Ana Iris Simón, tanto en sus textos periodísticos como en su libro *Feria*.

2 Marx & Engels, 2008: 46.

3 Citado en Gómez Urzaiz, 2020.

4 Es importante notar el filo peligroso por el que desfilan algunas de las lecturas que se hacen de Lewis. En nuestra opinión, su análisis de la gestación subrogada sirve como preludio teórico y caso de estudio para armar una teoría de la familia no basada en la propiedad biológica.

Rechazamos, por razones evidentes, todas las lecturas de la autora que ven en la gestación subrogada el medio idóneo para la abolición de la familia. La distinción de la autora entre «comercial subrogacy» y subrogación creemos que sustenta nuestra postura (además de sus múltiples alegatos en contra de lecturas progestación).

5 Lewis, 2019: 105 [Traducción propia a partir del original].

6 Citado en Gómez Urzaiz, 2020.

7 Firestone, 1976: 282.

8 Respecto al consentimiento, creemos importante señalar que se está atendiendo exclusivamente al consentimiento (voluntad) en el sexo y al deseo. Por una parte, es cierto que el deseo no es un mecanismo natural, sino que se construye a través del imaginario común, lo que supone que podemos llegar a desear cosas hacia las que se ha educado nuestro deseo, suponiendo violencias hacia nosotras mismas. En este sentido, dice Clara Serra «una mujer puede decir no al sexo aunque lo desee» (Serra, 2018, párr. 4) y, de no respetarse su voluntad, habría de considerarse violación. Identificar correctamente las violencias sexuales pasa por distinguir entre deseo y consentimiento. Por otra parte, resulta fundamental que, además de constituir a la mujer como sujeto con capacidad de decisión: de consentir y de disentir, y que esta decisión sea respetada a la primera, su deseo sea tenido en cuenta y sea reconocido. Cada vez se escucha y se habla más de reivindicar el sexo, no solo consentido, sino también deseado.

9 Un sexo «libre» que, por su fuerte componente patriarcal, genera lo que se ha llamado la *brecha orgásmica*. Según los datos de Paola Damonti en *La brecha orgásmica*, solo una de cada tres mujeres tiene un orgasmo siempre en sus relaciones sexuales, frente a las tres cuartas partes de los hombres. Además, por cada hombre que no ha experimentado nunca un orgasmo hay diez mujeres en su situación.

10 Serra, 2018: párr. 2.

11 Miguel, 2022.

12 Millet, 1995: 27.

13 Bourdieu, 2000: 20.

14 Peker, 2018.

15 Gómez, 2022.

16 «El deseo es el núcleo de la autonomía femenina. El deseo de no aguantar la violencia que no solo no cesa, sino que toma revancha hacia el "no" de las mujeres o hacia sus decisiones: irse con alguien, no irse, empezar a trabajar, salir a bailar, vestirse, desvestirse, ser madres o no

serlo. El feminismo crece, avanza, se expande y se hace notar en la calle, en las redes y en los medios. La represalia es al deseo» (Peker, 2018: 12).

17 Y que más tarde se convertiría en el capítulo del libro *Sexualidades en tránsito. Una aproximación política al lesbianismo*, pero que también aparece recogido como capítulo del número 70 de la revista *Servicios Sociales y Política Social* bajo el nombre de *Una aproximación política al lesbianismo*.

18 Gimeno, 2005: 39.

19 *Ibidem*: 55.

20 El otro punto es que Beatriz Gimeno, en la ponencia mencionada, no distingue entre cis y trans cuando se refiere a la relación de los hombres y las mujeres. Entendemos que un hombre trans no ha socializado su género de la misma manera que un hombre cis o, al menos, lo cuestionamos y abrimos aquí la duda. Aunque, como explica Elisabeth Duval en *Después de lo trans* en su intercambio epistolar con Paul B. Preciado: «El hecho de que te traten y te perciban externamente como un hombre, por más que tú te desidentifiques e intentes desmontar esas categorías, implica unas dinámicas, situaciones y espacios de poder de los que no puedes deshacerte mediante el discurso» (Duval, 2021: 200). Así que la clave no está en cómo hayas elegido tú socializar, sino en cómo has sido socializado, por cómo se te ha leído en el espacio público, donde lo femenino es lo sometido y lo masculino lo sometedor.

21 Nordgren, 2006: 2.

22 Berbel Ortega, 2019: 13.

23. Centralidad de la pareja y falsa libertad

1 En este párrafo quedan condensados tanto los objetivos de esta sección —reexaminar las conclusiones ya alcanzadas en la sección anterior bajo una perspectiva de género— como sus premisas —la idea de que el capitalismo y el patriarcado no se realizan históricamente como entes separados y puros en sí, sino que la realización implica una intersección.

2 Tamara Tenenbaum, licenciada en filosofía, escritora y periodista, en *El fin del amor* escribe: «Hoy es imprescindible recordar y actualizar: denunciar el modo en que el patriarcado no solamente prohíbe sino que también seduce» (Tenenbaum, 2021: 62).

3 Continúa comentando Tenenbaum: «El mandato de la pareja monógama de largo alcance (tipo conejito de Duracell) como camino que

garantiza la felicidad sigue vigente sobre todo para las mujeres» (Tenenbaum, 2021: 58).

4 En este artículo recogen la propuesta de Emma Watson; en lugar de hablar de soltera que apela a soledad cuando no tienes pareja, la actriz escogía la expresión autoacompañada, con el fin de resituar el foco (Forbes, 2019).

5 Reguera, 2019.

6 Sharp & Ganong, 2007.

7 Obsérvese que esto genera otro efecto de retroalimentación positiva por la situación de desarraigo que conlleva.

8 Vasallo, 2018: 76.

9 Ministerio de Igualdad, 2021.

10 Tenenbaum, 2021: 103.

11 CCOO, 2022.

12 Vasallo, 2018: 13.

24. La falsa idea de intercambio

1 Donde «dinero'» es mayor que «dinero», por eso hay una ganancia en el paso del uno al otro.

2 Nos parece importante recordar la contradicción amorosa a lo que esto nos llevaba (y es que el amor en nuestras sociedades, al igual que el capital, tiene en su núcleo fuertes contradicciones). Por un lado, la centralidad de la pareja y la ideología del amor romántico refuerzan constantemente la entrega a la pareja. Sin embargo, y he aquí la contradicción, el mismo marco ideológico que provoca los efectos anteriores nos obliga a medir los costes y los beneficios de nuestra relación, nos impone una lógica donde el intercambio es el fin último y ya no la entrega.

3 En *La nueva masculinidad de siempre. Capitalismo, deseo y falofobia*, Antonio J. Rodríguez explora la nueva masculinidad en tiempos del feminismo. Su conclusión es clara: la nueva masculinidad no es una masculinidad menos patriarcal, sino que el patriarcado ha obligado que las masculinidades se reinventen, aparenten más sensibilidad. En el fondo, dice Antonio J. Rodríguez, estamos ante la misma masculinidad de siempre.

4 En su perfil personal, @venusoncrack, el 6 de mayo de 2022.

5 No señalamos que sean actitudes conscientes y deliberadas. De hecho, lo característico tanto del capitalismo como del patriarcado es que sus lógicas se instalan en nuestras subjetividades, atraviesan nuestros

cuerpos, nuestras pieles, y se tornan inconscientes. Por esta razón, empezar a hablar de micromachismos, por ejemplo —término acuñado por el psicólogo Luis Bonino Méndez—, fue tan esclarecedor. Esto es, hay comportamientos de nuestro día a día que pueden pasar por no discriminatorios o violentos porque están muy asimilados, pero que perpetúan la dominación.

6 López Mateo, 2022.

7 Firestone, 1976: 160.

8 Federici, 2013: 47.

9 Titulado *Gender inequalities in care and consequences for the labour market* y que puede verse en este enlace: https://eige.europa.eu/publications/gender-inequalities-care-and-consequences-labour-market

25. Ritos amorosos y violencia simbólica

1 Recordemos las palabras de Aristóteles en *La reproducción de los animales* (libro I, 729b): «Entonces, si el macho es una especie de motor y agente, y la hembra, en cuanto hembra, paciente».

2 Ernaux, 2021: 275.

3 Fein & Schneider, 1995.

4 Rubin, 1989: 16.

5 Suárez Errakalde, Silvestre Carrera & Royo Prieto, 2018: 21.

6 López Lalola, 2020.

7 Rubin, *op. cit.*, 18.

8 Donde antes la motivación era una cuestión religiosa, esta se ve actualmente sustituida por una serie de ritos donde la inversión de capital oculta en gran parte esta motivación. Dios es sustituido por el capital incluso en los ritos y celebraciones religiosas, que no se libran de la centralidad de esta necesidad de una fiesta ostentosa y lujosa: menús de 130-140 euros por cabeza son otro ejemplo de ello.

9 Hume, 2005: 759.

26. Fetiche para unas, poder para otros

1 Sobre la cuestión del amor y del sacrificio, la filósofa e investigadora Mercedes López apunta en su investigación *Palimpsesto hacia el desarraigo. Una vuelta a la ontología weiliana de la obligación*: «sacrificarse no es

despojarse de sí por un Otro; tal pérdida íntima solo sucede al rechazar el sacrificio, al negar nuestras obligaciones constituyentes» (López, 2021). Obligaciones que han sido impuestas solo a la mujer y que son reivindicadas desde movimientos feministas, como continúa Mercedes, a través de los reclamos por la colectivización de los cuidados y la responsabilidad afectiva.

2 Fromm, 1980: 19-20.

27. Privatización del cuerpo y mujeres desposeídas

1 Deleuze, 2005: 328.

2 Cfr. Federici, 2013: 48.

3 El artículo «La violencia de la mirada patriarcal sobre el cuerpo de la mujer» publicado en el medio digital *Público* explora este asunto: cómo la mirada patriarcal conforma los cuerpos de las mujeres a través de la violencia (Rodríguez del Real, 2022).

4 Aunque en un porcentaje grande la desposesión no suele ser total, sino que se camufla en lógicas más micro, cabe señalar que en ocasiones se da una total desposesión deviniendo una relación de sumisión donde el maltrato y la violencia son el núcleo. Nos resulta importante señalar este punto y, así, no caer en una invisibilización de cómo la violencia machista puede resultar en una total dominación del hombre a la mujer, quedando sometida.

5 La cita continúa: «Bajo el capitalismo, el sexo puede ocurrir también con objetos muertos, no con colaboradores vivos. No se imagina como algo cariñoso, divertido y colaborativo entre dos personas —cosa que el sexo esporádico también puede ser, por cierto—, sino como algo que obtiene una persona. A veces el otro apenas es reconocido en cuanto persona. Se trata de una versión solitaria del sexo» (Solnit, 2018).

6 Luxemburgo, 1978. Citado en *Mujeres, cuerpo y territorios: entre la defensa y la desposesión* en *Cuerpos, territorios y feminismos*, 2020: 47.

7 Palmero, 2017: 44.

8 Recogido en Requena Aguilar, 2018.

9 Barbijaputa, 2019: min 6:48-7:15.

10 Gutiu, 2012.

11 *Ibidem*, 2. En la cita original: «sex robots eliminate the need for communication, mutual respect and compromise in the sexual relationship. The use of sex robots results in the dehumanization of sex and intimacy

by allowing users to physically act out rape fantasies» [Traducción propia].

12 Richardson, 2017: 5.

13 Federici, 2013: 48.

14 Chaudhuri, 2006: 31.

15 El profesor Francisco José Martínez plantea desde una óptica deleuziana en el prólogo del libro de la filósofa Amanda Núñez cómo «no cualquier línea de fuga es positiva, no cualquier desterritorialización es creadora» (Núñez, 2019: 26). Así, la desterritorialización que supuso el movimiento de liberación sexual de los años 60, que confrontaba las lógicas tradicionales del amor de pareja, podía devenir en desterritorializaciones que no fuesen emancipadoras y creadoras como puede ser la hipersexualización de la mujer.

16 Mala Rodríguez, 2022: min 2:59.

17 Estos *tweets* fueron eliminados por ella misma al recibir un enorme linchamiento, como acostumbra a pasar en Twitter, sobre todo, hacia mujeres. Una de las personas que le contestó al hilo fue la usuaria @JanaDelBosco, quien comentaba de forma muy acertada lo siguiente: «Hablar de "pretty privilege" me parece que es como si hablásemos de "virgin privilege" hasta hace unas décadas porque el patriarcado crea la distinción mujeres respetables/no respetables y a las segundas se las denigra. Pero tu posición de "mujer respetable" la define un hombre, es revocable en cualquier momento y tiene que ver con un estado transitorio. Con la belleza me parece similar. Ser normativa no es estar en una posición de poder, es "encajar" en cierto modo en lo que el opresor quiere y tener cierto pase por ello. Porque al final para mantenerse normativa hay algo de suerte, sí, pero también hay mucho de lo que dices, de someterse a un montón de prácticas y actitudes interiorizadas que son violentas. Y ni con eso basta porque siempre estará la edad para retirarte cualquier "capital erótico"» (Jana del Bosco, 4 de julio de 2022).

28. Más sobre la mercantilización de los cuerpos

1 No hay que olvidar que «El 30 % de los hombres han sido puteros, versus el 1 % de las mujeres, un aumento del 3000 % más» (Martín Plaza, 2022).

2 «Se estima un número cercano a las 350 000 mujeres [en España], de las cuales el 80 % son extranjeras en situación de migración irregular. Esta cifra evidencia la conexión existente entre la prostitución y la

migración, y sobre todo la influencia de la situación administrativa y las condiciones económicas» (*Médicos del mundo*, 2020: 21).

3 Despentes, 2018: 88-89.

4 Despentes, 2018: 98.

5 Luri, 2021.

6 *Ibidem.*

7 *Ibidem.*

8 Weil, 1996: 23.

29. Competencia y camaradería: lógicas excluyentes o de alianzas

1 Teixeira, 2017.

2 Vaillancourt, 2013.

30. Otro esqueje: construyendo el rizoma, deshaciendo malezas

1 El editor de Word subraya en esta frase (solo en esta frase) la palabra *afectivo* en azul y recomienda, con cierta audacia, pero también con aires sabihondos, la palabra *efectivo.* Y, pensándolo bien, la pregunta por el disfrute *efectivo* dentro de la heteronorma también es pertinente y, de una forma u otra, complementaria a la nuestra, a la pregunta por el disfrute *afectivo.* Pero eso, querido corrector, lo tendremos que responder en otro espacio porque esta sección ya llega a su fin y la travesía ha sido dura. ¡Los lectores esperan impacientes las propuestas y las recetas!

IV. Hacia un amor rizomático

31. De la receta universal a las prácticas locales

1 Žižek, 2004: 14-15.

2 Berbel Ortega, 2019: 6

3 Somos conscientes de la pluralidad del término, de la cantidad enorme de matices que tiene según las distintas autoras y de que, debajo de esta etiqueta uniforme, se esconde una variedad de prácticas plurales. Aquí, en esta frase, lo usamos de una forma vulgar y cotidiana, en tanto poder tener varias parejas al mismo tiempo.

4 Dice Berbel Ortega (2019: 33) a este respecto: «Una de las claves de las aproximaciones no monógamas críticas —compartida por las autoras citadas— es entender la monogamia como estructura y no como práctica. Por lo general suele asociarse la monogamia a la exclusividad sexual, lo que supone quedarse en un análisis superficial de la cuestión y reproducir las mismas lógicas monógamas en el intento de construir un paradigma nuevo [...]. Desde este punto de partida, compartido mayoritariamente por el conjunto de discursos críticos en este ámbito, se pretende no asumir la monogamia como una cuestión de cantidades, sino de dinámicas relacionales».

5 Corremos el riesgo de la cita abusiva, pero merece la pena leer (otra vez) a Berbel Ortega (2019: 13) sobre el tema: «En la presente investigación no voy a usar el término *poliamor* (a no ser que me refiera específicamente a este tipo de prácticas o que la autora que vaya a citar enmarque sus argumentaciones desde ahí), por dos motivos: por un lado, porque la palabra *poliamor* remite por su etimología a considerar a varias personas involucradas y, desde mi punto de vista, no es necesario ni siquiera tener pareja para vivir la disidencia amorosa; y, por otro lado, porque el concepto de poliamor hace referencia directa y exclusiva al vínculo amoroso, y para mí ese vínculo puede ser también erótico y/o sexual sin ser, necesariamente, amoroso».

6 Sobre la necesidad de recetas: «En estas condiciones, la reacción es obvia: o huir a toda prisa o crear otras condiciones y configurar esos espacios en los que sí sea posible hacerse críticamente las preguntas ¿qué queremos saber? ¿Cómo aprender? ¿Para qué? Abrir, por tanto, espacios en los que aprender, enseñar, pensar, escribir y crear, espacios donde exponerse a lo imprevisto, a lo desconocido, a la zozobra, a la experimentación que no se protege bajo resultados ya preestablecidos. En definitiva: espacios donde abrir preguntas que realmente importen y compartir saberes que verdaderamente nos afecten» (Garcés, 2013: 86).

7 Deleuze, 2005: 92.

8 Deleuze & Guattari, 2010: 156.

9 Aristóteles, *Ética nicomaquea*, III, 12, 1119b. Cita en Foucault, 2019a: 84.

32. *Avanzar a ningún lado*

1 Nietzsche, 2008: 10 [30], p. 307.

2 Nietzsche, 2008: 11 [148], pp. 408-409.

3 No necesariamente desde el mismo punto, pero con fuerte resonancia, dice Foucault (2014: 108): «Nos encontramos ante un problema que me he planteado precisamente en relación con la sexualidad: ¿tiene sentido decir liberemos nuestra sexualidad? El problema, ¿no consiste más bien en intentar definir las prácticas de libertad a través de las cuales se podría definir lo que es el placer sexual, las relaciones eróticas, amorosas y pasionales con los otros? Este problema ético de la definición de las prácticas de libertad me parece que es mucho más importante que la afirmación, un tanto manida, de que es necesario liberar la sexualidad o el deseo».

4 Nietzsche, 2011: I §17.

5 «[...] la reterritorialización implica, forzosamente, un conjunto de artificios por los que un elemento, a su vez desterritorializado, sirve de nueva territorialidad al otro que también ha perdido la suya» (Deleuze & Guattari, 2002: 180).

33. Potencialidades

1 La esencia del ser humano es el conjunto de potencias o conato, y es por eso que dice Spinoza en la *Ética*: «De ahí que la potencia de cualquier cosa o el conato con el que ella, sola o con otras, hace o se esfuerza por hacer algo, esto es (por 3/6), la potencia o el conato con el que se esfuerza en perseverar en su ser, no es nada más que la esencia dada o actual de esa misma cosa» (Spinoza, 2019: 133).

2 Dice Heidegger en *Ser y tiempo*: «La posibilidad en cuanto existenciario no significa el "poder ser" libremente flotante en el sentido de *libertas indifferentiae*. En cuanto esencialmente determinado por el encontrarse, es el "ser ahí" en cada caso ya sumido determinadas posibilidades» (Heidegger, 1944: § 31).

3 Vercauteren, Crabbé & Müller, 2010: 157.

4 *Ibidem*.

5 Deleuze, 1996: 262-263.

6 Vercauteren, Crabbé & Müller, 2010: 159

7 Spinoza, 2019: 213.

8 Vercauteren, Crabbé & Müller, 2010: 158.

9 *Ibidem*: 160.

10 Deleuze, 1981.

11 Deleuze, 1981.

34. Ni tú ni yo, sino todo lo contrario

1 Fromm, 1980: 52.

2 *Ibidem*: 101.

3 Makarrita, 2017: 16.

4 Mt, 25: 40.

5 De Beauvoir, 2015: 835.

6 Un buen ejemplo de lo que implica habitar en común es la escritura conjunta o colectiva. Escribir en comunidad —por pequeña que sea— no es un ejercicio de suma de las escrituras individuales, sino un diálogo donde ideas, palabras, versos se comunican conformando un todo que se abre, se grieta, se pliega y despliega en cada participación, con cada voz. Así, el amor es como la escritura en común, no consiste en la suma de los intereses, deseos o potencias de uno, del otro y de aquel, sino que es un diálogo que potencia y que aumenta la capacidad de vida de ese espacio.

7 Escribimos hace un par de años un artículo titulado «Cómo hacer justicia con palabras: Libertad positiva de expresión, violencia simbólica y luchas de emancipación». En este artículo, y para hablar de la libertad de expresión, comentamos la distinción que hace Isaiah Berlín entre libertad negativa y libertad positiva. La primera pone el foco en la ausencia de restricciones e impedimentos a nuestra acción; la segunda, en cambio, pone en el centro la autorrealización del sujeto. La tesis que planteamos era entender la libertad positiva como la autorrealización o emancipación común, colectiva y, de esta manera, poner en el centro de nuestras actuaciones la libertad como la forma de emanciparnos colectivamente. Esto es, yo soy más libre cuanto más libre es la gente que me rodea y con la que camino colectivamente. Así también sucede en los encuentros, como decíamos, el aumento de posibilidades y la emancipación de uno abre y emancipa también a los otros. Esto resulta incuestionable en tanto nos alejamos de la consideración del sujeto de forma individual y aislada como un ente que se autodetermina sin flujos, intensidades, ríos o corrientes externas, que le atraviesan biográficamente.

8 Herrero, 2014: 57.

9 Berbel Ortega, 2019: 95.

10 *Ibidem*.

35. *El dilema del umbral*

1 Huelga decir que esta red horizontal de afectos puede darse con las amigas. Una red de amigas fuerte, descentrada, desjerarquizada y organizada por fuera de las parejas puede ser el sostén perfecto para las experiencias no-monógamas. Casi lo más central de la experiencia y el encuentro no-monógamo es está descentralización y desjerarquización de la pareja que puede darse revalorizando la comunidad de amigas.

2 Vasallo, 2018: 76.

3 *Ibidem*: 80.

36. *El discreto encanto de la burguesía*

1 Oliveria, 1995.

2 Bebel Ortega, 2019: 95.

3 Estrada, 2013: 101.

4 Fromm, 1980: 128.

37. *Ecología de las relaciones rizomáticas*

1 Esteban, 2011: 244.

2 Fromm, 1980: 35.

3 Hooks, 2000: 33.

4 Deleuze, 1989: 157.

5 Vercauteren, Crabbé & Müller, 2010: 41.

6 *Ibidem*: 43.

7 *Ibidem.*

8 *Ibidem.*

9 Deleuze, 2005: 162.

10 Vercauteren, Crabbé & Müller, 2010: 44.

11 Deleuze, 2005: 157-158.

12 Vercauteren, Crabbé & Müller, 2010: 47.

13 *Ibidem.*

14 *Ibidem*: 48 y ss.

15 *Ibidem*: 48.

16 *Ibidem*: 50.

17 *Ibidem*: 51.

18 *Ibidem*: 99.

19 *Ibidem*: 101.

20 *Ibidem*: 105.

21 *Ibidem*: 107.

22 A este respecto dicen Deleuze y Guattari en *Mil mesetas*: «El lenguaje no es la vida, el lenguaje da órdenes a la vida; la vida no habla, la vida escucha y espera» (Deleuze & Guattari, 2002: 82).

23 Vercauteren, Crabbé & Müller, 2010: 110.

24 *Ibidem*: 113.

25 *Ibidem*: 116.

26 *Ibidem*: 117.

27 Citado en Vercauteren, Crabbé & Müller, 2010: 53.

28 Citado en Vercauteren, Crabbé & Müller, 2010: 57.

29 *Ibidem*.

30 *Ibidem*: 58.

31 *Ibidem*: 59.

32 Fromm, 1980: 101.

38. No es mi culpa, no es mi culpa, no es mi gran culpa

1 «Y, es precisamente cuando se está en relación con otras personas, cuando surgen las dificultades de gestión, los malestares y las contradicciones. En todas las narrativas se puede ver esa distancia entre los planteamientos teóricos no monógamos feministas y las dudas, las inseguridades y contradicciones que se generan a la hora de llevarlos a las prácticas. Y en este sentido, junto con Herrera (2015) apunto que "la cuestión es que nuestros sentimientos no evolucionan tan rápidamente como nuestras teorías, y la sociedad tampoco evoluciona al mismo ritmo que nuestros sueños húmedos y utópicos". Igualmente, Ahmed añade (2017) "que pensamos que la teoría feminista crea mundos 'que están por venir', mientras que nuestras prácticas tienen lugar en mundos patriarcales"» (Berbel Ortega, 2019: 77).

2 Una de las entrevistadas por Berbel Ortega (2019: 74) apuntaba, precisamente, a esta repulsión de todo lo que está fuera de la norma: «El sexo

no es el centro de todo y esto es algo que mucha gente no comprende. Por otra parte, esas personas que te dicen que te tienes que tirar todo el día follando no saben que, en realidad, cuando intentas relacionarte y dices que tienes más parejas, la persona que estás conociendo tiende a alejarse y a no querer saber nada más de ti. Alex hace referencia en esta última cita a dos cuestiones claves. Por un lado, la hipersexualización, el morbo y la objetivación hacia las personas no monógamas; y, por otro lado, a las dificultades a las que se enfrentan estas personas para relacionarse».

3 Berbel Ortega, 2019: 76.

4 Ahmed, 2004: 152-153.

5 Enciso, 2015.

6 «Para ello, las informantes mencionan una serie de cuestiones a tener en cuenta como puntos de partida. Primero, señalan como imprescindible tener predisposición al cambio, a habitar las relaciones (y el mundo) desde otro lugar. En las narrativas se hace explícito que todas han optado por relacionarse así, que ha sido una decisión consciente; "al final esto es lo que he decido ser y por lo que he preferido apostar", expresa Sam. A Girasol le parece clave "ser consciente de lo que piensas y trabajarse las emociones contradictoras de una misma e intentar revertirlas, deconstruirlas para construir un nuevo marco lleno de posibilidades". Ya que, como apunta Sam, "al final esto va de hablar, de exponerse, de comprometerse a dejarse comprometer (esta frase no es mía), de construir y deconstruir. De transparencia, pero medida a las necesidades. De libertad, pero sin olvidar los cuidados (ajenos y propios)"» (Berbel Ortega, 2019: 87).

7 Berbel Ortega, 2019: 69.

8 Algunas autoras han señalado que esto puede ser un proceso contradictorio porque siempre se podrá aducir que para domesticar un deseo necesitamos un deseo superior (metadeseo) que quiera cambiar el deseo normalizado. Pero ¿cómo crear un deseo si no es con un deseo de tercer nivel (metametadeseo)? Esto puede extenderse hasta el infinito y convertirse en una paradoja. Sin embargo, esto solo es paradójico si reducimos la voluntad del individuo al deseo, y si encerramos al deseo en el individuo y lo entendemos por fuera de los circuitos de producción social del deseo y de las estructuras deseantes en las que estamos inmersas. Es la propuesta de, por ejemplo, Enciso: «Una apuesta que empieza por una decisión política, que afecta al cuerpo, a las decisiones y la forma de experimentar los afectos y las emociones» (2015: 128).

Este libro se terminó de imprimir el 1 de mayo de 2025.
Gracias por el tiempo dedicado a su lectura.
Si quieres conocer otros libros publicados por
Punto de Vista Editores, visítanos en
puntodevistaeditores.com
También puedes seguirnos a través de
las redes sociales.

Historia y pensamiento

32. *Estética de la tragedia. La expresión de la muerte en el arte europeo del siglo* XX
GERMÁN PIQUERAS

33. *El absolutismo ilustrado y los pobres. Asistencia y represión en el Madrid del siglo* XVIII
JACQUES SOUBEYROUX

34. *Estímulo y censura. Una aproximación al sistema literario de la RDA*
IBON ZUBIAUR

35. *Leyendas de los mapas. Una lectura geopoética de la cartografía*
PEDRO GARCÍA MARTÍN
PRÓLOGO DE JULIO LLAMAZARES

36. *El laboratorio de la naturaleza. La montaña y la imagen del mundo desde el Renacimiento al Romanticismo*
PAOLA GIACOMONI
TRADUCCIÓN DE ÁLIDA ARES
PRÓLOGO DE EDUARDO MARTÍNEZ DE PISÓN

37. *Peajes de la crítica latinoamericana*
WILFRIDO H. CORRAL

38. *Sol. Mitos, historia y sociedades*
EMMA CARENINI
TRAD. DEL FRANCÉS DE SALOMÉ LANDIVAR Y MELINA BLOSTEIN

39. *La memoria de Borges. Lectura, símbolos y ficción*
MIGUEL ANTÓN MORENO
PRÓLOGO DE FERNANDO CASTRO FLÓREZ

40. *Retratos con Federico*
SERGIO TÉLLEZ-PON

41. *Pensamientos*
BLAISE PASCAL
TRADUCCIÓN Y NOTAS DE MAURO ARMIÑO
INTRODUCCIÓN DE FRANCESC TORRALBA ROSELLÓ

42. *Enemigos de Hitler. Juventud y resistencia en la Alemania nazi*
GUILLERMO GARCÍA DOMINGO

43. *Al desnudo. El cuerpo griego y romano*
Caroline Vout
Traducción de Amelia Pérez de Villar

44. *Micropolítica del amor. Deseo, capitalismo y patriarcado*
Myriam Rodríguez del Real, Javier Correa Román

45. *Acoso y derribo. Pensamiento literario y disidencia política en la posguerra española*
Santos Sanz Villanueva

46. *Ilusorias. Las imágenes del poder*
Pedro García Martín
Prólogo de Carlos García Gual

47. *Bukowski. Rey del underground*
Abel Debritto

48. *El monstruo como condición humana. Antropoceno y colapso de la civilización*
Adriano Messias
Traducción de José Luis Sansáns

49. *Mujeres silenciadas en el Renacimiento. 1. La corte, la Iglesia y los límites de la ortodoxia*
Sandra Ferrer

50. *Historias bajo el mar*
Pietro Spirito
Traducción de Álida Ares

51. *Historia cultural de la medicina. Vol. 4. Medicina moderna. De William Harvey al descubrimiento de los gérmenes*
Orlando Mejía Rivera

52. *El libro en tiempos de guerra. Bibliotecas y lectores en épocas de conflicto*
Andrew Pettegree
Traducción de Amelia Pérez de Villar

53. *El mundo según Hannah Arendt*
Peter Venmans
Traducción de Laura Alonso Padula

54. *Mujeres silenciadas en el Renacimiento. 2. Las artes, las ciencias y las primeras feministas*
Sandra Ferrer